Joel Penhoat

Réseaux 3GPP Self-manageables

Joel Penhoat

Réseaux 3GPP Self-manageables

Méthode Hiérarchisée et Distribuée de Sélection d'un Réseau Radio et d'un Mode de Transmission

Presses Académiques Francophones

Impressum / Mentions légales

Bibliografische Information der Deutschen Nationalbibliothek: Die Deutsche Nationalbibliothek verzeichnet diese Publikation in der Deutschen Nationalbibliografie; detaillierte bibliografische Daten sind im Internet über http://dnb.d-nb.de abrufbar.
Alle in diesem Buch genannten Marken und Produktnamen unterliegen warenzeichen-, marken- oder patentrechtlichem Schutz bzw. sind Warenzeichen oder eingetragene Warenzeichen der jeweiligen Inhaber. Die Wiedergabe von Marken, Produktnamen, Gebrauchsnamen, Handelsnamen, Warenbezeichnungen u.s.w. in diesem Werk berechtigt auch ohne besondere Kennzeichnung nicht zu der Annahme, dass solche Namen im Sinne der Warenzeichen- und Markenschutzgesetzgebung als frei zu betrachten wären und daher von jedermann benutzt werden dürften.

Information bibliographique publiée par la Deutsche Nationalbibliothek: La Deutsche Nationalbibliothek inscrit cette publication à la Deutsche Nationalbibliografie; des données bibliographiques détaillées sont disponibles sur internet à l'adresse http://dnb.d-nb.de.
Toutes marques et noms de produits mentionnés dans ce livre demeurent sous la protection des marques, des marques déposées et des brevets, et sont des marques ou des marques déposées de leurs détenteurs respectifs. L'utilisation des marques, noms de produits, noms communs, noms commerciaux, descriptions de produits, etc, même sans qu'ils soient mentionnés de façon particulière dans ce livre ne signifie en aucune façon que ces noms peuvent être utilisés sans restriction à l'égard de la législation pour la protection des marques et des marques déposées et pourraient donc être utilisés par quiconque.

Coverbild / Photo de couverture: www.ingimage.com

Verlag / Editeur:
Presses Académiques Francophones
ist ein Imprint der / est une marque déposée de
AV Akademikerverlag GmbH & Co. KG
Heinrich-Böcking-Str. 6-8, 66121 Saarbrücken, Deutschland / Allemagne
Email: info@presses-academiques.com

Herstellung: siehe letzte Seite /
Impression: voir la dernière page
ISBN: 978-3-8416-2004-0

N° d'ordre :

ANNÉE 2012

UNIVERSITÉ DE RENNES 1

$ue\textbf{b}$

THÈSE / UNIVERSITÉ DE RENNES 1
sous le sceau de l'Université Européenne de Bretagne

pour le grade de

DOCTEUR DE L'UNIVERSITÉ DE RENNES 1

Mention : INFORMATIQUE

Ecole doctorale MATISSE

présentée par

Joël PENHOAT

préparée à France Télécom
Orange Labs Lannion

Méthode Hiérarchisée et Distribuée de Sélection d'un Réseau Radio et d'un Mode de Transmission

Thèse soutenue à Issy-les-Moulineaux
le 27 Septembre 2012

devant le jury composé de :

Guy PUJOLLE
Professeur à l'Université Paris 6/ *président*
Houda LABIOD
Enseignant chercheur à Télécom ParisTech /
rapporteur
Hossam AFIFI
Professeur à Télécom ParisSud / *rapporteur*
Omar CHERKAOUI
Professeur à l'Université du Québec à
Montréal / *examinateur*
Fabrice GUILLEMIN
Chercheur à France Télécom / *examinateur*
Mikael SALAUN
Professeur à l'Ecole des Mines de Nantes /
directeur de thèse
Tayeb LEMLOUMA
Enseignant chercheur à l'Université de Rennes
1 / *co-directeur de thèse*

TABLE DES MATIERES

1

PREMIER CHAPITRE

INTRODUCTION

1. INTRODUCTION

Notre thèse, effectuée dans le laboratoire Réseaux d'Orange Labs à Lannion, vise à définir une méthode permettant de choisir un réseau radio et un mode de transmission, unicast versus multicast, pour transmettre les média, tels que la Voix ou la Vidéo, composant un service. Différents évènements peuvent être à l'origine de la nécessité de choisir un réseau radio ou un mode de transmission. Par exemple, lorsqu'un Internaute est mobile, son terminal doit choisir un réseau radio parmi les réseaux radio présents autour de lui. Lorsqu'un Internaute est immobile et que son terminal possède plusieurs interfaces réseau, l'opérateur gérant les réseaux radio peut, pour équilibrer la charge de ses réseaux, transférer un média d'une interface vers une autre interface du terminal. Concernant le choix du mode de transmission, un Internaute peut privilégier le mode multicast pour recevoir un service lorsqu'un opérateur lui propose une tarification du service en fonction du mode de transmission.
Dans la première section de l'introduction, nous présentons les objectifs de notre thèse, puis dans la deuxième section nous présentons le plan de notre thèse.

1.1 DÉFINITION DES OBJECTIFS DE LA THÈSE

Lors de la conception d'Internet, un seul mode de transmission avait été défini au niveau de la couche IP, à savoir le mode IP Unicast. Il a fallu attendre les années 1980 pour voir apparaître la définition du mode de transmission IP Multicast (AGUILAR, 1984). Mais depuis les travaux de Deering (DEERING, 1991), l'IP Multicast peine à s'imposer sur Internet (EUBANKS, 2006).
Plusieurs raisons ont été avancées pour expliquer l'absence d'un déploiement généralisé de l'IP Multicast (DIOT, 2000). Parmi celles-ci, à notre avis, quatre raisons essentielles émergent. La première raison est relative aux services fournis par l'IP Multicast. Il ne fournit que des services de diffusion d'informations dans le sens source vers utilisateurs. La deuxième raison concerne les failles de sécurité inhérentes à l'IP Multicast (LEHTONEN, 2002) car le processus d'identification, qui permet de connaître l'identité d'un utilisateur, et le processus d'autorisation, qui permet de contrôler l'usage des ressources par un utilisateur, ne sont pas définis dans l'IP Multicast. La troisième raison concerne le refus par les opérateurs des réseaux de router les paquets IP Multicast sur Internet en raison de la surcharge des routeurs dans les cœurs des réseaux due au routage des paquets IP Unicast et de l'absence de mécanismes de contrôle du débit des paquets IP Multicast. La quatrième raison concerne l'absence d'outil de supervision des réseaux multicast (NAMBURI, 2004). Les opérateurs, les fournisseurs de services et les utilisateurs n'ont donc aucune information sur la qualité d'une transmission multicast. Conscient de cette lacune, l'Internet Engineering Task Force (IETF) a récemment défini un protocole permettant de collecter des informations relatives à la qualité d'une transmission multicast (RFC 6450, 2011).
L'absence d'un déploiement généralisé de l'IP Multicast a créé des zones géographiques, appelées îlots multicast, dans lesquelles l'IP Multicast est déployé. Comme Internet ne route pas les paquets IP Multicast, une question est apparue: où placer les sources émettrices des informations ? A ce jour il existe deux solutions. La première solution consiste à placer les sources émettrices dans chaque îlot (Figure 1.1).

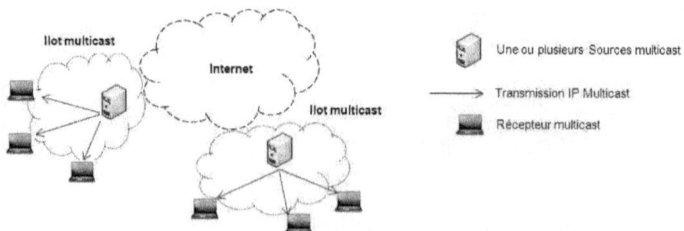

Figure 1.1: Sources multicast placées dans chaque îlot multicast

La deuxième solution consiste à placer les sources émettrices dans Internet et à router en IP Unicast les informations des sources jusqu'au point d'entrée de chaque îlot multicast (Figure 1.2).

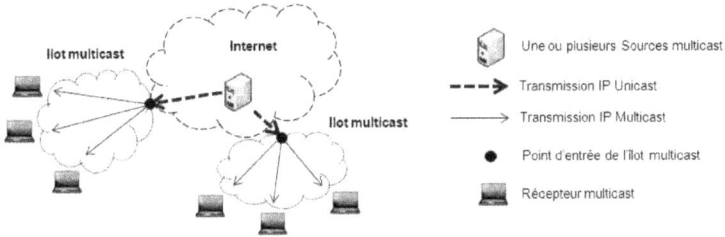

Figure 1.2: Sources multicast placées dans Internet

Un déploiement plus large de l'IP Multicast permettrait un gain de bande passante et une réduction des investissements dans les infrastructures des réseaux. Par exemple, Kali *et al* (KALI, 2011) ont montré que le gain de bande passante, défini par le rapport $\frac{débit\ nécessaire\ pour\ transmettre\ un\ service\ en\ unicast}{débit\ nécessaire\ pour\ transmettre\ un\ service\ en\ multicast}$, est égal à six dans un cœur de réseau lorsque 30 000 utilisateurs sont abonnés à un bouquet de 160 chaînes de télévision, chaque chaîne ayant besoin d'un débit de 1000 kbps pour être transmise (Figure 1.3).

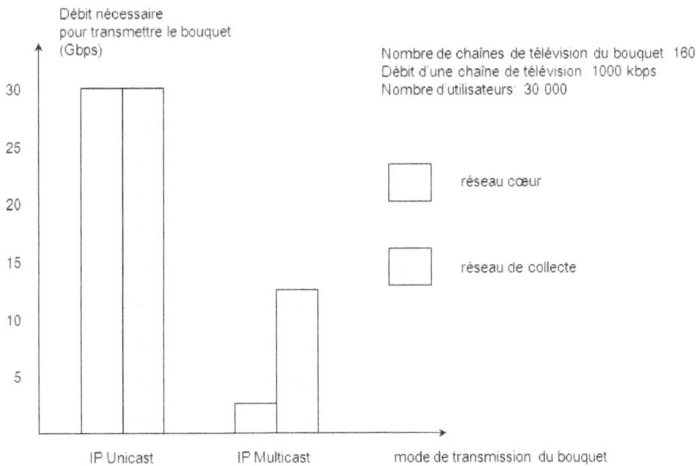

Figure 1.3: Débits nécessaires pour transmettre un bouquet en fonction du mode de transmission

En outre, ils ont montré que le gain financier réalisé dans le cœur de réseau, défini par le rapport $\frac{investissement\ nécessaire\ pour\ transmettre\ un\ service\ en\ unicast}{investissement\ nécessaire\ pour\ transmettre\ un\ service\ en\ multicast}$, est égal à dix lorsque 30 000 utilisateurs sont abonnés au bouquet de 160 chaînes de télévision (Figure 1.4).

Mais un déploiement généralisé de l'IP Multicast ne peut se faire qu'après avoir trouvé des solutions aux problèmes précédemment cités et avoir pris en compte les nouveaux comportements des Internautes liés au déploiement des réseaux radio hétérogènes (Wi-Fi, WiMAX, …), au succès des smartphones et des tablettes, et au succès des réseaux sociaux. Le premier objectif de notre thèse sera d'analyser l'impact

8

des nouveaux comportements des Internautes sur les architectures multicast et d'analyser les travaux existants visant à prendre en considération ces nouveaux comportements.

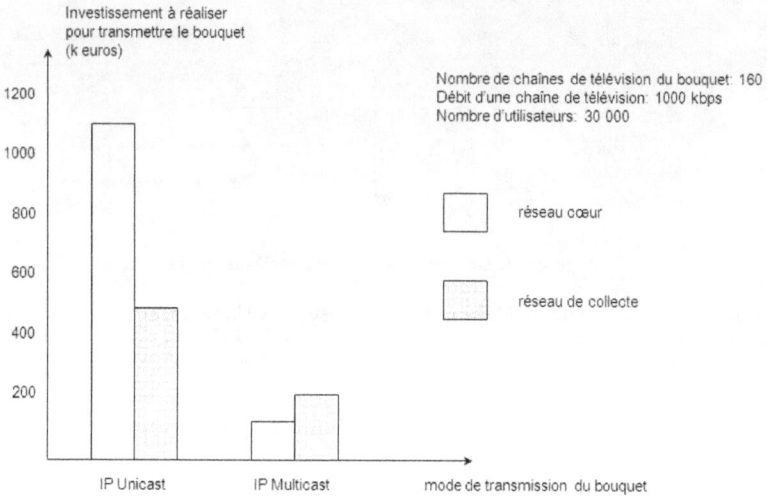

Investissement à réaliser
pour transmettre le bouquet
(k euros)

Nombre de chaînes de télévision du bouquet: 160
Débit d'une chaîne de télévision: 1000 kbps
Nombre d'utilisateurs: 30 000

réseau cœur

réseau de collecte

1200

1000

800

600

400

200

IP Unicast   IP Multicast   mode de transmission du bouquet

Figure 1.4: Investissements à réaliser pour transmettre un bouquet en fonction du mode de transmission

Le déploiement des réseaux radio construits sur des technologies différentes impacte fortement la qualité du service reçu par un Internaute en raison des différences de débits entre les réseaux radio, des différences entre les mécanismes de Qualité de Service (QoS) mis en œuvre dans les réseaux radio, et des différences entre les mécanismes de Sécurité mis en œuvre dans les réseaux radio. Par exemple, lorsque le terminal d'un Internaute effectue un handover d'un réseau Universal Mobile Telecommunications System (UMTS) vers un réseau Wi-Fi, la qualité du service reçu par l'Internaute peut être fortement dégradée si le réseau Wi-Fi cible n'implémente pas un mécanisme de QoS (ZHU, 2004) ou s'il n'existe pas un lien entre le mécanisme de QoS mis en œuvre sur le réseau UMTS et le mécanisme de QoS mis en œuvre sur le réseau Wi-Fi (XIAO, 2005). Au cours d'un handover, le choix du réseau cible est donc important pour maintenir constante la QoS du service reçu par un Internaute. Se pose alors la question suivante: qui choisit le réseau cible au cours d'un handover ? Le deuxième objectif de notre thèse visera à démontrer que, dans les architectures définies par le 3rd Generation Partnership Project (3GPP), c'est l'opérateur qui choisit le réseau cible. L'avis des Internautes et des fournisseurs de services, qui pourtant subissent les conséquences en termes de Qualité de Service du choix de l'opérateur, ne sont pas pris en considération.

Le mode de transmission, unicast versus multicast, a aussi un impact sur la qualité du service que reçoit un Internaute. Par exemple, un réseau Universal Mobile Telecommunications System, qui transmet les paquets IP Unicast, possède quatre classes de service (3GPP TS 23.107, 2011), à savoir la classe "Conversational", la classe "Streaming", la classe "Interactive", et la classe "Background". Tandis qu'un réseau Multimedia Broadcast Multicast Service, défini par le 3GPP (3GPP TS 23.246, 2011), qui transmet les paquets IP Multicast, ne possède que deux classes de service, à savoir la classe "Streaming" et la classe "Background". Le troisième objectif de notre thèse visera à démontrer que dans les architectures définies par le 3GPP, c'est encore l'opérateur qui choisit le mode de transmission. L'avis des Internautes et des fournisseurs de services, qui pourtant subissent les conséquences en termes de Qualité de Service du choix de l'opérateur, ne sont pas pris en considération.

Au cours d'une mobilité ou lorsque le mode de transmission varie, il nous paraît important de prendre en considération l'avis des Internautes et des fournisseurs de services lors du choix du réseau radio et du mode de transmission. Mais, lors de ces deux choix, les objectifs des Internautes et des fournisseurs de services peuvent être opposés aux objectifs des opérateurs gérant les architectures. Par exemple, au cours d'une mobilité, un Internaute peut choisir un réseau Wi-Fi transmettant les flux IP en mode unicast en raison de la gratuité des transmissions des données sur ce réseau, tandis que l'opérateur gérant ce réseau ne voudra pas que l'Internaute se connecte sur son réseau en raison de la surcharge de celui-ci. Comme une divergence de point de vue peut apparaître entre les opérateurs gérant les réseaux, les Internautes et les fournisseurs de services utilisant ces réseaux, il est nécessaire de définir un processus leur permettant de faire converger leur point de vue. Cette idée, exprimée pour la première fois par Zdarsky *et al* (ZDARSKY, 2004), peut être généralisée lorsque plusieurs acteurs, par exemple les opérateurs gérant des réseaux, les fournisseurs de services et les Internautes, participent à un processus de décision. Le quatrième objectif de notre thèse consiste à définir une méthode permettant aux opérateurs gérant les réseaux, aux Internautes, et aux fournisseurs de services de participer au processus de choix d'un réseau radio et au processus de choix d'un mode de transmission au cours d'une mobilité ou lors d'un changement du mode de transmission. Puis, le cinquième objectif de notre thèse visera à décrire analytiquement une façon dont peut se faire le choix d'un réseau radio et le choix d'un mode de transmission dans une architecture définie par le 3GPP. Enfin, le sixième objectif de notre thèse visera à définir des projets qui pourraient prolonger et mettre en œuvre les travaux de notre thèse. La Table 1.1 synthétise nos six objectifs.

Objectif de la thèse	Définition de l'objectif
Premier objectif	Analyser l'impact des nouveaux comportements des Internautes sur les architectures multicast et analyser les travaux existants visant à prendre en considération ces nouveaux comportements
Deuxième objectif	Démontrer que lors d'une mobilité, le choix du réseau radio est réalisé par l'opérateur gérant les réseaux dans les architectures définies par le 3rd Generation Partnership Project
Troisième objectif	Démontrer que le choix du mode de transmission est réalisé par l'opérateur gérant les réseaux dans les architectures définies par le 3rd Generation Partnership Project
Quatrième objectif	Définir une méthode permettant aux opérateurs gérant les réseaux, aux Internautes, et aux fournisseurs de services de participer au processus de choix d'un réseau radio et au processus de choix d'un mode de transmission au cours d'une mobilité ou lors d'un changement du mode de transmission
Cinquième objectif	Décrire analytiquement une façon dont peut se faire le choix d'un réseau radio et le choix d'un mode de transmission dans une architecture définie par le 3rd Generation Partnership Project
Sixième objectif	Définir des projets pouvant prolonger et mettre en œuvre les travaux de la thèse

Table 1.1: Synthèse des objectifs de la thèse

1.2 PLAN DE LA THESE

Les six objectifs de notre thèse sont répartis de la façon suivante. Le deuxième chapitre analyse les travaux entrepris pour adapter les architectures multicast aux nouveaux comportements des Internautes (premier objectif). Notre grille d'analyse des travaux entrepris est fondée sur quatre adaptations qui nous paraissent indispensables à réaliser, à savoir transmettre les flux multicast sur Internet pour connecter les îlots multicast entre eux, définir des protocoles multicast bidirectionnels pour que chaque Internaute puisse émettre et recevoir des informations, définir des protocoles multicast capables de prendre en compte la mobilité des Internautes, et définir des protocoles multicast capables de prendre en compte le contexte des Internautes pour offrir des services multicast adaptés à leur environnement. Le troisième chapitre, premièrement, démontrera que, dans les architectures définies par le 3GPP, c'est l'opérateur qui choisit le réseau radio (deuxième objectif), deuxièmement, démontrera que, dans les architectures définies par le 3GPP, c'est encore l'opérateur qui choisit le mode de transmission (troisième objectif), et troisièmement définira une méthode permettant aux opérateurs gérant les réseaux, aux Internautes, et aux fournisseurs de services de participer au processus de choix d'un réseau radio et au processus de choix d'un mode de transmission (quatrième objectif). Le quatrième chapitre décrira une mise en œuvre de la méthode précédemment définie dans une architecture définie par le 3GPP (cinquième objectif). Notre sixième objectif sera présenté dans les ces trois chapitres. Enfin, le cinquième chapitre présentera un bilan de nos travaux.

DEUXIEME CHAPITRE

ANALYSE DES TRAVAUX EXISTANTS VISANT À ADAPTER LES ARCHITECTURES MULTICAST AUX NOUVEAUX COMPORTEMENTS DES INTERNAUTES

2. ANALYSE DES TRAVAUX EXISTANTS VISANT A ADAPTER LES ARCHITECTURES MULTICAST AUX NOUVEAUX COMPORTEMENTS DES INTERNAUTES

Le déploiement généralisé des réseaux radio hétérogènes (Wi-Fi, WiMAX, UMTS, …), le succès des smartphones et des tablettes, et la mise en œuvre des réseaux sociaux, créent des nouveaux comportements chez les Internautes. Chaque Internaute devient potentiellement une source émettrice d'informations à destination de la communauté à laquelle il appartient. Les sources d'informations étant liées aux Internautes, elles ne sont plus statiques et peu nombreuses mais deviennent mobiles et nombreuses. Les architectures IP Multicast ne sont pas adaptées à ces nouveaux comportements. Quatre adaptations nous paraissent indispensables. La première adaptation consiste à transmettre les flux multicast sur Internet pour connecter les îlots multicast entre eux. La deuxième adaptation consiste à créer des arbres bidirectionnels pour que chaque Internaute puisse émettre et recevoir des informations. La troisième adaptation consiste à créer des arbres capables de prendre en compte la mobilité des Internautes. La quatrième adaptation consiste à prendre en compte le contexte des Internautes. Selon Dey *et al* (DEY, 2000), le contexte est un ensemble d'informations caractérisant une personne, un lieu, ou un objet. Aguiar *et al* (AGUIAR, 2008) ont montré que la prise en compte du contexte permet une adaptation des services offerts aux Internautes. Dans ce chapitre, nous analysons les travaux existants visant à adapter les architectures multicast aux nouveaux comportements des Internautes. Notre grille d'analyse des travaux existants est fondée sur les quatre adaptations qui nous paraissent indispensables à réaliser.

2.1 TRAVAUX VISANT A DEFINIR DES ARCHITECTURES MULTICAST SUR INTERNET

Le groupe Scalable Adaptive Multicast Research Group de l'Internet Research Task Force (SAMRG, 2011) a classé les architectures multicast en trois familles:

- La première famille, appelée IP Multicast, contient des architectures mettant en œuvre le mode de transmission multicast au niveau de la couche IP. Dans ce type d'architecture, la construction et la gestion d'un arbre multicast sont mises en œuvre par la couche IP des terminaux et des routeurs IP;
- La deuxième famille, appelée Application Layer Multicast, contient des architectures mettant en œuvre le mode de transmission multicast au niveau de la couche Application. Dans ce type d'architecture, la construction et la gestion d'un arbre multicast sont mises en œuvre par la couche Application des terminaux ou par la couche Application d'équipements spécialisés appelés proxy;
- La troisième famille, appelée Hybrid Multicast, contient des architectures mettant en œuvre le mode de transmission multicast au niveau de la couche IP et au niveau de la couche Application. Ce type d'architecture a pour objectif d'interconnecter les îlots multicast via un réseau overlay multicast. Pour transmettre les données d'une source vers les membres d'un groupe, chaque îlot multicast hébergeant des membres de ce groupe construit un arbre multicast avec un protocole de type IP Multicast, tandis que le réseau overlay construit un arbre multicast inter-îlots avec un protocole de type Application Layer Multicast.

2.1.1 ANALYSE DES PRINCIPALES ARCHITECTURES METTANT EN ŒUVRE LE MODE DE TRANSMISSION MULTICAST AU NIVEAU DE LA COUCHE IP

Dans cette section, nous analysons les principales architectures de type IP Multicast. L'IP Multicast permet de gérer un nombre important de terminaux appartenant à un même groupe mais n'est pas conçu pour gérer un nombre important de groupes. A contrario, le protocole Xcast (RFC 5058, 2007) est conçu pour gérer un nombre important de groupes mais ne permet pas de gérer un nombre important de terminaux dans un même groupe.

L'IETF classe les protocoles de routage IP Multicast en deux familles: les protocoles de routage intra-domaine et les protocoles de routage inter-domaine. Chaque protocole se caractérise par sa scalabilité, sa robustesse, sa latence, et la prise en considération des contraintes de QoS et des politiques de routage propres à chaque domaine de routage. La scalabilité est la capacité d'un protocole à faire face aux variations dynamiques du nombre de groupes, du nombre de membres par groupe, du nombre de sources par groupe. Elle se mesure par la quantité de ressources nécessaires dans les routeurs IP Multicast et par la bande passante nécessaire dans le réseau pour transmettre les messages de signalisation des protocoles de routage IP Multicast. La robustesse est la capacité d'un protocole à faire face aux défaillances d'un routeur ou d'un lien d'un réseau et aux variations de la topologie d'un réseau qui peuvent créer des boucles de routage. La latence est la capacité d'un protocole à transmettre le plus rapidement possible un paquet IP Multicast entre une source et un récepteur.

Avant d'analyser les protocoles de routage intra-domaine et inter-domaine définis par l'IETF, nous rappelons dans les sections suivantes les deux familles d'algorithmes mis en œuvre pour construire un arbre multicast et la méthode mise en œuvre par un terminal pour appartenir à un arbre multicast. L'algorithme mis en œuvre pour construire un arbre multicast vise à établir un chemin entre une source émettrice et les membres d'un groupe multicast en fonction d'un objectif à atteindre, comme par exemple minimiser le coût de transmission entre une source émettrice et chaque membre du groupe ou minimiser le coût total de transmission dans un réseau. Les algorithmes mis en œuvre pour construire un arbre multicast peuvent se classer en deux familles: Source Shortest Path Tree (SPT) et Core-Based Tree (CBT).

2.1.1.1 LES ALGORITHMES DE TYPE SOURCE SHORTEST PATH TREE

La famille Shortest Path Tree construit un arbre multicast pour chaque source émettrice, en établissant, avec l'algorithme de Dijkstra (CORMEN, 2001), un plus court chemin entre chaque source et les membres du groupe multicast. Chaque source représente la racine de l'arbre. La Figure 2.1 illustre un exemple de construction d'un arbre entre une racine et cinq nœuds en fonction du poids associé à chaque lien.

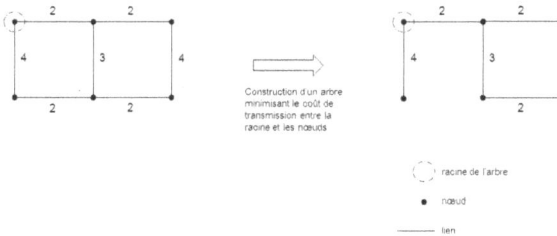

Figure 2.1: Exemple de construction d'un arbre avec l'algorithme de Dijkstra

Dans une architecture de type SPT, les membres du groupe G s'enregistrent auprès de la racine de l'arbre, c'est-à-dire auprès de chaque source. Un arbre défini pour un groupe multicast G et ayant pour racine une source S est noté (S, G). La Figure 2.2 représente une architecture multicast de type SPT.

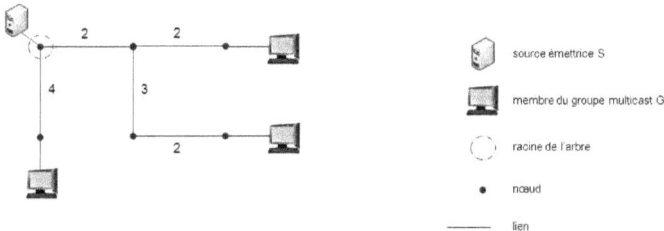

Figure 2.2: Architecture multicast de type SPT

2.1.1.2 LES ALGORITHMES DE TYPE CORE-BASED TREE

La famille Core-Based Tree construit un seul arbre multicast, appelé Shared Tree, pour toutes les sources émettrices; c'est-à-dire que l'arbre est partagé par toutes les sources émettrices. La construction d'un arbre partagé par toutes les sources minimisant le coût total de transmission dans un réseau est un problème NP-complet appelé Minimal Steiner Tree problem (WINTER, 1987). Une solution pragmatique consiste à choisir un routeur, appelé RendezVous Point (RVP), pour être la racine de l'arbre et à établir un plus court chemin entre les membres d'un groupe multicast et le RendezVous Point. Toutes les sources émettrices transmettent alors leurs paquets IP vers le RendezVous Point.

Il n'est pas nécessaire que le RendezVous Point soit membre d'un arbre multicast partagé. Il peut être simplement un nœud du réseau auprès duquel viennent s'enregistrer les membres d'un groupe multicast. Lorsque ces membres comportent des terminaux émetteurs ou récepteurs de données, la construction de l'arbre multicast partagé, mise en œuvre avec l'algorithme Minimum Spanning Tree (CORMEN, 2001), a pour objectif de minimiser le coût total de transmission dans un réseau. La Figure 2.3 illustre un exemple de construction d'un arbre partagé avec cet algorithme. Dans cet exemple, le coût minimal total de transmission est égal à 11.

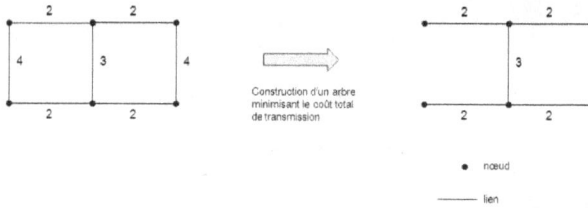

Figure 2.3: Exemple de construction d'un arbre partagé entre six nœuds avec l'algorithme Minimum Spanning Tree

Un arbre multicast partagé défini pour un groupe G est noté (*, G) pour indiquer qu'il est partagé par toutes les sources émettrices. La Figure 2.4 représente une architecture multicast de type CBT dans laquelle le RendezVous Point n'est pas membre de l'arbre partagé.

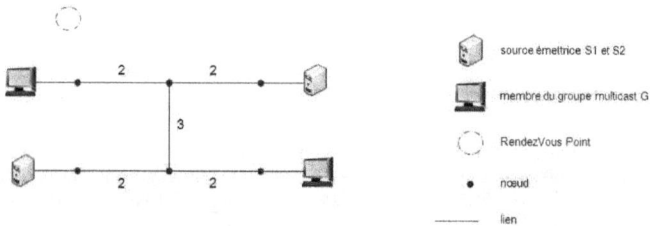

Figure 2.4: Architecture multicast de type CBT

2.1.1.3 METHODE MISE EN ŒUVRE PAR UN TERMINAL POUR APPARTENIR A UN ARBRE MULTICAST

Pour appartenir à un arbre multicast, les récepteurs doivent transmettre à leur routeur IP Multicast local une demande, appelé Join, définie dans le protocole IPv4 Internet Group Management Protocol (RFC 2236, 1997) et dans le protocole IPv6 Multicast Listener Discovery (RFC 2710, 1999). Cette demande est transmise de proche en proche par les routeurs IP Multicast jusqu'à la source émettrice lorsque l'arbre multicast est construit avec un algorithme de type SPT, ou jusqu'au RendezVous Point lorsque l'arbre multicast est construit avec un algorithme de type CBT.

Dans un arbre multicast construit avec un algorithme de type SPT, lorsque les récepteurs ne précisent pas l'adresse IP Unicast de l'émetteur d'un service G qu'ils souhaitent recevoir (RFC 1112, 1989), le réseau recherche puis route toutes les sources émettant ce service. Lorsque les récepteurs précisent les adresses IP Unicast des émetteurs d'un service G (RFC 4604, 2006), le réseau ne route que les paquets IP Multicast issus des sources précisées par les récepteurs.

Dans un arbre multicast construit avec un algorithme de type CBT, la localisation par les récepteurs de l'émetteur d'un service G consiste à localiser le RendezVous Point, c'est-à-dire que les récepteurs n'ont pas besoin de localiser les sources émettant ce service.

Concernant les émetteurs, l'IP Multicast leur permet d'appartenir à un groupe sans transmettre aucun message à un arbre.

2.1.1.4 ANALYSE DES PRINCIPAUX PROTOCOLES DE ROUTAGE IP MULTICAST INTRA-DOMAINE

Dans ce paragraphe, nous analysons les principaux protocoles de routage IP Multicast intra-domaine.

Distance Vector Multicast Routing Protocol (DVMRP): le protocole DVMRP, défini dans le document (RFC 1075, 1988) et dans le document (PUSATERI, 2003), est un protocole de routage de type Source Shortest Path Tree. Pour chaque source S et pour chaque groupe multicast G, le protocole DVMRP comporte deux phases. Dans la première phase, les paquets IP Multicast émis par la source S inondent le réseau, c'est-à-dire qu'un routeur DVMRP peut recevoir le même paquet IP Multicast sur toutes ses interfaces réseau. Dans la deuxième phase, pour éviter les boucles de routage et ne pas inonder le réseau, chaque routeur DVMRP met en œuvre le test Reverse Path Forwarding (DALAL, 1978) et élague l'arbre (S, G).

Le test Reverse Path Forwarding (RPF) est le suivant. Lorsqu'un paquet IP Multicast arrive sur une interface réseau d'un routeur DVMRP, celui-ci examine l'adresse IP source du paquet IP Multicast et sa table de routage IP Unicast. Si l'interface du routeur ayant reçu le paquet IP Multicast est l'interface qui permet de transmettre un paquet IP Unicast depuis cette interface vers la source émettrice du paquet IP Multicast, le paquet IP Multicast est transmis sur toutes les interfaces du routeur sauf sur l'interface ayant reçu ce paquet. Cette interface est appelée interface RPF. Si l'interface du routeur ayant reçu le paquet IP Multicast n'est pas l'interface RPF, i.e. c'est une interface non-RPF, le paquet IP Multicast est silencieusement détruit. La Figure 2.5 décrit un exemple. Le récepteur reçoit des paquets IP Multicast émis par une source multicast. Le chemin optimal entre le récepteur et la source est le chemin composé des routeurs E, D, A. Le chemin composé des routeurs E, D, C, B, A n'est pas un chemin optimal. L'interface réseau du routeur D connectée avec l'interface réseau du routeur A est alors l'interface RPF du routeur D, tandis que l'interface réseau du routeur D connectée avec l'interface réseau du routeur C est une interface non-RPF. La mise en œuvre du test RPF suppose que le chemin optimal entre la source multicast et un récepteur est identique au chemin optimal entre ce récepteur et la source multicast. Cette hypothèse n'est pas toujours vraie. Par exemple, lorsqu'un opérateur gérant un réseau met en œuvre des politiques de routage (RFC 1102, 1989) pour différentier le routage des paquets IP; ou lorsque les caractéristiques du lien entre un récepteur et une source émettrice sont différentes des caractéristiques du lien entre la source émettrice et le récepteur comme dans un réseau composé de satellites mettant en œuvre le protocole UniDirectional Link Routing (RFC 3077, 2001).

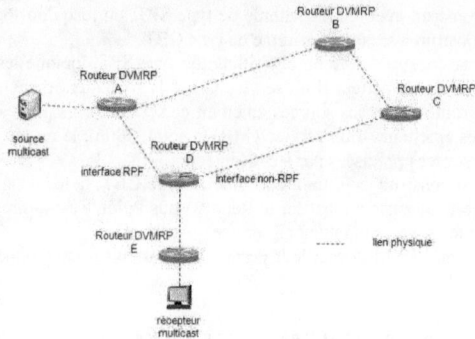

Figure 2.5: Exemple d'une architecture DVMRP mettant en œuvre le test RPF

Le routage unicast vers la source émettrice mis en œuvre par le protocole DVMRP s'appuie sur les tables de routage IP Unicast construites par le protocole de routage Routing Information Protocol (RIP) défini dans le document (RFC 1058, 1988) et suppose que la route depuis une source émettrice vers un routeur DVMRP est identique à la route depuis ce routeur vers la source émettrice.

L'élagage de l'arbre (S, G) se fait de la façon suivante. Le message IPv4 Internet Group Management Protocol, émis par les récepteurs membres d'un groupe multicast G, permet à un routeur DVMRP de savoir s'il existe au moins un membre du groupe multicast G connecté à une de ses interfaces réseau. Lorsqu'il n'y a aucun membre du groupe multicast G connecté à une interface réseau d'un routeur DVMRP, un drapeau, appelé prune flag, signale que celle-ci est dans l'état appelé prune state. Dans ce cas, le routeur DVMRP ne transmet plus les paquets IP Multicast du groupe G sur cette interface. Si, pour un groupe multicast G, toutes les interfaces d'un routeur DVMRP sont dans l'état prune state, ce routeur transmet un message prune vers son routeur DVMRP situé en amont dans l'arbre (S, G) pour lui demander de ne plus lui transmettre les paquets IP Multicast pour ce groupe G. Régulièrement, pour prendre en considération les changements de la topologie du réseau, le protocole DVMRP supprime les états prune state des interfaces réseau des routeurs de l'arbre (S, G), c'est-à-dire que le réseau est régulièrement inondé de paquets IP Multicast.

Protocol Independent Multicast - Dense Mode (PIM-DM): le protocole PIM-DM, défini dans le document (RFC 3973, 2005), est un protocole de routage de type Source Shortest Path Tree. Pour chaque arbre (S, G), il suppose qu'il existe des récepteurs en aval de chaque routeur PIM-DM. C'est-à-dire que l'inondation périodique du réseau est justifiée. La différence essentielle entre le protocole PIM-DM et le protocole DVMRP est que le test RPF mis en œuvre par le protocole PIM-DM s'appuie sur les tables de routage IP Unicast élaborées par un protocole de routage IP Unicast quelconque.

Multicast Open Shortest Path First (MOSPF): le protocole MOSPF, défini dans le document (RFC 1584, 1994), est un protocole de routage de type Source Shortest Path Tree. C'est une extension du protocole de routage IP Unicast Open Shortest Path First (OSPF) défini dans le document (RFC 2328, 1998) pour l'IPv4 et dans le document (RFC 5340, 2008) pour l'IPv6. Chaque routeur OSPF diffuse périodiquement un message contenant la liste de ses routeurs voisins. Ces messages permettent à tous les routeurs OSPF composant un réseau d'avoir une image de sa topologie. Pour router un paquet IP Unicast, le protocole OSPF met en œuvre différentes métriques, par exemple le délai d'un chemin ou le nombre de routeurs OSPF composant un chemin. L'extension MOSPF consiste à ajouter dans les messages du protocole OSPF les groupes multicast qu'un routeur MOSPF doit transmettre. Contrairement au protocole DVMRP, le protocole MOSPF n'inonde pas le réseau de paquets IP Multicast car les routeurs MOSPF, qui connaissent la topologie du réseau, sont capables de construire l'arbre optimal (S, G) pour chaque source S et pour chaque groupe multicast G. Comme le protocole OSPF met en œuvre différentes métriques, le protocole MOSPF peut construire différents arbres (S, G) en fonction des différentes métriques.

Core-Based Tree (CBT): Ballardie *et al* (BALLARDIE, 1993) ont conçu le protocole CBT pour remédier aux inconvénients des protocoles DVMRP et MOSPF, à savoir l'inondation périodique du réseau et la nécessité pour les routeurs de maintenir des états pour chaque arbre (S, G). Il est défini dans le document (RFC 2201, 1997), et est un protocole de routage de type Core-Based Tree.

Lorsqu'un terminal (Figure 2.6) transmet un message Join pour être membre du groupe multicast G, son routeur CBT intercepte ce message, recherche l'adresse IP Unicast du routeur CBT Core qui devra traiter le message Join, puis route le message vers le routeur CBT Core. Contrairement aux protocoles DVMRP et MOSPF, le protocole CBT ne définit pas un protocole de routage IP Unicast particulier pour router les paquets IP. Un routeur CBT recevant le message Join transmet un acquittement vers le routeur CBT qui le lui a transmis. Une branche de l'arbre multicast du groupe G est ainsi construite entre le terminal et le routeur CBT Core. L'arbre multicast, ayant pour racine le routeur CBT Core, est un arbre multicast bidirectionnel partagé par toutes les sources émettrices. Il est noté (*, G) pour indiquer qu'il est partagé par les sources émettrices. Un terminal membre du groupe G reçoit les paquets IP Multicast du groupe G mais peut aussi émettre des paquets IP Multicast pour le groupe G. Par exemple, le terminal A (Figure 2.6) peut être une source émettrice. Lorsqu'il transmet un paquet IP Multicast, chaque routeur CBT membre de l'arbre (*, G) transmet ce paquet sur chacune de ses interfaces réseau membre de l'arbre sauf sur celle ayant reçu le paquet IP.

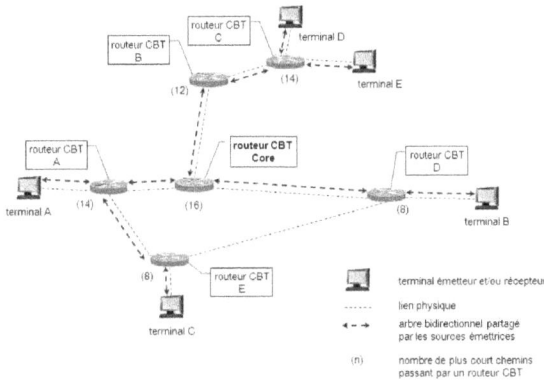

Figure 2.6: Exemple d'une architecture Core-Based Tree

Le choix de la localisation du routeur CBT Core est essentiel pour minimiser le coût de transmission entre une source et les membres d'un groupe multicast. C'est un problème NP-complet qui dépend de la topologie du réseau et de la localisation des membres. Pour choisir le routeur CBT Core parmi l'ensemble des routeurs CBT d'un réseau, Lin *et al* (LIN, 1998) ont proposé une heuristique calculant le nombre de plus court chemins entre deux membres d'un groupe multicast passant par un routeur CBT. Le routeur CBT choisi est celui qui possède le plus grand nombre de plus court chemins. Dans la Figure 2.6, le nombre de plus court chemins passant par un routeur CBT est indiqué entre parenthèses.

Protocol Independent Multicast - Sparse Mode (PIM-SM): contrairement au protocole PIM-DM, le protocole PIM-SM, défini dans le document (RFC 4601, 2006), suppose que les membres d'un groupe multicast ne sont présents que dans certaines zones géographiques d'un réseau, c'est-à-dire que l'inondation du réseau n'est pas justifiée. Comme le protocole PIM-DM, le test RPF mis en œuvre par le protocole PIM-SM s'appuie sur les tables de routage IP Unicast élaborées par un protocole de routage IP Unicast quelconque. PIM-SM est un protocole de routage de type Core-Based Tree.

Lorsqu'un terminal (Figure 2.7) transmet un message Join pour être membre du groupe multicast G, son routeur PIM-SM intercepte ce message, recherche l'adresse IP Unicast du routeur PIM-SM RendezVous Point qui devra traiter le message Join, puis route le message vers le routeur PIM-SM

RendezVous Point. Pour chaque groupe multicast G, le protocole PIM-SM construit un arbre (*, G) partagé par les sources émettrices et ayant pour racine le routeur PIM-SM RendezVous Point. L'arbre (*, G) construit par le protocole PIM-SM est un arbre unidirectionnel, la transmission des paquets IP Multicast se faisant depuis le routeur PIM-SM RendezVous Point vers les récepteurs.

Lorsqu'une source transmet des paquets IP Multicast du groupe G (Figure 2.7), son routeur PIM-SM intercepte les paquets, recherche l'adresse IP Unicast du routeur PIM-SM RendezVous Point, puis encapsule les paquets IP Multicast dans un tunnel IP/IP à destination du routeur PIM-SM RendezVous Point. Lorsque le routeur PIM-SM RendezVous Point reçoit un paquet IP Multicast encapsulé dans le tunnel IP/IP, il dé-encapsule le paquet IP Multicast et le transmet sur l'arbre (*, G).

L'arbre (*, G) peut être surchargé puisqu'il transmet les paquets IP Multicast de toutes les sources émettrices du groupe G. Pour remédier à cet inconvénient, le protocole PIM-SM définit une méthode de délestage de l'arbre. Lorsque le routeur PIM-SM d'un membre du groupe G reçoit des paquets IP Multicast avec un débit supérieur à un seuil, il transmet un message Join vers la source pour demander la construction d'une branche de type Source Shortest Path Tree ayant cette source pour racine. Puis il transmet un message Prune vers le routeur PIM-SM RendezVous Point pour ne plus recevoir les paquets IP Multicast sur l'arbre (*, G).

Comme pour le protocole CBT, le choix de la localisation du routeur PIM-SM RendezVous Point est important pour minimiser le coût de transmission entre les membres d'un groupe multicast. Cependant, la possibilité de construire un arbre de type Source Shortest Path Tree rend ce choix moins critique pour le protocole PIM-SM que pour le protocole CBT. Le choix se fait de la façon suivante. Le réseau possède une liste prédéfinie comprenant un ensemble de routeurs PIM-SM RendezVous Point. L'adresse IP du groupe multicast G est fournie à une fonction de hachage. Cette fonction permet de lier le groupe multicast G à un routeur PIM-SM RendezVous Point de la liste prédéfinie.

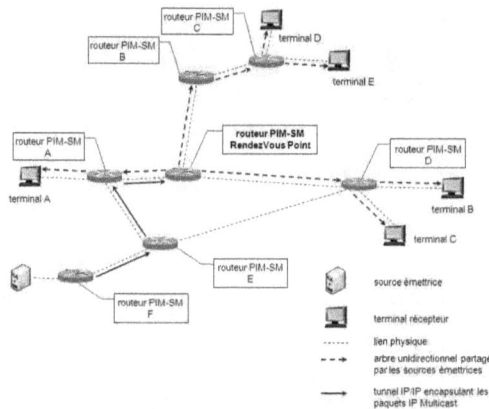

Figure 2.7: Exemple d'une architecture PIM-SM

Multicast Internet Protocol: Parsa *et al* (PARSA, 1995) ont montré que des boucles de routage peuvent apparaître dans les protocoles CBT et PIM-SM lors de la mise à jour des tables de routage IP Unicast par les protocoles de routage IP Unicast. Pour remédier à cet inconvénient, ils ont conçu le protocole Multicast Internet Protocol (PARSA, 1997) qui met en œuvre l'algorithme Diffusing Update Algorithm (GARCIA, 1993). Schématiquement, cet algorithme, qui permet d'éviter l'apparition de boucles de routage, fonctionne de la façon suivante. Un routeur, après avoir transmis une requête R_1 de mise à jour de sa table de routage à un routeur voisin, attend la réception d'un acquittement positif ou négatif de la part de son voisin. Un acquittement positif est émis par un routeur lorsque sa table de routage est à jour; dans le cas contraire un acquittement négatif est émis. Si, avant d'avoir reçu un acquittement positif, le routeur ayant émis la requête R_1 reçoit une requête R_2 émise par un routeur voisin, il transmet un acquittement négatif au routeur ayant émis la requête R_2.

Comme le protocole PIM-SM, le protocole Multicast Internet Protocol est indépendant du protocole de routage IP Unicast et permet de construire un arbre de type Core-Based Tree (*, G) ou un arbre de type Source Shortest Path Tree (S, G). Les arbres (*, G) et (S, G) construits par le protocole Multicast Internet Protocol présentent plusieurs différences par rapport aux arbres construits par le protocole PIM-SM. Premièrement, une source émettrice doit être membre du groupe G pour transmettre ses paquets IP Multicast dans l'arbre (*, G) ou dans l'arbre (S, G). Deuxièmement, une source émettrice ou un récepteur peut générer la construction d'un arbre. L'initialisation d'un arbre par une source émettrice nécessite de connaître l'identité des membres du groupe. Pratiquement, cette méthode est adaptée aux groupes comportant un petit nombre de membres. Quant à l'initialisation d'un arbre par un récepteur, elle est adaptée aux groupes comportant un nombre élevé de membres. Troisièmement, l'arbre (*, G) est bidirectionnel. Sa racine est une source émettrice ou un récepteur. Lorsque la racine de l'arbre (*, G) n'est plus joignable, le protocole Multicast Internet Protocol recherche un nœud localisé dans le voisinage de la racine.

2.1.1.5 ANALYSE DES PRINCIPAUX PROTOCOLES DE ROUTAGE IP MULTICAST INTER-DOMAINE

Dans ce paragraphe, nous analysons les principaux protocoles de routage IP Multicast inter-domaine.

Yet Another Multicast (YAM): lors de la construction d'un arbre (*, G), les protocoles CBT et PIM-SM établissent un chemin entre la racine de l'arbre et chaque membre du groupe G. La demande d'établissement d'un chemin postule que la route entre un membre et la racine de l'arbre (*, G) est identique à la route entre la racine et ce membre. En outre, elle ne prend pas en compte une éventuelle demande de QoS de la part d'un membre, c'est-à-dire que l'arbre (*, G) est de type best effort. Le protocole YAM (CARLBERG, 1997) remédie partiellement à ces deux inconvénients en définissant un dialogue entre l'arbre (*, G) et les membres du groupe qui leur permet de choisir un chemin parmi plusieurs chemins possibles.
Le protocole de dialogue est le suivant. Lorsqu'un terminal (Figure 2.8-a) transmet un message Join pour être membre du groupe multicast G, son routeur YAM intercepte ce message et recherche l'adresse IP Unicast du routeur YAM responsable de la transmission dans l'intra-domaine du message Join vers l'arbre (*, G). Ce routeur est appelé routeur YAM egress. Puis le routeur YAM du terminal transmet un message Join intra-domaine à destination de son routeur YAM egress. Le message Join intra-domaine permet de construire une branche de l'arbre (*, G) dans l'intra-domaine entre le terminal et le routeur YAM egress. Si le routeur YAM egress n'est pas membre de l'arbre (*, G), il doit construire une branche vers cet arbre. A cette fin, il recherche un ou plusieurs routeurs YAM membres de l'arbre (*, G) en transmettant en broadcast un message Join inter-domaine. Chaque routeur YAM met en œuvre le test RPF pour éviter la duplication dans le réseau des messages Join inter-domaine (Figure 2.8-a).
Pour chaque intra-domaine, l'adresse IP Unicast du routeur YAM egress est déterminée de la façon suivante. Le Domain Name Server (DNS) de l'intra-domaine contient une liaison entre un ensemble de groupes multicast $\{G_0, G_1, ..., G_n\}$ et l'adresse IP Unicast d'un routeur YAM egress. Un routeur YAM souhaitant connaître l'adresse IP Unicast du routeur YAM egress pour le groupe G_i transmet une requête vers son serveur DNS, qui lui fournit alors l'adresse IP Unicast demandée.

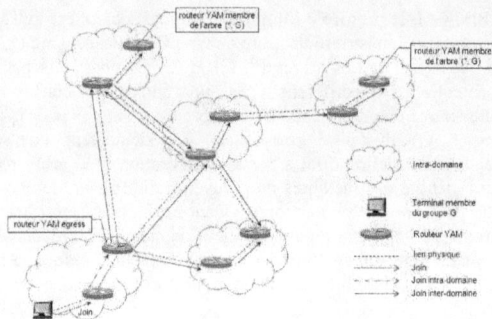

Figure 2.8-a: Recherche d'un ou plusieurs routeurs YAM membres de l'arbre (*, G)

Un routeur YAM membre de l'arbre (*, G) recevant un message Join inter-domaine le détruit et transmet un message Join request à destination du routeur YAM egress ayant émis le message Join inter-domaine (Figure 2.8-b). Le nombre de messages Join request reçus par le routeur YAM egress est égal au nombre de routeurs YAM membres de l'arbre (*, G) ayant reçu le message Join inter-domaine.

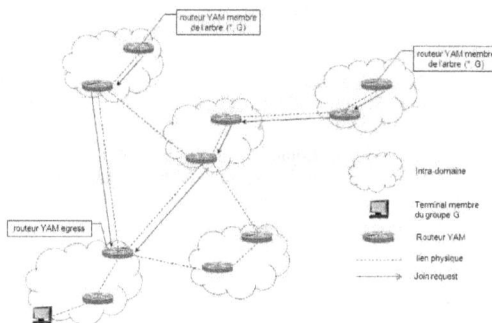

Figure 2.8-b: Emission des messages Join request par les routeurs YAM membres de l'arbre (*, G)

La réception par le routeur YAM egress des messages Join request lui permet de choisir un routeur YAM membre de l'arbre (*, G) vers lequel construire une branche. Après avoir fait son choix, il transmet un message Join response à destination du routeur YAM choisi (Figure 2.8-c). Le choix se fait par rapport aux paramètres caractérisant un chemin entre un routeur YAM membre de l'arbre (*, G) et le routeur YAM egress. Ces paramètres, appelés Quality of Route (QoR), sont, par exemple, le délai de transmission, le débit de transmission, ou le coût de transmission.

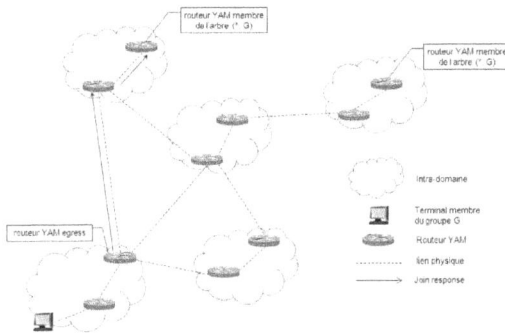

Figure 2.8-c: Emission d'un message Join response par le routeur YAM egress d'un intra-domaine

Le choix de la racine de l'arbre (*, G) se fait de la façon suivante. Lorsque le terminal du premier membre du groupe G émet un message Join à destination de son routeur YAM, celui-ci intercepte ce message et recherche l'adresse IP Unicast du routeur YAM egress de l'intra-domaine pour le groupe G. Puis le routeur YAM du terminal construit une branche de l'arbre (*, G) entre le terminal et le routeur YAM egress; le routeur YAM egress transmet alors en broadcast un message Join inter-domaine pour rechercher un routeur YAM membre de l'arbre (*, G). Ne recevant aucun message Join request, il se déclare racine de l'arbre (*, G).

Quality of Service-sensitive Multicast Routing Protocol (QoSMIC): le protocole YAM possède deux inconvénients: il ne construit que des arbres de type Core-Based Tree et inonde le réseau de messages Join inter-domaine pour rechercher un routeur YAM membre de l'arbre (*, G). Pour remédier à ces deux inconvénients, Faloutsos *et al* (FALOUTSOS, 1998) ont défini le protocole QoSMIC. Il permet, comme le protocole PIM-SM, la construction d'arbres de type Core-Based Tree et de type Source Shortest Path Tree. Quant à la recherche d'un routeur QoSMIC membre de l'arbre (*, G), elle se fait avec deux méthodes, appelées Local Search et Multicast Tree Search, présentées ci-dessous. La méthode Local Search est la première méthode mise en œuvre. Si la recherche est infructueuse, la méthode Multicast Tree Search est mise en œuvre.
Un terminal souhaitant être membre de l'arbre (*, G) transmet un message Join à son routeur QoSMIC. Si son routeur QoSMIC n'est pas membre de l'arbre (*, G), il doit construire une branche vers cet arbre, c'est-à-dire qu'il doit rechercher un routeur QoSMIC membre de l'arbre (*, G).
Dans la méthode Local Search, il recherche un ou plusieurs routeurs QoSMIC membres de l'arbre (*, G) en transmettant en broadcast un message QoSMIC bid-request. Chaque routeur QoSMIC met en œuvre le test RPF pour éviter la duplication dans le réseau des messages QoSMIC bid-request. L'inondation du réseau est partielle car chaque paquet IP transportant un message QoSMIC bid-request possède un champ Time To Live (TTL) qui limite sa diffusion dans le réseau. Lorsqu'un routeur QoSMIC membre de l'arbre (*, G) reçoit un message QoSMIC bid-request, il transmet un message QoSMIC bid au routeur QoSMIC ayant émis le message QoSMIC bid-request. Le nombre de messages QoSMIC bid reçus par le routeur QoSMIC du terminal est égal au nombre de routeurs QoSMIC membres de l'arbre (*, G) ayant reçu le message QoSMIC bid-request. La réception par le routeur QoSMIC du terminal des messages QoSMIC bid lui permet de choisir un routeur QoSMIC membre de l'arbre (*, G) vers lequel construire une branche. Après avoir fait son choix, il transmet un message QoSMIC join à destination du routeur QoSMIC choisi. Le choix se fait par rapport aux paramètres de Qualité de Service caractérisant un chemin entre un routeur QoSMIC membre de l'arbre (*, G) et le routeur QoSMIC du terminal.
Dans la méthode Multicast Tree Search, le routeur QoSMIC d'un terminal contacte le gestionnaire de l'arbre (*, G) en lui transmettant un message QoSMIC m-join. A la réception de ce message, le gestionnaire de l'arbre choisit un ensemble de routeurs QoSMIC membres de l'arbre (*, G). Le choix

par le gestionnaire de cet ensemble de routeurs se fait de la façon suivante. Si le gestionnaire connaît la topologie de l'arbre (*, G) et la topologie du réseau, il choisit un ensemble de routeurs QoSMIC membres de l'arbre (*, G) et leur transmet en unicast un message QoSMIC bid-order (Figure 2.9-a).

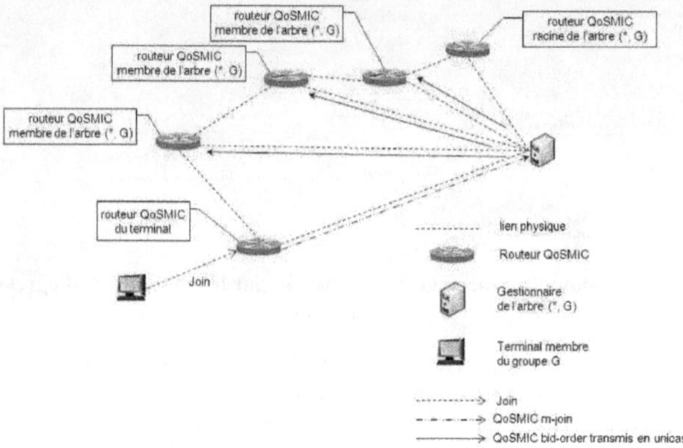

Figure 2.9-a: Transmission en unicast d'un message QoSMIC bid-order par le gestionnaire de l'arbre

Si le gestionnaire ne connaît pas la topologie de l'arbre (*, G) ou la topologie du réseau, il transmet un message QoSMIC bid-order à la racine de l'arbre (*, G) qui le diffuse dans l'arbre (Figure 2.9-b). Tous les routeurs QoSMIC membres de l'arbre (*, G) reçoivent alors ce message. Un algorithme (FALOUTSOS, 1998) permet de limiter le nombre de routeurs QoSMIC membres de l'arbre (*, G) recevant le message QoSMIC bid-order.

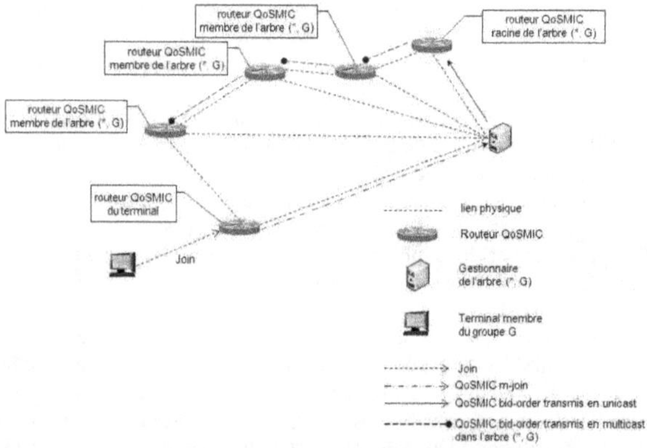

Figure 2.9-b: Transmission en multicast d'un message QoSMIC bid-order par le gestionnaire de l'arbre

Lorsqu'un routeur QoSMIC membre de l'arbre (*, G) reçoit un message QoSMIC bid-order, il transmet un message QoSMIC bid au routeur QoSMIC ayant émis le message QoSMIC m-join. Le nombre de messages QoSMIC bid reçus par le routeur QoSMIC du terminal est égal au nombre de routeurs QoSMIC membres de l'arbre (*, G) ayant reçu le message QoSMIC bid-order. La réception par le

23

routeur QoSMIC du terminal des messages QoSMIC bid lui permet de choisir un routeur QoSMIC membre de l'arbre (*, G) vers lequel construire une branche. Après avoir fait son choix, il transmet un message QoSMIC join à destination du routeur QoSMIC choisi.

Policy Tree Multicast Routing Protocol (PTMR): lorsqu'un opérateur gérant un réseau applique des politiques de routage aux paquets IP, le chemin entre une source émettrice et un récepteur peut être différent du chemin entre ce récepteur et la source émettrice. Afin de prendre en considération les politiques de routage mises en œuvre sur un chemin entre une source multicast et un récepteur, Hodel (HODEL, 1998) a défini une extension du protocole PIM-SM, appelée PTMR. Le protocole PTMR scinde un réseau en un ou plusieurs domaines multicast. Un domaine multicast est un domaine mettant en œuvre une politique de routage particulière lors de la transmission des paquets IP Multicast dans ce domaine. L'interconnexion entre deux domaines multicast se fait via des routeurs appelés routeurs PTMR Multicast Border Router (MBR).

Dans une première phase, le protocole PTMR construit un arbre (*, G) avec le protocole PIM-SM. Le rôle de cet arbre est de mettre en relation les sources S avec les membres du groupe G. Puis, dans une seconde phase, le protocole PTMR définit pour chaque domaine multicast et pour chaque couple (S, G) un, et un seul, routeur PTMR MBR entrant appelé routeur PTMR Peg. Le premier routeur PTMR Peg d'un chemin entre une source émettrice S et un membre du groupe G est appelé routeur PTMR first hop Peg; il est localisé dans le routeur PTMR local de la source S. Le dernier routeur PTMR Peg de ce chemin est appelé routeur PTMR last hop Peg. Les routeurs PTMR d'un domaine multicast construisent un arbre intra-domaine ayant pour racine le routeur PTMR Peg du domaine; cet arbre est noté (S, G, PTMR Peg). Les routeurs PTMR Peg construisent un arbre inter-domaine ayant pour racine le routeur PTMR Peg de la source émettrice S, i.e. le routeur PTMR first hop Peg; cet arbre est noté (S, G, PTMR first hop Peg). La Figure 2.10 représente un arbre intra-domaine (S, G, PTMR last hop Peg) connecté à une source émettrice S par un arbre inter-domaine (S, G, PTMR first hop Peg).

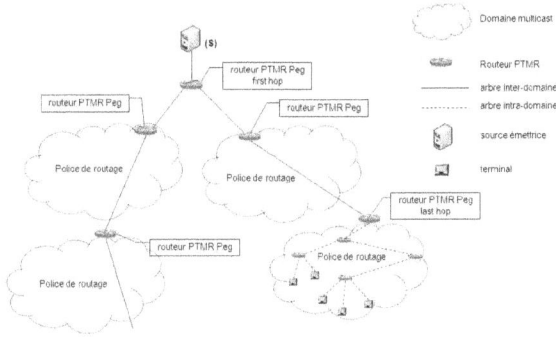

Figure 2.10: Arbres PTMR inter-domaine et intra-domaine

Pour prendre en considération les évolutions de la topologie d'un réseau, ou lors de l'arrivée d'un nouveau membre du groupe G, un routeur PTMR Peg d'un domaine multicast transmet un message PTMR request à destination du routeur PTMR first hop Peg. Dans l'exemple présenté Figure 2.11, le routeur PTMR Peg 2-E du domaine multicast numéro 2 transmet un message PTMR request. A la réception de ce message, le routeur PTMR first hop Peg transmet un message PTMR mark à tous les routeurs PTMR. L'objectif de ce message est de construire une branche de l'arbre (S, G, PTMR first hop Peg) entre la source émettrice S et le domaine multicast ayant émis le message PTMR request. Lorsque ce message PTMR mark entre dans un domaine multicast via le routeur PTMR MBR entrant du domaine, il marque ce routeur comme étant un routeur PTMR Peg. Lorsque le routeur PTMR MBR entrant du domaine multicast à l'origine de l'émission du message PTMR request reçoit le message PTMR mark, il le transmet au routeur PTMR Peg du domaine. Dans l'exemple présenté Figure 2.11, le routeur PTMR MBR entrant du domaine multicast numéro 2 transmet le message PTMR mark au routeur PTMR Peg 2-E. A la réception de ce message, le routeur PTMR Peg transmet un message PTMR annonce à destination des routeurs PTMR de son domaine multicast. L'objectif de ce message est d'indiquer aux routeurs PTMR d'un domaine leur nouveau routeur PTMR Peg. Dans l'exemple présenté Figure 2.11, leur nouveau routeur PTMR Peg est le routeur PTMR MBR entrant du domaine multicast numéro 2. Un nouvel arbre (S, G, PTMR Peg), ayant pour racine le nouveau routeur PTMR Peg, est alors construit dans le domaine, tandis que le nouveau routeur PTMR Peg se joint à l'arbre (S, G, PTMR first hop Peg).

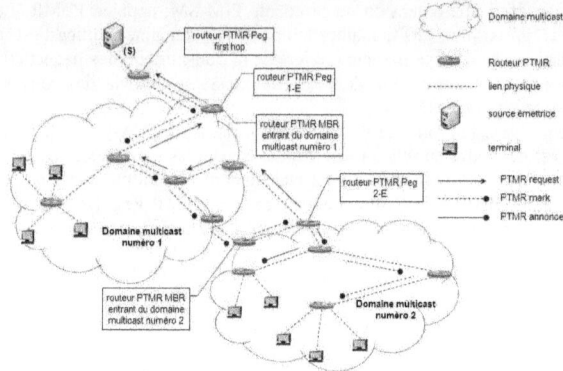

Figure 2.11: Messages échangés dans une architecture PTMR

Border Gateway Multicast Protocol (BGMP): le protocole BGMP (RFC 3913, 2004) est le protocole de routage IP Multicast inter-domaine que standardise l'IETF. Comme le protocole CBT, il définit, pour chaque groupe G, un point de rendez-vous entre les sources émettrices et les membres du groupe G qui représente la racine de l'arbre bidirectionnel (*, G) partagé par les sources émettrices. Cependant, pour le protocole BGMP, le point de rendez-vous n'est pas un routeur IP Multicast mais est un domaine multicast qui met en œuvre une politique de routage particulière lors de la transmission des paquets IP Multicast. A l'intérieur d'un domaine multicast, le protocole de routage IP Multicast, appelé Multicast Interior Gateway Protocol (MIGP), est un protocole de routage intra-domaine tel que DVMRP, PIM-DM, ... Pour chaque domaine multicast, chaque routeur BGMP, situé à la frontière du domaine, met en œuvre le protocole BGMP et le protocole MIGP du domaine.

Pour construire un arbre (*, G) prenant en considération les politiques de routage de chaque domaine multicast, chaque routeur BGMP s'appuie sur les routes annoncées par le protocole Border Gateway Protocol 4 (RFC 4760, 2007). La Figure 2.12 (KUMAR, 1998) illustre un exemple de construction d'un arbre (*, G). Dans cet exemple, un terminal, situé dans le domaine multicast C, souhaite être membre du groupe $G = 224.0.128.1$. Le domaine multicast B représente la racine de l'arbre (*, 224.0.128.1).

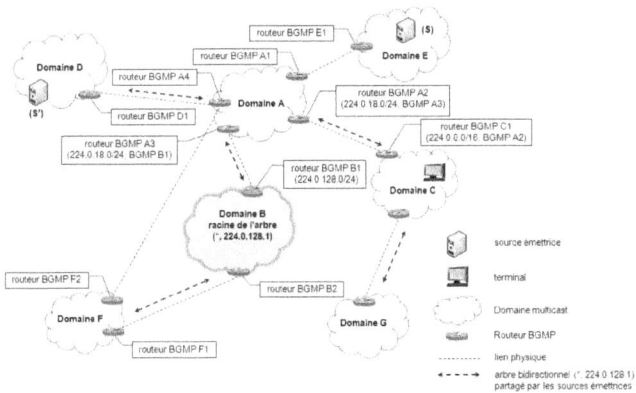

Figure 2.12: Exemple d'une architecture BGMP

Pour être membre du groupe, le terminal transmet un message MIGP Join qui sera routé vers la racine de l'arbre (*, 224.0.128.1) par le module MIGP du routeur BGMP du domaine multicast C possédant une route vers 224.0.128.1, c'est-à-dire le routeur BGMP C1. Après avoir examiné sa table de routage multicast, le routeur BGMP C1, qui devient membre de l'arbre bidirectionnel (*, 224.0.128.1), transmet un message BGMP Join qui sera routé vers la racine de l'arbre (*, 224.0.128.1) par le module BGMP du routeur BGMP possédant une route vers 224.0.128.1, c'est-à-dire le routeur BGMP A2. Après avoir examiné sa table de routage multicast, le routeur BGMP A2, qui devient membre de l'arbre bidirectionnel (*, 224.0.128.1), transmet dans le domaine multicast A un message MIGP Join qui sera routé vers la racine de l'arbre (*, 224.0.128.1) par le module MIGP du routeur BGMP possédant une route vers 224.0.128.1, c'est-à-dire le routeur BGMP A3. Après avoir examiné sa table de routage multicast, le routeur BGMP A3, qui devient membre de l'arbre bidirectionnel (*, 224.0.128.1), transmet un message BGMP Join qui sera routé vers la racine de l'arbre (*, 224.0.128.1) par le module BGMP du routeur BGMP possédant une route vers 224.0.128.1, c'est-à-dire le routeur BGMP B1. Après avoir examiné sa table de routage multicast, le routeur BGMP B1, qui devient membre de l'arbre bidirectionnel (*, 224.0.128.1), transmet dans le domaine multicast B un message MIGP Join.

Dans le domaine multicast E, les paquets IP Multicast à destination du groupe $G = 224.0.128.1$ émis par une source S sont reçus par le module MIGP du routeur BGMP E1 qui n'est pas membre de l'arbre (*, 224.0.128.1). Il les transmet au module BGMP du routeur BGMP E1 qui les transmet vers le module BGMP du routeur BGMP A1 situé dans le domaine multicast A. Le module BGMP du routeur BGMP A1, qui n'est pas membre de l'arbre (*, 224.0.128.1), transmet les paquets IP Multicast au module MIGP du routeur BGMP A1. Puis ces paquets sont transmis dans le domaine multicast A. Par exemple, si le protocole MIGP mis en œuvre dans le domaine multicast A est le protocole DVMRP, les paquets IP Multicast inondent le domaine. Les routeurs BGMP A2, A3, et A4, qui sont membres de l'arbre (*, 224.0.128.1), transmettent alors les paquets dans cet arbre.

Dans le domaine multicast D, les paquets IP Multicast à destination du groupe $G = 224.0.128.1$ émis par une source S' sont reçus par le module MIGP du routeur BGMP D1 qui est membre de l'arbre (*, 224.0.128.1). Le domaine multicast F reçoit les paquets IP Multicast émis par la source S' via les routeurs BGMP D1, A4, A3, B1, B2, F1. Si le module MIGP du routeur BGMP F1 met en œuvre le test RPF, les paquets IP Multicast seront détruits car le plus court chemin entre la source S' et le domaine F est chemin constitué par les routeurs BGMP D1, A4, F2. Pour remédier à cet inconvénient, le protocole BGMP propose une solution comprenant deux phases. Dans la première phase, le routeur BGMP F1 établit un tunnel IP/IP vers le routeur BGMP F2 et lui transmet les paquets IP Multicast qu'il reçoit. Puis, dans une deuxième phase ayant pour objectif la suppression du tunnel IP/IP, le routeur BGMP F2 transmet un message BGMP Source-Specific Join vers la source S'. Le routeur BGMP A4 intercepte ce message, le détruit, et construit une branche (S', 224.0.128.1) vers le routeur BGMP F2.

Le choix du domaine multicast hébergeant la racine de l'arbre (*, G) est essentiel pour minimiser le coût de transmission entre une source émettrice et les membres du groupe. Lors du choix du domaine multicast qui hébergera la racine de l'arbre (*, G), Kumar *et al* (KUMAR, 1998) supposent que la majorité des sources émettrices et des membres du groupe G sont localisés dans un seul domaine qui sera la racine de l'arbre. La localisation du domaine se fait de la façon suivante. Chaque domaine gère un ensemble d'adresses IP Multicast qui peut être défini par le protocole Multicast Address-Set Claim (RFC 2909, 2000). Lorsqu'un service à transmettre reçoit une adresse IP Multicast, le domaine lui ayant attribué une adresse devient la racine de l'arbre (*, G).

2.1.2 ANALYSE DES PRINCIPALES ARCHITECTURES METTANT EN ŒUVRE LE MODE DE TRANSMISSION MULTICAST AU NIVEAU DE LA COUCHE APPLICATION

Comme les opérateurs des réseaux ne routent pas les paquets IP Multicast sur Internet, des solutions alternatives sont apparues. La première solution, le MBONE (ERICKSSON, 1994), a été conçue en 1992. Des tunnels IP Unicast, établis entre les îlots multicast, encapsulent les flux multicast lors de leur transmission sur Internet. L'architecture du MBONE n'est pas scalable car les tunnels sont statiques. Depuis la création du MBONE diverses solutions sont apparues. Dans cette section, nous analysons les principales architectures de type Application Layer Multicast (ALM). Dans ce type d'architecture, la construction et la gestion d'un arbre multicast sont mises en œuvre par la couche Application des terminaux ou par la couche Application d'équipements spécialisés appelés proxy. La Figure 2.13 schématise une architecture de type ALM basée sur des terminaux.

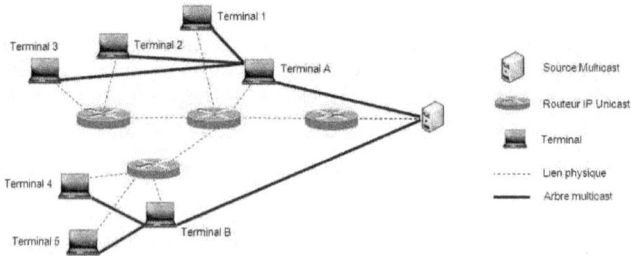

Figure 2.13: Schématisation d'une architecture de type ALM basée sur des terminaux

La Figure 2.14 schématise une architecture de type ALM basée sur des proxies localisés à des endroits fixes dans un réseau, connectés sur des réseaux à haut débit, et ayant des capacités de traitement adaptées. Tous les terminaux sont situés à l'extrémité de l'arbre.

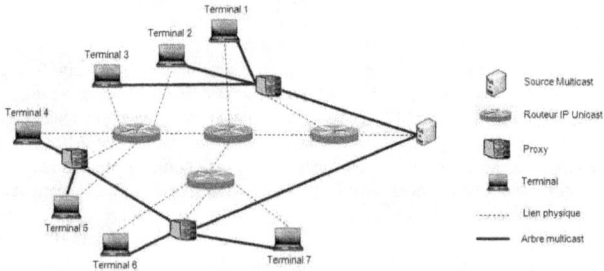

Figure 2.14: Schématisation d'une architecture de type ALM basée sur des proxies

La conception d'une architecture ALM implique la prise en considération de plusieurs paramètres que Hosseini *et al* (HOSSEINI, 2007) ont analysés. Nous décrivons ci-dessous ces paramètres, puis, en nous appuyant sur les travaux de Hosseini *et al* (HOSSEINI, 2007), nous synthétisons les principales architectures ALM dans la Table 2.1.

Le type d'architecture ALM à déployer: chaque application, telle que la visioconférence ou le transfert de fichiers, a des contraintes en termes de délai de transmission, de gigue, de bande passante, et de pourcentage de paquets IP perdus. Ces contraintes ont un impact sur le type d'architecture à déployer. En effet, dans une architecture ALM basée sur des terminaux, les terminaux situés à l'intérieur de l'arbre, tels que les terminaux A et B dans la Figure 2.13, participent à la transmission des paquets multicast, contrairement aux terminaux situés à l'extrémité de l'arbre, tels que les terminaux 1 et 5 dans la Figure 2.13, qui ne participent pas à la transmission. La qualité du service reçu par les terminaux situés à l'extrémité de l'arbre dépend alors des caractéristiques des réseaux sur lesquels sont connectés les terminaux situés à l'intérieur de l'arbre et des capacités de traitements des flux multicast de ces terminaux. En outre, le départ ou la mobilité d'un terminal situé à l'intérieur de l'arbre peut engendrer la rupture de la transmission d'une application pour les terminaux situés à l'extrémité de l'arbre. Pour remédier à cet inconvénient, il est possible de déployer une architecture ALM basée sur des proxies localisés à des endroits fixes dans un réseau.

La mise en œuvre d'un réseau de contrôle: un arbre multicast peut être construit selon deux méthodes différentes (TAN, 2006). Dans la première méthode, appelée mesh-first, l'arbre est construit au dessus d'un réseau maillé de terminaux. Ce réseau maillé, appelé réseau de contrôle, est construit de la façon suivante. Un terminal, noté x, souhaitant être membre d'un groupe multicast G contacte un serveur, appelé RendezVous Point, contenant la liste des terminaux appartenant déjà au groupe G. Puis il transmet une demande d'admission à destination d'un ou plusieurs membres du groupe G. Chaque terminal recevant cette demande prend une décision d'admission du terminal x en fonction de critères spécifiques tels que la quantité de ressources dont il dispose pour traiter les données à transmettre ou la bande passante du réseau sur lequel il est connecté. Puis, après avoir reçu les décisions d'admission, le terminal x transmet une demande d'établissement d'un lien à destination d'un ou plusieurs terminaux. Les multiples liens établis entre les terminaux et les messages de signalisation échangés entre les terminaux permettent de faire face à la défaillance ou au départ volontaire d'un terminal. L'arbre multicast est ensuite construit par la mise en œuvre d'un algorithme de routage. La deuxième méthode, appelée tree-first, ne construit pas un réseau de contrôle. Dans cette méthode, lorsqu'un terminal x souhaite être membre d'un groupe multicast, il contacte un serveur RendezVous Point pour obtenir une liste d'un ou plusieurs nœuds de l'arbre. Puis il transmet une demande vers ces nœuds pour rechercher un nœud parent avec lequel il pourra établir un lien pour devenir son nœud enfant. Un nœud recevant cette demande prend une décision d'établir un lien en fonction de critères spécifiques tels que le nombre maximal de nœuds enfants qu'il peut supporter. Si le terminal x reçoit la confirmation qu'il peut être le nœud enfant de plusieurs nœuds parent, il choisit un nœud parent en fonction de critères spécifiques tels que la distance par rapport aux nœuds parent.

L'algorithme mis en œuvre pour construire l'arbre multicast: étant donné un réseau de terminaux, et étant donné un ensemble de contraintes sur chaque terminal, comme par exemple la bande passante du réseau d'accès sur lequel il est connecté ou la quantité de ressources dont il dispose pour traiter les données à transmettre, l'algorithme mis en œuvre pour construire un arbre multicast vise à établir un chemin entre un sous-ensemble de terminaux en fonction d'un objectif à atteindre, comme par exemple minimiser le délai de transmission entre une source émettrice et ce sous-ensemble. Hosseini *et al* (HOSSEINI, 2007) ont classé ces algorithmes en quatre groupes. Le premier groupe contient des algorithmes construisant des arbres de type SPT. Le second groupe contient des algorithmes construisant des arbres de type CBT. Le troisième groupe contient des algorithmes créant des clusters de terminaux puis construisant des arbres basés sur ces clusters. Le quatrième groupe contient des algorithmes construisant des arbres sur des réseaux maillés Peer-to-Peer (P2P).

Le degré des terminaux: en raison des capacités de traitement des données limitées d'un terminal ou en raison de la bande passante limitée du réseau d'accès sur lequel est connecté un terminal, le nombre maximal de connexions qu'il possède dans un arbre multicast est borné. Ce nombre, appelé degré d'un terminal, peut dépendre des contraintes de l'application à transmettre ou peut être indépendant de l'application. Comme la construction d'un arbre multicast prenant en compte le degré des terminaux est un problème NP-complet (DOUGLAS, 1992), différentes heuristiques, que présentent Hosseini et al (HOSSEINI, 2007), ont été définies.

La restructuration périodique de l'arbre multicast: la structure d'un arbre multicast est dépendante de l'ordre d'arrivée des demandes d'admission des terminaux à un groupe G et n'est pas toujours optimale. A intervalle régulier, il est possible de restructurer l'arbre. Pour chaque application, un compromis est à trouver entre la fréquence de restructuration et la qualité de la transmission des données dans l'arbre.

Architecture ALM	Type d'architecture ALM à déployer	Mise en œuvre d'un réseau de contrôle	Algorithme mis en œuvre pour construire l'arbre	Prise en compte des degrés des terminaux	Restructuration périodique de l'arbre	Gestion centralisée ou distribuée
ALMI (PENDARAKIS, 2001)	Terminaux	Non Tree-first	CBT	Non	Oui	Centralisée
Amcast (SHI, 2001)	Proxies	Non Tree-first	CBT	Oui Indépendant de l'application	Non	Centralisée
Bayeux (ZHUANG, 2001)	Proxies	Oui Mesh-first	P2P	Oui Dépendant de l'application	Oui	Distribuée
Borg (ZHANG, 2003)	Proxies	Oui Mesh-first	P2P	Oui Dépendant de l'application	Oui	Distribuée
BTP (HELDER, 2002)	Terminaux	Non Tree-first	SPT ou CBT	Oui Dépendant de l'application	Dépend de l'application	Distribuée
CAN (RATNASAMY, 2001a)	Proxies	Oui Mesh-first	P2P	Oui Dépendant de l'application	Non	Distribuée
CoopNet (PADMANABHAN, 2002)	Terminaux	Non Tree-first	SPT	Oui Dépendant de l'application	Non	Centralisée
Delaunay (LIEBEHERR, 2002)	Proxies	Oui Mesh-first	P2P	Oui Dépendant de l'application	Non	Distribuée
Scattercast (CHAWATHE, 2003)	Proxies	Oui Mesh-first	CLUSTER	Oui Indépendant de l'application	Oui	Distribuée
HBM (ROCA, 2001)		Non Tree-first	CBT	Non	Oui	Centralisée
MVEMP (HOSSEINI, 2004)	Terminaux	Oui Mesh-first	SPT	Oui	Non	Centralisée
Narada (CHU, 2002)	Terminaux	Oui Mesh-first	SPT	Oui Dépendant de l'application	Oui	Distribuée
NICE (BANERJEE, 2002)	Terminaux	Oui Mesh-first	CLUSTER	Oui Indépendant de l'application	Oui	Distribuée
OMNI (BANERJEE, 2006)	Proxies	Non Tree-first	SPT	Oui Indépendant de l'application	Oui	Distribuée

Architecture ALM	Type d'architecture ALM à déployer	Mise en œuvre d'un réseau de contrôle	Algorithme mis en œuvre pour construire l'arbre	Prise en compte des degrés des terminaux	Restructuration périodique de l'arbre	Gestion centralisée ou distribuée
Overcast (JANNOTTI, 2000)	Proxies	Non Tree-first	SPT	Non	Oui	Distribuée
ProBass (ZHONG, 2005)	Proxies	Non Tree-first	SPT	Oui	Non	Centralisée
PST (VOGEL, 2003)	Terminaux	Non Tree-first	SPT ou CBT	Oui	Oui	Distribuée
RITA (XU, 2003)	Proxies	Oui Mesh-first	SPT	Oui Indépendant de l'application	Oui	Distribuée
RMX (CHAWATHE, 2000)	Proxies	Oui Mesh-first	CLUSTER	Oui Dépendant de l'application	Oui	Distribuée
Scribe (CASTRO, 2002)	Proxies	Oui Mesh-first	P2P	Oui Dépendant de l'application	Oui	Distribuée
SpreadIt (DESHPANDE, 2001)	Terminaux	Non Tree-first	SPT	Oui Indépendant de l'application	Non	Distribuée
TAG (KWON, 2002)	Terminaux	Non Tree-first	SPT	Oui Dépendant de l'application	Non	Distribuée
TBCP (MATHY, 2001)	Terminaux	Non Tree-first	CBT	Oui	Non	Distribuée
Yoid (FRANCIS, 1999)	Terminaux	Oui	SPT	Oui Indépendant de l'application	Oui	Distribuée
ZIGZAG (TRAN, 2003)	Terminaux	Oui Mesh-first	CLUSTER	Oui Indépendant de l'application	Oui	Distribuée

Table 2.1: Synthèse des principales architectures ALM

2.1.3 ANALYSE DES PRINCIPALES ARCHITECTURES METTANT EN ŒUVRE LE MODE DE TRANSMISSION MULTICAST AU NIVEAU DES COUCHES IP ET APPLICATION

La troisième famille, appelée Hybrid Multicast, contient des architectures telles que Host Multicast Tree Protocol (ZHANG, 2002) et Universal Multicast (ZHANG, 2006), mettant en œuvre le mode de transmission multicast au niveau de la couche IP et au niveau de la couche Application. Ce type d'architecture a pour objectif d'interconnecter les îlots multicast via un réseau overlay (Figure 2.15). Pour transmettre les données d'une source vers les membres d'un groupe, chaque îlot multicast hébergeant des membres de ce groupe construit un arbre multicast avec un protocole de type IP Multicast et le réseau overlay construit un arbre multicast inter-îlots avec un protocole de type Application Layer Multicast.

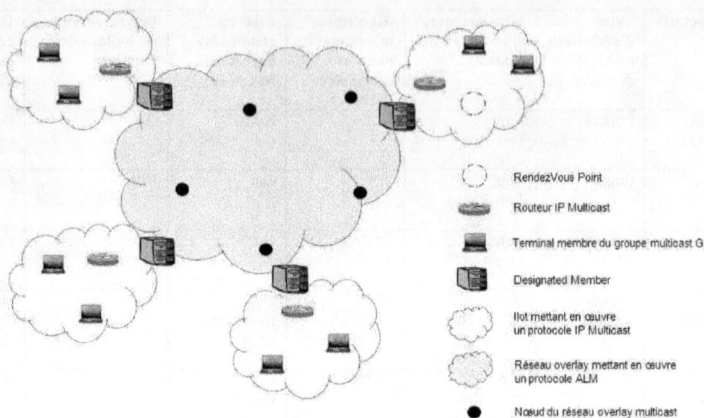

Figure 2.15: Schématisation d'une architecture de type Hybrid Multicast

Dans chaque îlot, un ou plusieurs nœuds, appelés Designated Member, fournissent une interface entre le réseau overlay multicast et l'îlot. La désignation d'un nœud, qui peut être un terminal ou un serveur, en tant que Designated Member se fait avec le protocole Host Group Management Protocol spécifié par Zhang *et al* (ZHANG, 2006).

L'identifiant d'un groupe mis en œuvre dans un îlot multicast ne peut pas être utilisé pour identifier ce même groupe dans le réseau overlay car il n'est pas unique. Pour remédier à cet inconvénient, l'IETF a défini une méthode d'identification globale d'un groupe sur Internet (RFC 6308, 2011). Comme cette méthode n'est pas déployée sur Internet, Zhang *et al* (ZHANG, 2002) ont défini un identifiant appelé Group Identifier (GID). Cet identifiant est unique dans le réseau overlay et est obtenu en faisant une requête à un serveur appelé RendezVous Point. Un identifiant GID est le résultat de la concaténation de deux informations: l'adresse IP Unicast du serveur RendezVous Point et l'identifiant local du groupe multicast dans ce serveur. Lorsqu'une application a besoin de connaître l'identifiant GID d'un groupe, elle fait une demande au RendezVous Point qui héberge l'identifiant local de ce groupe. Par exemple, pour obtenir l'identifiant GID du groupe $forest.cs.ucla.edu/mytalk$, une application fait une requête DNS $forest.cs.ucla.edu$ et obtient l'adresse IP Unicast du RendezVous Point. Puis elle contacte ce RendezVous Point qui lui fournit l'identifiant local du groupe $mytalk$. Outre la fourniture des identifiants GID, un RendezVous Point fournit à un Designated Member les paramètres nécessaires à son intégration dans l'arbre inter-îlots tels que le protocole ALM implémenté dans le réseau overlay et la liste des membres de l'arbre inter-îlots. Comme le RendezVous Point n'est pas membre de l'arbre inter-îlots, sa localisation dans le réseau est quelconque. La Figure 2.16 montre un exemple d'une architecture Hybrid Multicast dans laquelle le RendezVous Point est localisé dans un îlot multicast.

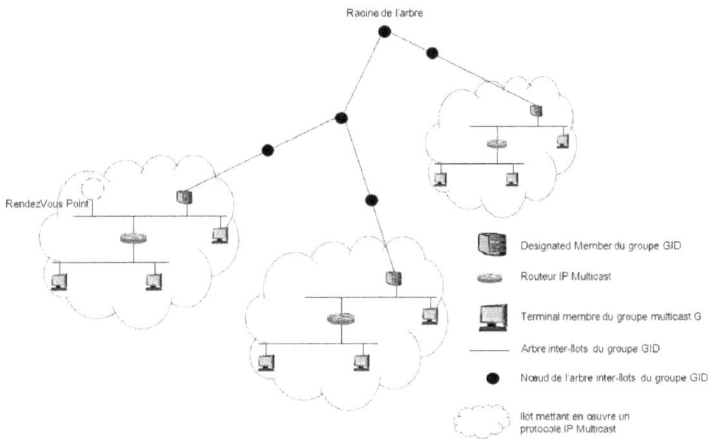

Figure 2.16: Exemple d'une architecture de type Hybrid Multicast

Lorsqu'un paquet IP Multicast d'un groupe G doit être transmis d'un îlot *i* vers un ou plusieurs îlots récepteurs, un Designated Member de l'îlot *i* encapsule ce paquet dans un tunnel unicast UDP identifié par un GID. L'arbre inter-îlots du groupe GID transmet alors les données vers les îlots récepteurs.

Plus récemment, l'IETF (BUMGARDNER, 2012) vient de proposer une autre solution qui s'inspire des travaux issus du MBONE. Dans cette solution, les paquets IP Multicast sont encapsulés dans des tunnels UDP créés dynamiquement.

2.1.4 QUELLE ARCHITECTURE CHOISIR POUR TRANSMETTRE DES FLUX MULTICAST SUR INTERNET ?

Contrairement aux architectures IP Multicast, les architectures ALM basées sur des terminaux, les architectures ALM basées sur des proxies, et les architectures Hybrid Multicast permettent la transmission des flux multicast sur Internet. Parmi ces trois familles d'architectures, quelle architecture choisir pour diffuser un flux multicast sur Internet ?

Une réponse partielle a été apportée en 2005 par Lao *et al* (LAO, 2005). Ils ont défini trois métriques pour comparer les performances d'une architecture ALM basées sur des proxies, à savoir Pure Overlay Multicast (LAO, 2005), et de deux architectures ALM basées sur des terminaux, à savoir NARADA (CHU, 2002) et NICE (BANERJEE, 2002), en prenant pour référence une architecture IP Multicast, à savoir PIM-SSM (HOLBROOK, 1999). La métrique Multicast Tree Cost calcule le nombre de liens physiques dans un arbre multicast. Plus ce nombre est grand, plus la bande passante nécessaire pour transmettre un flux multicast est importante. La métrique End to End Delay calcule le nombre de sauts pour atteindre un membre d'un groupe. Plus ce nombre est grand, plus le délai entre une source émettrice et un membre est important. La métrique Control Overhead calcule le nombre de messages de contrôle émis durant 1000 secondes. A l'aune de ces métriques, Lao *et al* (LAO, 2005) ont montré que les performances de l'architecture ALM basées sur des proxies sont proches de celles de l'architecture IP Multicast et sont meilleures que celles de l'architecture ALM basées sur des terminaux.

Nous pensons qu'il n'est pas possible de généraliser les résultats de Lao *et al* car les performances d'une architecture multicast, et les métriques chargées de les évaluer, sont fonction du type d'application pour laquelle elle a été conçue, par exemple une visioconférence ou un transfert de fichiers. La comparaison des performances de différentes architectures multicast n'est alors possible que si ces architectures ont été conçues pour une même application. Cependant, nous pouvons énoncer trois règles pour choisir entre une architecture de la famille ALM basées sur des proxies ou de la famille ALM basées sur des terminaux:

- Lorsque les données à transmettre ne doivent pas être modifiées au cours de leur transmission, les architectures de la famille ALM basées sur des proxies sont préférables aux architectures de la famille ALM basées sur des terminaux car elles sont plus fiables face une attaque de type Man-in-the-Middle. Par exemple, en se référant à la Figure 2.13, le terminal A, situé entre la source multicast et les terminaux 1, 2 et 3, peut modifier les données qu'il reçoit avant de les transmettre;
- Lorsque les données à transmettre nécessitent un débit de transmission élevé, les architectures de la famille ALM basées sur des proxies sont préférables aux architectures de la famille ALM basées sur des terminaux car, dans les architectures de la famille ALM basées sur des terminaux, certains terminaux peuvent ne pas avoir suffisamment de ressources pour transmettre les données avec un débit élevé. Par exemple, en se référant à la Figure 2.13, le terminal A pourrait être connecté sur un réseau d'accès à bas débit;
- Lorsque les Internautes veulent réduire le coût de leurs factures télécoms, les architectures de la famille ALM basées sur des terminaux sont préférables aux architectures de la famille ALM basées sur des proxies car, dans les architectures de la famille ALM basées sur des terminaux, le réseau ne fournit qu'un service de base, à savoir le service de transmission IP Unicast. Inversement, dans les architectures de la famille ALM basées sur des proxies, les nœuds du réseau overlay peuvent fournir des services supplémentaires qu'un opérateur de réseaux peut facturer.

2.2 TRAVAUX VISANT A DEFINIR DES ARCHITECTURES MULTICAST BIDIRECTIONNELLES

Les flux multicast doivent être bidirectionnels puisqu'un Internaute peut émettre et recevoir des données. Des architectures bidirectionnelles commencent à apparaître dans les îlots multicast et sur Internet.

2.2.1 ANALYSE DES ARCHITECTURES BIDIRECTIONNELLES DANS LES ILOTS MULTICAST

Contrairement au foisonnement de protocoles IP Multicast unidirectionnels (RAMALHO, 2000), les protocoles IP Multicast bidirectionnels, tels que le protocole BIDIR-PIM (RFC 5015, 2007), sont peu nombreux. Il n'existe pas de travaux ayant pour objectif de les inventorier et de les classer selon leurs caractéristiques.

Tous les protocoles que nous avons examinés sont basés sur la construction d'un arbre partagé bidirectionnel de type Core-Based Tree. Comme le RendezVous Point concentre la gestion des membres d'un groupe, des travaux visent à diversifier le nombre de RendezVous Point. Zappala *et al* (ZAPPALA, 2002) proposent de scinder un groupe en plusieurs sous-groupes, chaque sous-groupe étant géré par un ou plusieurs RendezVous Point qui est la racine d'un arbre partagé bidirectionnel. Ils ont défini deux architectures. Dans la première architecture, appelée Senders-To-All, chaque sous-groupe est géré par un seul RendezVous Point et une source émettrice transmet ses paquets IP vers tous les RendezVous Point. Par exemple, dans la Figure 2.17, un groupe G est scindé en deux sous-groupes G' et G''. Une source émettrice, qui est aussi membre du sous-groupe G', transmet ses paquets IP vers les deux RendezVous Point.

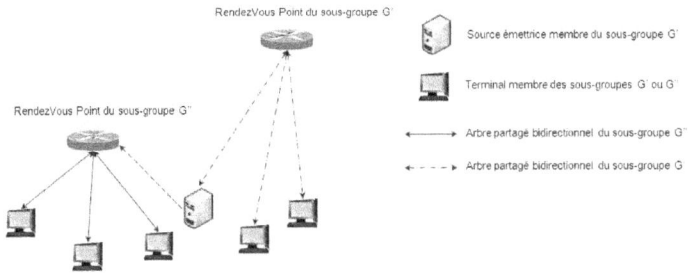

Figure 2.17: Architecture Core-Based Tree de type Senders-To-All

Dans la deuxième architecture, appelée Members-To-All, chaque sous-groupe est géré par tous les RendezVous Point et une source émettrice transmet ses paquets IP vers un seul RendezVous Point. Par exemple, dans la Figure 2.18, un groupe G est scindé en deux sous-groupes G' et G''. Une source émettrice, qui est aussi membre du sous-groupe G', transmet ses paquets IP vers le RendezVous Point du sous-groupe G'.

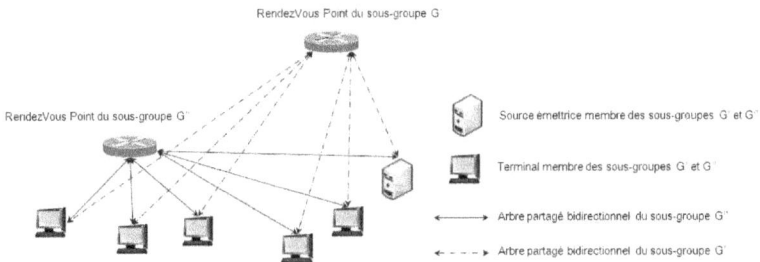

Figure 2.18: Architecture Core-Based Tree de type Members-To-All

Les protocoles IP Multicast bidirectionnels accentuent les problèmes de sécurité. En effet, un paquet IP émis par un Internaute est multiplié dans l'arbre multicast, c'est-à-dire qu'un arbre a un rôle d'amplificateur de paquets. Si l'Internaute est malveillant, l'arbre va amplifier l'effet malveillant des paquets. Kellil *et al* (KELLIL, 2005) ont analysé et classé en trois familles treize solutions visant à sécuriser les architectures multicast. Elles sont toutes basées sur le modèle décrit dans la Figure 2.19: un utilisateur, émetteur ou récepteur, souhaitant accéder à un groupe multicast, transmet son identité à un gestionnaire du groupe multicast (message n° 1). Après vérification de l'identité, le gestionnaire transmet à l'utilisateur une autorisation d'accès au groupe en fonction de son profil (message n° 2). Puis, l'utilisateur transmet cette autorisation à son routeur multicast qui vérifie la validité de l'autorisation avant de l'autoriser à accéder au groupe (message n°3).

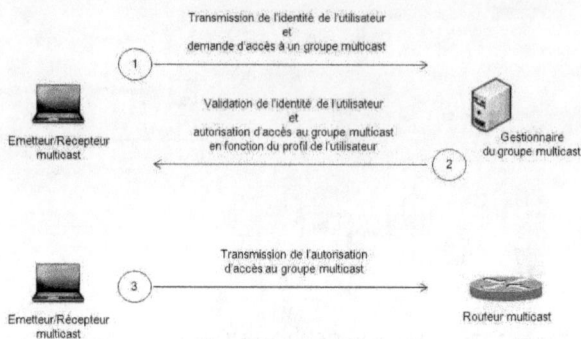

Figure 2.19: Modèle mis en œuvre pour sécuriser les architectures IP Multicast

Dans la première famille de solutions, appelée Digital Signature-based, l'identification d'un utilisateur se fait avec un système de clés publiques/privées (NAKHJIRI, 2005). Dans la deuxième famille, appelée Shared Secret-based, l'identification se fait avec un système de clés secrètes (NAKHJIRI, 2005). Dans la troisième famille, appelée Hybrid, l'identification se fait avec un système hybride Digital Signature-based/Shared Secret-based.

2.2.2 ANALYSE DES ARCHITECTURES BIDIRECTIONNELLES SUR INTERNET

Comme dans les îlots multicast, les protocoles bidirectionnels sont peu nombreux sur Internet et il n'existe pas de travaux ayant pour objectif de les inventorier et de les classer selon leurs caractéristiques.
Wahlisch *et al* (WAHLISCH, 2011) ont défini un arbre multicast bidirectionnel partagé, appelé Scalable Adaptive Multicast on Bidirectional Shared Tree (BIDIR-SAM), implémenté au dessus d'un réseau Peer-to-Peer. Pour comprendre leur architecture, il est nécessaire de faire un rappel sur les tables Distributed Hash Table (DHT) et les arbres de type Prefix Hash Tree.

2.2.2.1 LES TABLES DHT ET LES ARBRES DE TYPE PREFIX HASH TREE

Les objectifs d'une architecture Peer-to-Peer sont de localiser efficacement les nœuds P2P hébergeant un objet, de gérer l'arrivée et le départ d'un ou plusieurs nœuds P2P, et de minimiser l'impact sur le service à offrir d'une défaillance d'un nœud du réseau P2P ou d'une défaillance d'un lien ou d'un routeur du réseau IP sous-jacent.
Les architectures Peer-to-Peer peuvent se classer en deux grandes familles (LUA, 2004): les architectures Peer-to-Peer Structured, telles que Content-Addressable Network (RATNASAMY, 2001), Chord (STOICA, 2001), Pastry (ROWSTRON, 2001), Tapestry (ZHAO, 2004), et les architectures Peer-to-Peer Unstructured telles que Gnutella (GNUTELLA, 2002). L'IETF, en s'appuyant sur les travaux de Qiao *et al* (QIAO, 2006), préconise le déploiement d'architectures Peer-to-Peer Structured en raison de leurs meilleures performances par rapport aux architectures Peer-to-Peer Unstructured.
Les architectures P2P Structured sont fondées sur l'implémentation d'une Distributed Hash Table (STOICA, 2001) dans les nœuds P2P. La mise en œuvre d'une Distributed Hash Table nécessite d'attribuer à chaque objet une clé, notée key, qui permettra de l'identifier. Chaque nœud P2P est aussi identifié au moyen d'une clé, notée NodeID. Les clés key et NodeID sont produites par une fonction de hachage telle que SHA-1 (SHA1, 1995). L'espace des clés identifiant les objets est identique à celui identifiant les nœuds P2P. Une table DHT met en œuvre trois opérations: stockage dans un nœud identifié par sa clé NodeID d'un objet identifié par sa clé key avec l'opération STORE (key, value), récupération d'un objet avec l'opération LOOKUP (key), suppression d'un objet avec l'opération REMOVE (key). La Figure 2.20 schématise ces trois opérations. Pour localiser une clé key, chaque

nœud du réseau P2P possède une table de routage contenant l'identifiant de ses nœuds voisins ainsi que leur localisation dans le réseau IP sous-jacent. L'identifiant d'un voisin est son NodeID, sa localisation est son adresse IP. Lorsqu'un nœud du réseau P2P souhaite obtenir une clé key, les algorithmes de routage, appelés Key-based Routing, transmettent de proche en proche la demande vers le nœud du réseau P2P possédant cette clé. Lorsque la clé key a été trouvée, elle est transmise au nœud P2P demandeur via un routage symétrique de la demande.

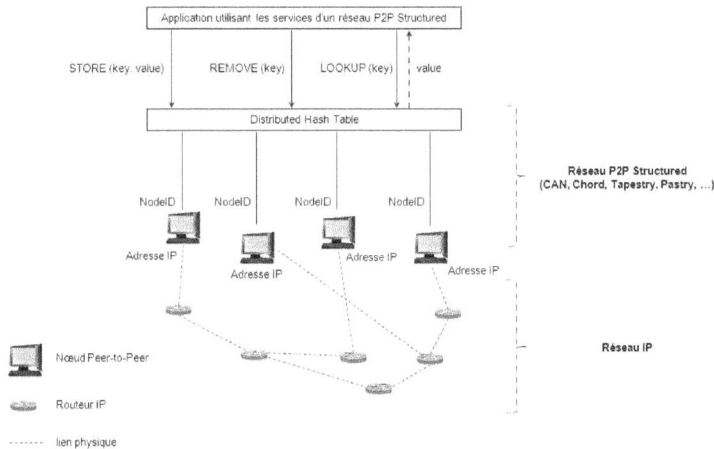

Figure 2.20: Schéma illustrant les trois opérations d'une Distributed Hash Table

Il existe différents algorithmes de routage (RATNASAMY, 2002) que Castro *et al* (CASTRO, 2003) ont classés en trois familles: Proximity routing, Topology-based nodeId assignment, Proximity neighbour selection.

Dans la famille Proximity routing, l'architecture du réseau P2P est construite indépendamment de l'architecture du réseau IP sous-jacent. Avec ce type de construction, mis en œuvre dans les architectures Content-Addressable Network et Chord, deux nœuds voisins dans le réseau P2P peuvent être éloignés l'un de l'autre dans le réseau IP sous-jacent. Pour prendre en considération la distance entre deux nœuds P2P dans le réseau IP sous-jacent, un algorithme de type Proximity routing choisit, à chaque saut, un nœud P2P parmi un nombre k de nœuds P2P. Lors du i^{th} saut, le $(i-1)^{th}$ nœud P2P, routant la demande de localisation d'une clé key vers le i^{th} nœud P2P, choisit un nœud parmi k en prenant en considération le nœud P2P ayant un NodeID voisin de la clé key demandée et ayant la plus petite distance par rapport à lui dans le réseau IP sous-jacent parmi les k nœuds possibles.

Dans la famille Topology-based nodeId assignment, l'architecture du réseau P2P est construite en prenant en considération la localisation des nœuds P2P dans le réseau IP sous-jacent. Avec ce type de construction, mis en œuvre dans l'architecture Content-Addressable Network, deux nœuds voisins dans le réseau P2P sont proches l'un de l'autre dans le réseau IP sous-jacent. La défaillance d'un lien ou d'un routeur IP peut alors entraîner l'inaccessibilité de plusieurs nœuds voisins dans le réseau P2P et avoir un impact sur le service à offrir lorsque le réseau P2P duplique les objets sur des nœuds voisins.

Dans la famille Proximity neighbour selection, un arbre de type binary trie (LIM, 2011), appelé Prefix Hash Tree (RAMABHADRAN, 2004), est construit au dessus du réseau P2P. La racine de l'arbre Prefix Hash Tree (PHT) héberge virtuellement toutes les clés key du réseau P2P. Elle crée deux nœuds, appelés vertex. Le premier vertex héberge virtuellement toutes les clés key dont le bit de poids fort, noté b_0, est égal à 1. Le second vertex héberge virtuellement toutes les clés key dont le bit de poids fort est égal à 0. Le nombre maximal de clés virtuellement hébergées par un vertex est un paramètre de l'arbre PHT. Un vertex crée deux enfants lorsqu'il héberge virtuellement un nombre de clés supérieur au nombre maximal autorisé par l'arbre. Le premier enfant héberge virtuellement toutes les clés dont les deux premiers bits de poids fort, notés $b_0 b_1$, sont égaux à $b_0 1$. Le second enfant héberge virtuellement toutes les clés dont les deux premiers bits de poids fort sont égaux à $b_0 0$. Un enfant crée deux enfants lorsqu'il héberge virtuellement un nombre de clés supérieur au nombre maximal autorisé par l'arbre. Le premier enfant héberge virtuellement toutes les clés dont les trois premiers bits de poids fort, notés $b_0 b_1 b_2$, sont égaux à $b_0 b_1 1$. Le second enfant héberge virtuellement toutes les clés dont les trois premiers bits de poids fort sont égaux à $b_0 b_1 0$. Un vertex qui ne crée pas d'enfant est appelé une feuille de l'arbre PHT. La suite des n bits $b_0 b_1 b_2 \dots b_{n-1}$, $n \geq 1$, appelée préfixe, représente l'identifiant d'un vertex dans l'arbre PHT. L'identifiant d'un vertex d'un arbre PHT est égal au plus long commun préfixe de ses enfants. Caron et al (CARON, 2007) donnent une définition mathématique d'un plus long commun préfixe, noté $\mathcal{LCP}$. Un vertex ayant un préfixe égal à $b_0 b_1 b_2 \dots b_{n-1}$ héberge virtuellement toutes les clés key dont les n premiers bits de poids fort sont égaux à $b_0 b_1 b_2 \dots b_{n-1}$. Par exemple, le vertex 1111 héberge virtuellement toutes les clés ayant un préfixe égal à 1111, tandis que le vertex 1110 héberge virtuellement toutes les clés ayant un préfixe égal à 1110. La Figure 2.21 illustre un arbre PHT hébergeant virtuellement 30 clés key, chaque vertex hébergeant un nombre maximal de six clés. L'identifiant de la racine de l'arbre est noté *. Ce type d'arbre peut être mis en œuvre dans les architectures Pastry et Tapestry, mais pas dans les architectures Content-Addressable Network et Chord.

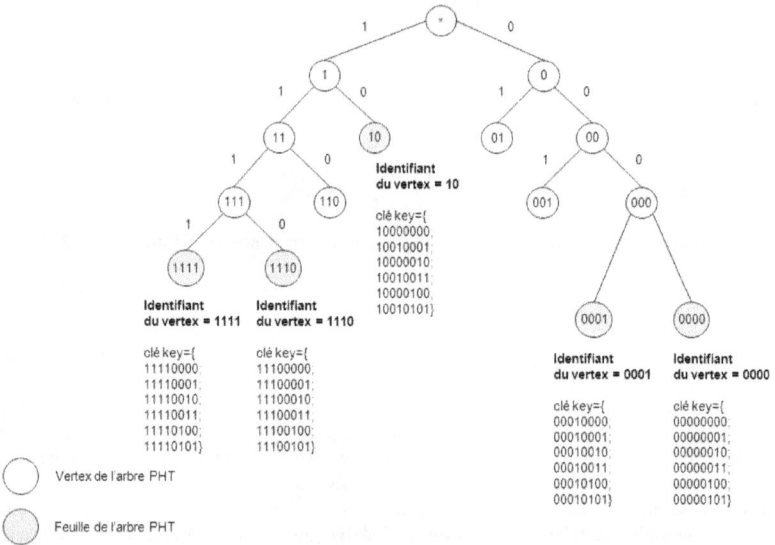

Figure 2.21: Arbre de type PHT hébergeant au maximum six clés key par vertex

L'identifiant du nœud P2P hébergeant un vertex est obtenu en appliquant à l'identifiant du vertex la fonction de hachage de la table DHT, puis en choisissant le nœud dont le NodeID est le plus proche du résultat obtenu par le hachage de l'identifiant du vortex. Pour prendre en considération la localisation dans le réseau IP sous-jacent des nœuds P2P membres de l'arbre PHT, un algorithme de type Proximity neighbour selection choisit, à chaque saut, un vertex destination dans l'arbre PHT en fonction du préfixe de la clé key demandée. Puis l'algorithme choisit un nœud P2P parmi tous les nœuds P2P composant le vertex destination et dont la distance dans le réseau IP sous-jacent, mesurée par rapport au nœud P2P du vertex source ayant émis la demande, est la plus petite des distances.

L'arbre multicast bidirectionnel partagé BIDIR-SAM (WAHLISCH, 2008) est construit sur un arbre de type Prefix Hash Tree. L'identifiant d'une feuille de l'arbre multicast est égal au plus long commun préfixe des identifiants des nœuds P2P qu'elle héberge et l'identifiant d'un vertex de l'arbre est égal au plus long commun préfixe de ses enfants.

L'architecture BIDIR-SAM est conçue pour transmettre les messages en broadcast et en multicast. Comme elle ne contient aucun RendezVous Point permettant aux membres d'un groupe multicast d'avoir connaissance des sources émettrices, une feuille souhaitant être membre d'un groupe considère que toutes les feuilles de l'arbre Prefix Hash Tree sont des sources potentielles vers lesquelles elle transmettra un message JOIN.

La transmission en broadcast depuis la racine de l'arbre vers toutes ses feuilles se fait avec un algorithme appelé Prefix Flooding (WAHLISCH, 2009) décrit ci-après. Chaque nœud P2P possède une table, appelée Prefix Neighbor Set, contenant les préfixes adjacents au préfixe auquel il est associé ainsi que les nœuds P2P associés à chaque préfixe contenu dans la table. Un nœud P2P de la table Prefix Neighbor Set, ayant un identifiant N_i, est en aval par rapport à la racine de l'arbre d'un nœud P2P associé à un préfixe C si $\mathcal{LCP}(C, N_i) = C$. Quand un nœud P2P reçoit un message, il examine sa table Prefix Neighbor Set et transmet ce message vers tous les nœuds P2P de sa table en aval de lui par rapport à la racine de l'arbre. En notant C le préfixe destination d'un message à transmettre en broadcast, l'algorithme Prefix Flooding s'écrit:

Lorsqu'un noeud P2P reçoit un message ayant un préfixe destination égal à C
for *Tous les noeuds P2P de sa table Prefix Neighbor Set*
    do if $(\mathcal{LCP}(C, N_i) = C)$
        Le noeud P2P ayant pour identifiant N_i est un noeud situé en aval
        then $C_{new} \leftarrow N_i$
        Transmettre le message vers le préfixe C_{new}

La transmission en multicast se fait en modifiant l'algorithme Prefix Flooding pour ne transmettre que vers les feuilles qui sont membres d'un groupe (WAHLISCH, 2011). Pour chaque groupe, chaque nœud P2P appartenant à l'arbre bidirectionnel partagé possède une table, appelée Multicast Forwarding Table, contenant un ou plusieurs plus long communs préfixes qui permettent d'atteindre les feuilles qui sont membres du groupe, ainsi que les nœuds P2P associés à chaque préfixe contenu dans la table. Par exemple, en se référant à la Figure 2.22, issue des travaux de Wahlisch *et al* (WAHLISCH, 2011), lorsque les feuilles $100101, 111001, 111101$ et les feuilles $000101, 001101$ appartiennent à un groupe, la table Multicast Forwarding Table de la source émettrice S possède, pour ce groupe, trois plus longs communs préfixes, à savoir $00010, 001, 1$.

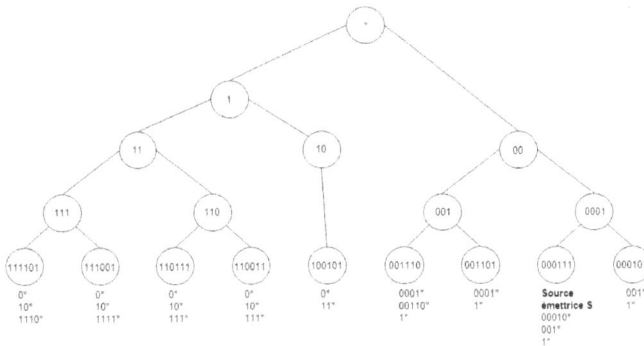

Figure 2.22: Exemple de tables Multicast Forwarding Table dans une architecture BIDIR-SAM

Quand un nœud P2P reçoit un message, il examine sa table Multicast Forwarding Table et transmet ce message vers tous les nœuds P2P de sa table en aval de lui par rapport à la racine de l'arbre. Un nœud P2P de la table Multicast Forwarding Table, ayant un identifiant N_i, est en aval d'un nœud P2P associé à un préfixe C si $\mathcal{LCP}(C, N_i) = C$. En notant C le préfixe destination d'un message à transmettre en multicast, l'algorithme s'écrit:

Lorsqu'un noeud P2P reçoit un message ayant un préfixe destination égal à C
for Tous les noeuds P2P de sa table Multicast Forwarding Table
  do if ($\mathcal{LCP}(C, N_i) = C$)
    Le noeud P2P ayant pour identifiant N_i est un noeud situé en aval
    then $C_{new} \leftarrow N_i$
    Transmettre le message vers le préfixe C_{new}

2.3 Travaux visant a definir des architectures multicast prenant en compte la mobilite des Internautes

Les sources d'informations qui sont liées aux Internautes ne sont pas statiques mais sont mobiles puisque les Internautes sont mobiles. Zhu *et al* (RFC 6301, 2011) ont recensé les protocoles gérant la mobilité. Ces protocoles, tels que Mobile IPv4 (RFC 5944, 2010) ou Mobile IPv6 (RFC 6275, 2011), définissent un nœud immobile, appelé Mobility Anchor, qui reçoit les flux IP émis par les émetteurs mobiles, puis les transmet vers les récepteurs mobiles. La gestion de la mobilité d'un terminal, qu'il soit émetteur ou récepteur, nécessite de connaître son identité et sa localisation. Les protocoles Mobile IPv4 et Mobile IPv6 ont alors défini deux types d'adresses: la Home Address (HoA) qui représente l'identité d'un terminal et la Care-of Address (CoA) qui représente sa localisation. La Home Address d'un terminal est attribuée par le réseau Home qui représente le réseau géré par l'opérateur auprès duquel le propriétaire du terminal a souscrit un abonnement. A chaque fois que le terminal se connecte sur un réseau différent du réseau Home, ce réseau, appelé réseau Visité, lui attribue une Care-of Address.

O'Neill (ONEILL, 2002) a montré que les architectures IP Multicast ne sont pas adaptées aux mouvements des sources émettrices. En effet, la gestion de la mobilité des émetteurs nécessite de résoudre le problème suivant: lorsque la localisation d'un émetteur, i.e. sa Care-of Address, change durant une session multicast, la nouvelle Care-of Address ne permet pas à un récepteur de recevoir le service qu'il a demandé car sa couche Application ne reconnaît pas la nouvelle Care-of Address dans les paquets IP Multicast; pour pallier ce problème, l'émetteur pourrait utiliser sa Home Address, i.e. son identifiant, mais le test Reverse Path Forwarding (DALAL, 1978) mis en œuvre par les routeurs de l'arbre détruirait alors les paquets IP Multicast.

Schmidt *et al* (RFC 5757, 2010) ont analysé les problèmes à résoudre pour prendre en compte la mobilité des Internautes au cours d'une diffusion multicast. Ils les ont classés en quatre catégories: les problèmes liés au protocole IP Multicast, à la mobilité des récepteurs, à la mobilité des émetteurs, au déploiement des architectures multicast sur Internet.

Dans cette section, nous analysons les travaux qui prennent en compte la mobilité des Internautes dans les architectures multicast. Comme l'IP Multicast n'est pas déployé sur Internet, nous examinons les différents travaux visant à définir des architectures multicast prenant en compte la mobilité des Internautes.

2.3.1 Analyse des architectures prenant en compte la mobilite des Internautes dans les ilots multicast

Romdhani *et al* (ROMDHANI, 2004) ont recensé et analysé les architectures prenant en compte la mobilité des Internautes. Les architectures gérant la mobilité des récepteurs sont quatre fois plus nombreuses (vingt architectures) que celles gérant la mobilité des émetteurs (cinq architectures). Les services fournis par l'IP Multicast, à savoir une diffusion unidirectionnelle d'informations, peuvent expliquer cette dissymétrie.

Les architectures gérant la mobilité des récepteurs peuvent être classées en quatre familles (ROMDHANI, 2004). La première famille, appelée Home Subscription, met en œuvre un Mobility Anchor, appelé Home Agent (HA). Les flux multicast sont routés vers le HA, puis sont encapsulés dans un tunnel IP Unicast bidirectionnel établi entre le HA et chaque récepteur (Figure 2.23). Lorsqu'un récepteur se déplace du réseau Visité A vers le réseau Visité B, un nouveau tunnel entre le Home Agent et le récepteur transmet les messages de signalisation du protocole IP Multicast et les données émises par la source.

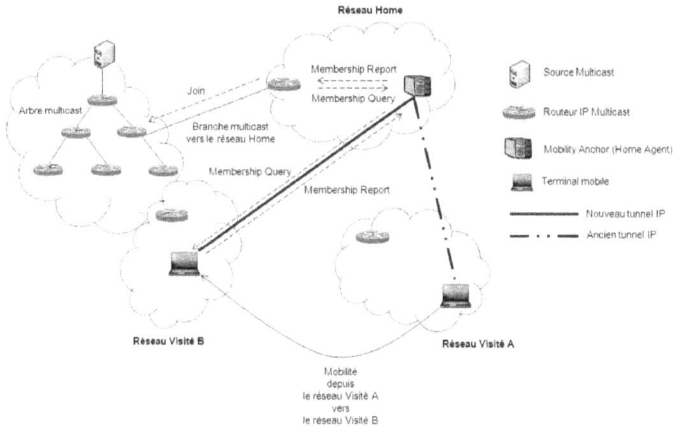

Figure 2.23: Architecture de type Home Subscription

Dans la deuxième famille, appelée Remote Subscription, il n'y a pas de Mobility Anchor. L'arbre possède une branche vers chaque réseau possédant des récepteurs (Figure 2.24). Lorsqu'un récepteur se déplace du réseau Visité A vers le réseau Visité B, une nouvelle branche de l'arbre est construite vers le réseau Visité B si une branche n'existe pas.

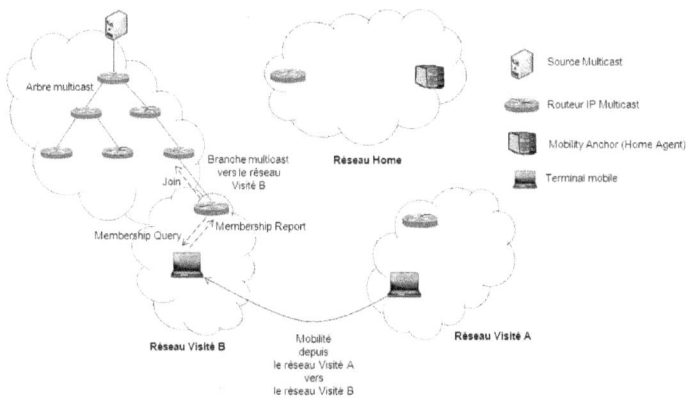

Figure 2.24: Architecture de type Remote Subscription

Dans la première famille, la mobilité des récepteurs ne modifie pas la topologie de l'arbre mais le routage des flux n'est pas optimal en raison de la présence d'un Mobility Anchor. Dans la deuxième famille, le routage est optimal car il n'y a pas de Mobility Anchor, mais la mobilité des récepteurs modifient la topologie de l'arbre. Pour pallier les inconvénients des deux familles, la troisième famille, appelée Hybrid, combine des architectures de type Home Subscription et Remote Subscription. Comme la position du Mobility Anchor par rapport aux récepteurs mobiles est importante pour optimiser le routage des flux, l'IETF (JEON, 2011) commence à réfléchir sur les architectures multicast distribuées. Dans la quatrième famille, appelée Non-IP Multicast, les architectures ne mettent pas en œuvre un protocole IP Multicast, mais le protocole Xcast (RFC 5058, 2007).

Les architectures gérant la mobilité des émetteurs peuvent être classées en trois familles (ROMDHANI, 2004): Home Subscription, Remote Subscription, et Hybrid. Pour remédier aux inconvénients des protocoles Mobile IPv4/6, Kovacshazi *et al* (KOVACSHAZI, 2007) ont proposé une architecture multicast dans laquelle la mobilité n'est pas gérée par ces protocoles, mais par le protocole Host Identity Protocol (RFC 5201, 2008).

2.3.2 ANALYSE DES ARCHITECTURES PRENANT EN COMPTE LA MOBILITE DES INTERNAUTES SUR INTERNET

Comme les architectures IP Multicast, les architectures ALM basées sur des terminaux ne sont pas adaptées aux mouvements des terminaux. En effet, Garyfalos *et al* (GARYFALOS, 2005) ont montré que la mobilité des terminaux impacte fortement les performances des architectures de type ALM basées sur des terminaux. La conclusion de leur analyse est conforme au fait que les algorithmes de construction d'une architecture ALM basée sur des terminaux utilisent très peu d'informations du réseau IP sous-jacent pour construire l'architecture (HOSSEINI, 2007). Ces informations permettent, premièrement de savoir si un terminal est joignable ou pas, et deuxièmement de savoir à quelle distance il se situe par rapport à un autre terminal. Lorsqu'un terminal est mobile, sa nouvelle Care-of Address, i.e. sa nouvelle localisation, n'est pas connue de l'algorithme de construction de l'architecture ALM. Le terminal est alors considéré injoignable, ce qui modifie la structure de l'architecture.

C'est la raison pour laquelle l'IETF préconise de masquer la mobilité des Internautes vis-à-vis des architectures ALM (RFC 5757, 2010). Dans ce but, Wahlisch *et al* (WAHLISCH, 2007) proposent une architecture, appelée Hybrid Shared Tree, composée d'une architecture BIDIR-SAM (WAHLISCH, 2011) connectant des îlots multicast (Figure 2.25). Chaque îlot est connecté au réseau P2P Structured par un équipement appelé Inter-domain Multicast Gateway. Leur architecture est mise en œuvre dans le projet HAMcast (HAMCAST, 2011).

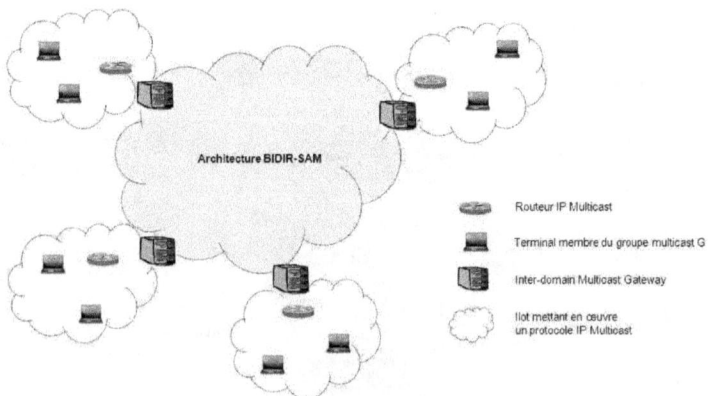

Architecture BIDIR-SAM

Routeur IP Multicast

Terminal membre du groupe multicast G

Inter-domain Multicast Gateway

Ilot mettant en œuvre
un protocole IP Multicast

Figure 2.25: Architecture Hybrid Shared Tree

La quatrième adaptation des architectures multicast consiste à prendre en compte le contexte des Internautes. Selon Dey *et al* (DEY, 2000), le contexte est un ensemble d'informations caractérisant une personne, un lieu, ou un objet. Aguiar *et al* (AGUIAR, 2008) ont montré que la prise en compte du contexte permet une adaptation des services offerts aux Internautes. Les architectures prenant en compte le contexte sont appelées architectures context-aware et peuvent être classées en deux familles: les architectures context-aware centralisées, comme par exemple l'architecture Context Managing Framework (BALDAUF, 2007) et les architectures context-aware décentralisées, comme par exemple l'architecture du projet IST-Amigo (RAMPARANY, 2006).

Les architectures multicast context-aware sont peu nombreuses. Nous avons recensé deux architectures de type centralisé. La première architecture est définie dans le projet européen C-MOBILE (CMOBILE, 2006). Pour proposer aux Internautes des services multicast personnalisés, Santos *et al* (SANTOS, 2008) ont montré qu'il est possible d'intégrer l'architecture Multimedia Broadcast Multicast Service (RUMMLER, 2009) dans l'architecture IP Multimedia Subsystem qui met en œuvre le protocole Session Initiation Protocol (RFC 3261, 2002) pour fournir des services multimédia transmis sur des réseaux IP (CAMARILLO, 2008). La seconde architecture est définie dans le projet européen C-Cast (CCAST, 2009). Elle met en œuvre un ensemble de fonctions qui permettent la prise en compte du contexte des Internautes, des terminaux, des réseaux d'accès, des réseaux de transport, et des fournisseurs des services. Les éléments fonctionnels de l'architecture multicast context-aware du projet C-Cast ont été définis par Antoniou *et al* (ANTONIOU, 2010). Ces éléments, spécifiés dans le document (CCAST, 2009a), permettent l'acquisition, la distribution, et l'utilisation d'informations de contexte dans le but d'adapter la transmission unicast et multicast de services en fonction de l'environnement des membres d'un groupe. Ils peuvent se regrouper en dix entités:

- Terminal: cette entité contient et gère l'ensemble des informations caractérisant un terminal;
- Content Processing and Delivery (CtPD): cette entité gère les différents formats de codage des média composant des services et transmet les services demandés par les membres d'un groupe;
- Context Management System (CMS): cette entité gère et fournit l'ensemble des informations caractérisant le contexte des Internautes, des terminaux, des réseaux d'accès, et des réseaux de transport;
- Group Management Enabler (GME): cette entité identifie et gère les membres des groupes;
- Session Management Enabler (SME): cette entité a deux rôles. Premièrement, elle définit, pour chaque médium composant le service à transmettre aux membres d'un groupe, les différents formats de codage possibles en fonction des informations de contexte des membres du groupe et de leurs terminaux que lui fournit l'entité CMS, et des informations que lui fournit l'entité CtPD. Deuxièmement, elle demande d'allouer des ressources dans les réseaux pour chaque médium composant le service;
- Session Use Management (SUM): cette entité implémente le protocole Session Initiation Protocol (SIP) pour gérer l'ouverture, la modification, et la fermeture des sessions transmettant les services demandés;
- Network Management Enabler (NME): cette entité a deux rôles. Premièrement, après avoir reçu de la part de l'entité SME une demande d'allocation de ressources dans les réseaux pour les différents formats de codage possibles de chaque médium composant le service à transmettre et pour chaque terminal membre d'un groupe, elle répartit les terminaux entre plusieurs sous-groupes en fonction de paramètres tels que le débit de réception d'un médium. Deuxièmement, elle demande aux réseaux participant à la transmission du service d'allouer des ressources en fonction de la qualité requise pour transmettre chaque médium composant le service;
- Network Use Management (NUM): parmi les différents formats de codage possibles de chaque médium composant le service à transmettre et pour chaque terminal membre d'un groupe, cette entité sélectionne un format de codage, un réseau d'accès, un réseau de transport et un mode de transmission, unicast versus multicast, en fonction des formats de codage possibles que lui fournit l'entité NME et en fonction des informations de contexte que lui fournit l'entité CMS;

- IP Transport (IPT): cette entité reçoit, de la part de l'entité NME, pour chaque médium composant le service à transmettre et pour chaque terminal membre d'un groupe, une demande d'allocation de ressources dans les réseaux participant à la transmission du service. Elle met en œuvre cette demande en prenant en considération la qualité requise pour transmettre chaque médium et définit les nœuds composant les chemins unicast et multicast. L'entité IPT est composée de deux modules. Le premier module, appelé IP Transport Controller, dialogue avec l'entité NME. Ce dialogue permet à l'entité NME, premièrement, de connaître l'état des nœuds et des liens des réseaux, et deuxièmement de demander au module IP Transport Controller d'allouer des ressources pour transmettre chaque médium en fonction d'une qualité requise de transmission. Le deuxième module, appelé IP Transport Node, est implémenté dans chaque nœud des réseaux et dialogue avec le module IP Transport Controller. Ce dialogue permet, premièrement, de connaître l'état des nœuds et des liens des réseaux, et deuxièmement d'obtenir, en implémentant dans chaque nœud le protocole Differentiated Services (RFC 2475, 1998), les ressources et la qualité de service requise pour transmettre chaque médium;
- Multiparty Transport Overlay (MTO): cette entité reçoit, de la part du module IP Transport Controller de l'entité IPT, pour chaque médium composant le service à transmettre et pour chaque terminal membre d'un groupe, une demande d'allocation de ports dans la couche Transport des nœuds composant les chemins unicast et multicast. Lorsqu'un nœud reçoit un médium sur un port entrant, il le transmet sur son ou ses ports sortants en fonction de ses tables de transmission. Autrement dit, l'entité Multiparty Transport Overlay masque l'hétérogénéité des protocoles de transmission au niveau des couches IPv4 et IPv6, qui peuvent être unicast ou multicast.

Les Figures 2.26 et 2.27 présentent les principaux messages échangés entre ces différentes entités. Lorsque l'entité Session Management Enabler reçoit une demande de diffusion d'un service pour un groupe G (Figure 2.26), elle demande le contexte des membres de ce groupe et de leurs terminaux à l'entité Context Management System, et les différents formats de codage de chaque médium composant le service à transmettre à l'entité Content Processing and Delivery. Puis, pour chaque médium composant le service demandé et pour chaque terminal du groupe G, l'entité Session Management Enabler choisit un ensemble formats de codage parmi tous les formats possibles en fonction du contexte des membres et des terminaux.

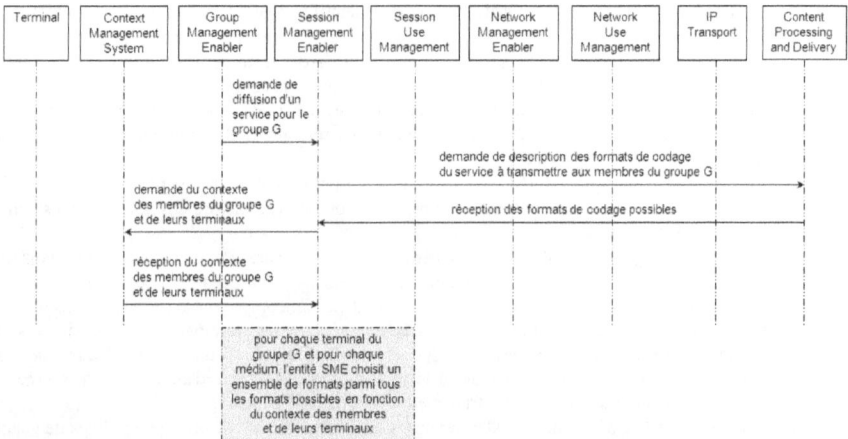

Figure 2.26: Sélection des formats de codage des médias composant un service à transmettre dans l'architecture définie par le projet C-Cast

Après avoir choisi, pour chaque médium composant le service et pour chaque terminal du groupe G, un ensemble de formats de codage parmi tous les formats possibles, l'entité Session Management Enabler demande à l'entité Network Management Enabler, premièrement de choisir, pour chaque médium et chaque terminal, un réseau radio, un format de codage, un réseau de transport, et un mode de transmission, et deuxièmement de répartir les terminaux des membres du groupe G entre plusieurs sous-groupes (Figure 2.27).

Pour choisir un réseau radio, un format de codage, un réseau de transport, et un mode de transmission, l'entité Network Management Enabler transmet une demande à l'entité Network Use Management qui a pour rôle de choisir les réseaux d'accès, les réseaux de transport, le mode de transmission unicast versus multicast, et le format de codage en fonction des informations de contexte que lui fournit l'entité Context Management System, telles que les caractéristiques des interfaces réseau des terminaux, les réseaux radio présents au voisinage de chaque terminal, les caractéristiques des réseaux radio, la qualité requise pour transmettre chaque médium, les préférences des Internautes, et en fonction des formats de codage possibles que lui fournit l'entité Network Management Enabler.

Puis, pour chaque médium, l'entité Network Management Enabler répartit les terminaux des membres du groupe entre plusieurs sous-groupes selon une méthode initialement élaborée par McCanne et al (MCCANNE, 1996). Bien qu'il existe plusieurs algorithmes de répartition des terminaux d'un groupe entre plusieurs sous-groupes, que Penhoat et al (PENHOAT, 2011) ont analysés, le projet C-Cast ne préconise pas un algorithme particulier.

Après avoir réparti les terminaux entre plusieurs sous-groupes, l'entité Network Management Enabler dialogue avec l'entité IP Transport pour lui demander de réserver, pour chaque médium composant le service à transmettre et pour chaque terminal, des ressources dans les réseaux participant à la transmission en fonction de la qualité requise pour transmettre chaque médium. Ce dialogue n'est pas représenté dans la Figure 2.27.

Puis, l'entité Network Management Enabler transmet à l'entité Session Management Enabler une confirmation de sa demande de mise en œuvre des ressources dans les réseaux d'accès et les réseaux de transport. Cette confirmation contient le format de codage de chaque médium composant le service et les informations qui seront nécessaires à chaque terminal pour demander à être membre d'un sous-groupe.

Lorsque l'entité Session Management Enabler reçoit une confirmation de sa demande de mise en œuvre des ressources dans les réseaux d'accès et les réseaux de transport, elle demande à l'entité Session Use Management d'ouvrir une session pour diffuser le service vers chaque sous-groupe. L'entité Session Use Management transmet alors un message SIP INVITE à chaque terminal pour lui fournir les informations qui lui permettront de joindre, via un message JOIN qui n'est pas représenté dans la Figure 2.27, son sous-groupe nouvellement créé. Après avoir émis un message JOIN, chaque terminal transmet un message SIP OK vers l'entité Session Use Management. Un message SIP INVITE est aussi transmis à l'entité Content Processing and Delivery pour lui fournir le format de codage de chaque médium composant le service à diffuser et les informations nécessaires pour diffuser le service vers chaque sous-groupe.

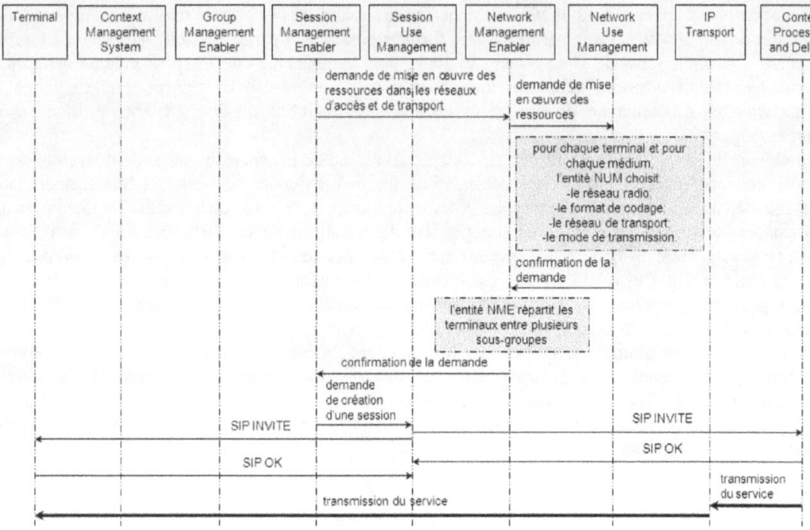

Terminal | Context Management System | Group Management Enabler | Session Management Enabler | Session Use Management | Network Management Enabler | Network Use Management | IP Transport | Content Processing and Delivery

demande de mise en œuvre des ressources dans les réseaux d'accès et de transport

demande de mise en œuvre des ressources

pour chaque terminal et pour chaque médium, l'entité NUM choisit :
-le réseau radio;
-le format de codage;
-le réseau de transport;
-le mode de transmission

confirmation de la demande

l'entité NME répartit les terminaux entre plusieurs sous-groupes

confirmation de la demande

demande de création d'une session

SIP INVITE

SIP INVITE

SIP OK

SIP OK

transmission du service

transmission du service

Figure 2.27: Mise en œuvre des ressources dans les réseaux et définition des sous-groupes dans l'architecture définie par le projet C-Cast

2.5 CONCLUSION

Dans ce chapitre, nous avons analysé les travaux existants visant à adapter les architectures multicast aux nouveaux comportements des Internautes. Notre grille d'analyse de ces travaux est fondée sur quatre adaptations qui nous paraissent indispensables à réaliser. La première adaptation consiste à transmettre les flux multicast sur Internet pour connecter les îlots multicast entre eux. La deuxième adaptation consiste à créer des arbres bidirectionnels pour que chaque Internaute puisse émettre et recevoir des informations. La troisième adaptation consiste à créer des arbres capables de prendre en compte la mobilité des Internautes. La quatrième adaptation consiste à prendre en compte le contexte des Internautes. Le nombre de travaux dédiés à la prise en compte de ces quatre adaptations diffère d'une à l'autre. La Table 2.2 permet d'avoir un aperçu sur l'état d'avancement des travaux visant à prendre en compte les nouveaux comportements des Internautes dans les architectures multicast.

Adaptation à prendre en compte	Travaux mis en œuvre pour adapter les architectures multicast aux nouveaux comportements des Internautes
Définir des architectures multicast sur Internet	De nombreux travaux explorent ce domaine
Définir des architectures multicast bidirectionnelles	Quelques travaux commencent à explorer ce domaine
Définir des architectures multicast prenant en compte la mobilité des Internautes	Des travaux prennent en compte la mobilité des Internautes dans les îlots multicast et quelques travaux commencent à explorer la mobilité des Internautes sur Internet
Définir des architectures multicast prenant en compte le contexte des Internautes	Quelques travaux commencent à explorer ce domaine

Table 2.2: Etat d'avancement des travaux visant à prendre en compte les nouveaux comportements des Internautes dans les architectures multicast

Une architecture globale intégrant les quatre adaptations à prendre en considération nous paraît indispensable à définir et à implémenter. Un projet européen pourrait, à notre avis, accueillir la définition et l'implémentation de cette architecture globale.

TROISIEME CHAPITRE

PROPOSITION D'UN PROCESSUS DISTRIBUÉ ET HIERARCHISÉ DE SÉLECTION D'UN RÉSEAU RADIO ET D'UN MODE TRANSMISSION

3. Proposition d'un processus distribue et hierarchise de selection d'un reseau radio et d'un mode de transmission

Dans le chapitre précédent, nous avons analysé les différentes architectures multicast qu'il est possible de déployer pour prendre en considération les nouveaux comportements des Internautes. Mais le déploiement de telles architectures peut impacter la qualité du service reçu ou émis par un Internaute en raison des mécanismes de Qualité de Service (QoS) différents mis en œuvre dans une transmission unicast et dans une transmission multicast. Par exemple, un réseau Universal Mobile Telecommunications System, qui transmet les paquets IP Unicast, possède quatre classes de service (3GPP TS 23.107, 2011), à savoir la classe "Conversational", la classe "Streaming", la classe "Interactive", et la classe "Background". Tandis qu'un réseau Multimedia Broadcast Multicast Service (MBMS), défini par le 3GPP (3GPP TS 23.246, 2011), qui transmet les paquets IP Multicast, ne possède que deux classes de service, à savoir la classe "Streaming" et la classe "Background".

En outre, comme les Internautes sont mobiles, la qualité du service qu'ils reçoivent ou émettent dépend aussi des réseaux radio auxquels ils se connectent en raison des différences de débits entre les réseaux radio, des différences entre les mécanismes de QoS mis en œuvre dans les réseaux radio, et des différences entre les mécanismes de Sécurité mis en œuvre dans les réseaux radio. Par exemple, lorsque le terminal d'un Internaute effectue une mobilité d'un réseau UMTS vers un réseau Wi-Fi, la qualité du service reçu par l'Internaute peut être dégradée si le réseau Wi-Fi cible n'implémente pas un mécanisme de QoS (ZHU, 2004) ou s'il n'existe pas une corrélation entre le mécanisme de QoS mis en œuvre sur le réseau UMTS et le mécanisme de QoS mis en œuvre sur le réseau Wi-Fi (XIAO, 2005). Au cours d'une mobilité, le choix du réseau radio cible est donc important pour maintenir constante la QoS du service reçu ou émis par un Internaute.

Pour résumer, le déploiement de réseaux radio hétérogènes (UMTS, Wi-Fi, WiMAX, …) et le déploiement de nouvelles architectures multicast peuvent impacter la qualité des services reçus ou émis par les Internautes.

Les Internautes peuvent-ils accepter les variations de la qualité des services qu'ils reçoivent ou émettent au cours d'une mobilité ou lorsque le mode de transmission varie ? Nous pensons qu'ils accepteront ces variations s'ils ont la possibilité de choisir le réseau radio cible au cours d'une mobilité et le mode de transmission, unicast versus multicast. Mais, lors du choix d'un réseau radio ou lors du choix du mode de transmission, les objectifs des Internautes peuvent être opposés aux objectifs des opérateurs gérant les réseaux. Par exemple, au cours d'une mobilité, un Internaute peut choisir un réseau Wi-Fi transmettant les paquets IP en mode unicast en raison de la gratuité des transmissions des données sur ce réseau, tandis que l'opérateur gérant ce réseau ne voudra pas que l'Internaute se connecte sur son réseau en raison de la surcharge de celui-ci.

Comme une divergence de point de vue peut apparaître entre les opérateurs gérant les réseaux et les Internautes utilisant ces réseaux, il est nécessaire de définir un processus leur permettant de faire converger leur point de vue. Cette idée, exprimée pour la première fois par Zdarsky *et al* (ZDARSKY, 2004), peut être généralisée lorsque plusieurs acteurs, par exemple les opérateurs gérant des réseaux, les fournisseurs de services et les Internautes, participent à un processus de décision.

Dans la première section de ce chapitre, nous montrons que le processus mis en œuvre pour gérer la mobilité entre des réseaux radio hétérogènes dans les architectures définies par le 3GPP n'est pas complètement défini et ne permet pas aux Internautes et aux fournisseurs de services de participer au processus de sélection du réseau radio au cours d'une mobilité. C'est l'opérateur gérant ces architectures, appelées architectures inter-accès, qui choisit le réseau radio. Ensuite, dans la deuxième section, nous montrons que, dans l'architecture Multimedia Broadcast Multicast Service et dans l'architecture définie par le projet européen C-Cast (CCAST, 2009), les Internautes et les fournisseurs de services ne participent pas au processus de sélection du mode de transmission, unicast versus multicast. C'est encore l'opérateur gérant ces architectures qui choisit le mode de transmission. Puis, avant d'exposer notre processus visant à prendre en considération l'avis des Internautes et des fournisseurs de services lors du choix d'un réseau radio et lors du choix d'un mode de transmission, nous synthétisons les résultats de nos travaux dans la troisième section. Enfin, dans la quatrième section, nous proposons un processus dans lequel les Internautes, les opérateurs et les fournisseurs de services participent au choix d'un réseau radio et d'un mode de transmission. Nous concluons ce chapitre dans la cinquième section.

Dans cette section, nous allons montrer que le processus mis en œuvre pour gérer la mobilité entre des réseaux radio hétérogènes dans les architectures définies par le 3GPP n'est pas complètement défini et ne permet pas aux Internautes et aux fournisseurs de services de participer au processus de sélection du réseau radio au cours d'une mobilité. Pour cela, nous allons, premièrement, analyser les différentes phases du processus de mobilité, puis deuxièmement, identifier et analyser les architectures inter-accès définies par le 3GPP, et troisièmement, évaluer l'intégration des phases du processus de mobilité dans les architectures inter-accès et identifier l'entité qui choisit le réseau cible au cours d'une mobilité dans ces architectures.

3.1.1 ANALYSE DES TROIS PHASES DU PROCESSUS DE MOBILITE

Pour chaque terminal recevant un service via un réseau radio, le processus de gestion d'une mobilité peut être décomposé en trois phases présentées Figure 3.1. La phase I, appelée Analyse de l'environnement radio, collecte et analyse des informations relatives à l'environnement radio d'un terminal, telles que la liste des réseaux radio présents autour de lui ou les mesures des rapports signal à bruit pour chaque réseau radio. Un ensemble d'évènements prédéfinis déclenche la décision d'effectuer une mobilité vers un autre réseau radio et l'entrée dans la phase II. La transition de la phase I vers la phase II est donc une transition conditionnelle. La phase II, appelée Choix du réseau radio cible, permet de sélectionner un réseau radio cible parmi plusieurs réseaux candidats possibles en fonction de critères tels que le rapport signal à bruit des réseaux radio autour du terminal ou les préférences de l'utilisateur du terminal. Lorsque le réseau cible est choisi, une transition inconditionnelle permet l'entrée dans la phase III. La phase III, appelée Connexion au réseau radio, met en œuvre un ensemble de fonctions, telles que l'attachement du terminal au réseau cible, l'authentification du terminal vis-à-vis du réseau cible et l'authentification du réseau cible vis-à-vis du terminal, l'attribution d'une adresse IP, la localisation du terminal dans le réseau, la libération des ressources dans l'ancien réseau radio, permettant au terminal de recevoir le service via le réseau cible qui vient d'être choisi.

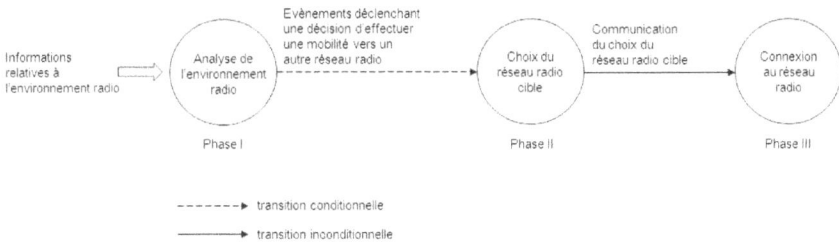

Figure 3.1: Les trois phases composant le processus de gestion d'une mobilité

3.1.2 IDENTIFICATION ET ANALYSE DES ARCHITECTURES INTER-ACCES DEFINIES PAR LE 3GPP

Dans cette section, nous identifions et analysons les architectures inter-accès définies par le 3GPP. Nous avons recensé cinq architectures mettant en œuvre des mécanismes pour gérer la mobilité entre des réseaux radio hétérogènes: deux architectures implémentent la gestion de la mobilité au niveau de la couche Session, deux architectures implémentent la gestion de la mobilité au niveau de la couche IP, et une architecture implémente la gestion de la mobilité au niveau de la couche MAC.

Lataste *et al* (LATASTE, 2008) ont identifié deux architectures inter-accès, appelées Voice Call Continuity et IP Multimedia Subsystem Service Continuity, gérant la mobilité au niveau de la couche Session. Ces deux architectures sont fondées sur l'architecture IP Multimedia Subsystem (IMS) définie par le 3GPP (CAMARILLO, 2008) qui met en œuvre le protocole Session Initiation Protocol (SIP) pour fournir des services multimédia transmis sur des réseaux IP. L'architecture Voice Call Continuity permet une continuité des services Voix au cours d'une mobilité entre un réseau en mode circuit et un réseau en mode paquet, i.e. un réseau IP. L'architecture IP Multimedia Subsystem Service Continuity étend la continuité aux services multimédia au cours d'une mobilité entre un réseau en mode circuit et un réseau IP ou entre deux réseaux IP.

Voice Call Continuity (VCC): l'architecture VCC (3GPP TS 23.206, 2007) permet une continuité des services Voix au cours d'une mobilité d'un Internaute entre un réseau en mode circuit et un réseau IP. La continuité est fondée sur la mise en œuvre d'un équipement, appelé VCC Application Server (VCC AS), situé dans le réseau Home de l'Internaute, c'est-à-dire dans le réseau géré par l'opérateur auprès duquel l'Internaute a souscrit son abonnement Voix. Cet équipement, connecté via l'interface IMS Service Control au Serving-Call Session Control Function (S-CSCF) gérant les terminaux de l'Internaute, représente un nœud immobile pour les flux Voix que reçoit ou émet l'Internaute (Figure 3.2).

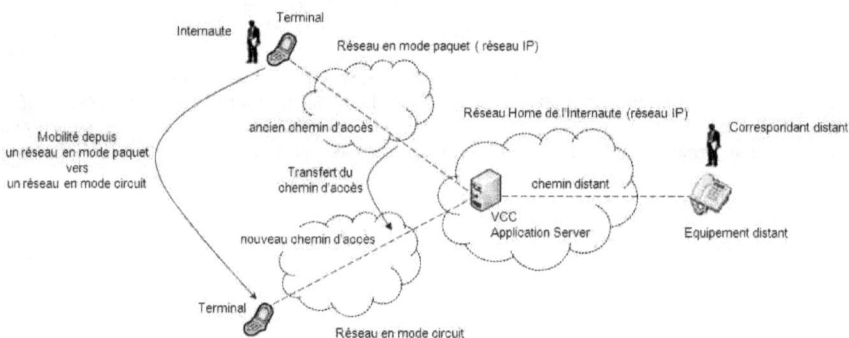

Figure 3.2: Position d'un VCC Application Server dans l'architecture Voice Call Continuity

Le VCC AS scinde le chemin transmettant les messages de signalisation entre le terminal d'un Internaute et l'équipement distant de son correspondant distant en deux chemins. Le chemin entre l'équipement distant et le VCC AS est appelé chemin distant, tandis que le chemin entre le VCC AS et le terminal est appelé chemin d'accès. Lorsqu'un terminal effectue une mobilité depuis un réseau en mode paquet vers un réseau en mode circuit, il demande à son VCC AS de transférer son chemin d'accès vers le réseau en mode circuit. Le VCC AS établit alors un nouveau chemin d'accès vers le réseau en mode circuit, met à jour le chemin distant, et supprime l'ancien chemin d'accès. La mise à jour du chemin distant et du chemin d'accès entraîne un transfert du chemin transmettant les données du réseau en mode paquet vers le réseau en mode circuit et la libération des ressources dans le réseau en mode paquet.

Le VCC AS met en œuvre quatre fonctions:

- Domain Selection Function: lors de la transmission d'un appel Voix à destination d'un terminal d'un Internaute, cette fonction choisit entre le mode circuit et le mode paquet pour acheminer l'appel en s'appuyant sur des règles définies par l'opérateur auprès duquel l'Internaute a souscrit son abonnement Voix. Si le terminal de l'Internaute s'est enregistré uniquement auprès de son Serving-Call Session Control Function (S-CSCF), l'appel est transmis en mode paquet. Dans le cas contraire, l'appel est transmis en mode circuit;

- Domain Transfer Function: cette fonction effectue le transfert des sessions Voix d'un terminal au cours d'une mobilité entre un réseau en mode paquet et un réseau en mode circuit. Pour chaque terminal, le transfert est global, c'est-à-dire concerne toutes les sessions en cours sur le terminal, et ne prend en compte que les sessions Voix, c'est-à-dire que les autres sessions, par exemple les sessions Vidéo, sont interrompues;

- Customised Applications for Mobile network Enhanced Logic (CAMEL) Service: CAMEL (3GPP TS 22.078, 2009) permet d'offrir des services supplémentaires aux services Voix tels que les numéraux spéciaux, le prépaiement, ou la mise en œuvre de politiques de routage. La fonction CAMEL Service permet la continuité des services Voix et des services supplémentaires associés au cours d'une mobilité d'un réseau en mode circuit vers un réseau en mode paquet, et résout le numéro VCC Domain Transfer Number (3GPP TS 23.206, 2007) lors de l'établissement d'un nouveau chemin d'accès au cours d'une mobilité d'un réseau en mode paquet vers un réseau en mode circuit;

- Circuit Switched Adaptation Function: cette fonction adapte les sessions Voix lors d'une mobilité entre un réseau en mode paquet et un réseau en mode circuit. Elle agit comme un proxy SIP qui établit, pour le compte du terminal d'un Internaute, une communication avec l'équipement distant du correspondant distant, et peut interagir avec la fonction CAMEL Service.

L'architecture Voice Call Continuity est présentée Figure 3.3.

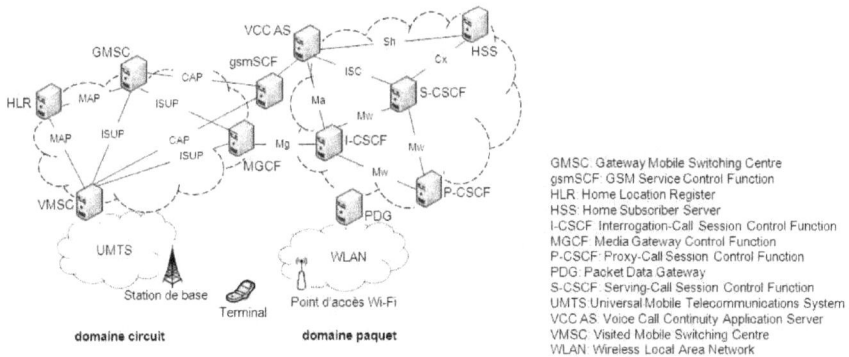

GMSC: Gateway Mobile Switching Centre
gsmSCF: GSM Service Control Function
HLR: Home Location Register
HSS: Home Subscriber Server
I-CSCF: Interrogation-Call Session Control Function
MGCF: Media Gateway Control Function
P-CSCF: Proxy-Call Session Control Function
PDG: Packet Data Gateway
S-CSCF: Serving-Call Session Control Function
UMTS: Universal Mobile Telecommunications System
VCC AS: Voice Call Continuity Application Server
VMSC: Visited Mobile Switching Centre
WLAN: Wireless Local Area Network

Figure 3.3: Architecture Voice Call Continuity permettant une continuité des services Voix entre un réseau en mode circuit et un réseau IP

IP Multimedia Subsystem Service Continuity (IMS SC): pour permettre une continuité des services multimédia au cours d'une mobilité d'un Internaute, l'architecture IMS SC (3GPP TS 23.237, 2009) met en œuvre un équipement, appelé Service Centralization and Continuity Application Server (SCC AS), situé dans le réseau Home de l'Internaute, c'est-à-dire dans le réseau géré par l'opérateur auprès duquel l'Internaute a souscrit son abonnement multimédia. Cet équipement, connecté via l'interface IMS Service Control au S-CSCF gérant les terminaux de l'internaute, représente un nœud immobile pour les flux multimédia que reçoit ou émet l'Internaute (Figure 3.4). Le SCC AS scinde le chemin transmettant les messages de signalisation entre le terminal d'un Internaute et l'équipement distant de son correspondant distant en deux chemins. Le chemin entre l'équipement distant et le SCC AS est appelé chemin distant, tandis que le chemin entre le SCC AS et le terminal est appelé chemin de contrôle du service.

Lorsqu'un terminal effectue une mobilité depuis un réseau en mode paquet vers un réseau en mode circuit, il demande à son SCC AS de transférer son chemin de contrôle de service vers le réseau en mode circuit. Le SCC AS établit alors un nouveau chemin de contrôle de service vers le réseau en mode circuit, met à jour le chemin distant, et supprime l'ancien chemin de contrôle de service. La mise à jour du chemin distant et du chemin de contrôle de service entraîne un transfert du chemin transmettant les données du réseau en mode paquet vers le réseau en mode circuit et la libération des ressources dans le réseau en mode paquet.

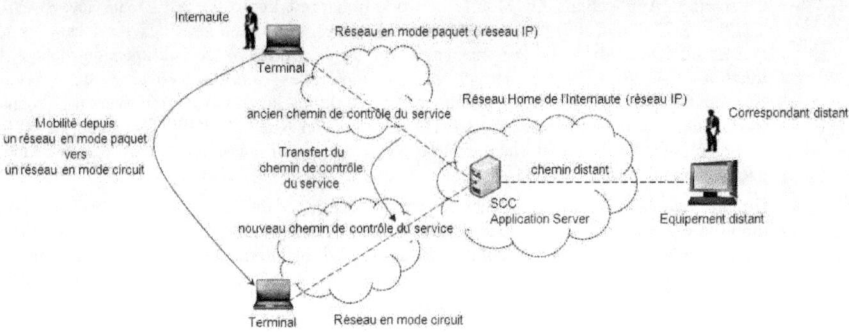

Figure 3.4: Position d'un SCC Application Server dans l'architecture IMS Service Continuity

Le 3GPP a défini quatre scénarios de mobilité pour étendre la continuité des services Voix aux services multimédia au cours d'une mobilité entre un réseau en mode circuit et un réseau IP ou entre deux réseaux IP. Dans le premier scénario, la continuité des services au cours d'une mobilité entre un réseau en mode circuit et un réseau en mode paquet est obtenue en mettant en œuvre une architecture appelée IMS Centralized Services (3GPP TS 23.292, 2009). Dans cette architecture, un terminal connecté sur un réseau en mode circuit reçoit les services fournis par l'architecture IMS comme s'il était connecté sur un réseau IP. Dans le second scénario, un terminal effectue une mobilité d'un réseau radio IP, par exemple un réseau Wi-Fi, vers un autre réseau radio IP, par exemple un réseau WiMAX. Dans le troisième scénario, un terminal effectue une mobilité d'un réseau radio supportant le mode circuit et le mode paquet, tel qu'un réseau Universal Terrestrial Radio Access Network (UTRAN), vers un réseau radio ne supportant que le mode paquet, tel qu'un réseau Evolved UTRAN (LESCUYER, 2008), ou inversement. Dans le quatrième scénario, un ou plusieurs média composant un service multimédia, par exemple le médium Voix et le médium Vidéo, sont transférés depuis un terminal d'un Internaute vers un autre terminal appartenant au même Internaute. L'ensemble des terminaux de l'Internaute doivent partager le même abonnement aux services multimédia offerts par l'architecture IMS. La Figure 3.5 illustre un exemple dans lequel un Internaute possède trois terminaux, notés UE1, UE3 et UE4. Initialement, le terminal UE1 a établi une session comportant un flux Voix et un flux Vidéo avec le terminal distant, noté UE2. Puis le terminal UE1 demande le transfert du flux Voix vers le terminal UE3 et le transfert du flux Vidéo vers le terminal UE4.

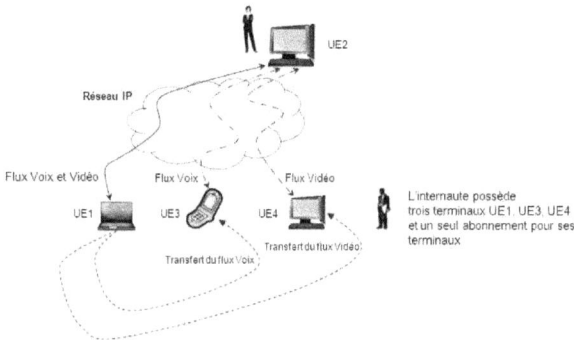

Figure 3.5: Exemple de transfert d'un flux Voix et d'un flux Vidéo dans une architecture IMS Service Continuity

Le SCC AS met en œuvre trois fonctions:

- Terminating Access Domain Selection Function: lors de la transmission d'une session à destination d'un terminal d'un Internaute, cette fonction choisit entre le mode circuit et le mode paquet en s'appuyant sur des règles définies par l'opérateur auprès duquel l'Internaute a souscrit son abonnement multimédia. En mode paquet, elle peut choisir un ou plusieurs terminaux parmi l'ensemble des terminaux de l'Internaute qui se sont enregistrés auprès de leur S-CSCF;

- Circuit Switched Access Adaptation Function: lorsqu'un terminal d'un Internaute est connecté à un réseau en mode circuit, cette fonction adapte les messages de signalisation échangés entre le terminal et l'architecture IMS;

- IMS Centralized Services User Agent Function: lorsqu'un terminal d'un Internaute est connecté à un réseau en mode circuit, cette fonction agit comme un proxy SIP pour le compte du terminal.

Pour permettre la continuité des services multimédia au cours d'une mobilité entre un réseau en mode circuit et un réseau en mode paquet, deux nouvelles interfaces ont été définies dans l'architecture IMS (Figure 3.6):

- L'interface I1 entre un terminal et le SCC Application Server est mise en œuvre pour échanger les messages de signalisation entre un terminal et le SCC Application Server lorsque le terminal est connecté à un réseau en mode circuit;

- L'interface I2 entre le serveur Mobile Switching Centre (MSC) et le S-CSCF permet l'échange des messages de signalisation entre le réseau en mode circuit et l'architecture IMS lorsque le terminal est connecté à un réseau en mode circuit. L'interface I2 n'est définie que si le MSC supporte les protocoles de signalisation mis en œuvre dans l'architecture IMS Centralized Services. Il est alors appelé Enhanced MSC.

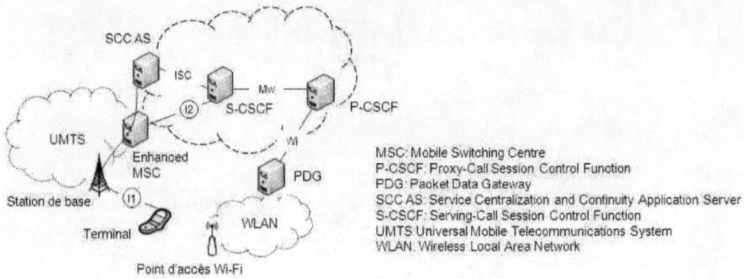

Figure 3.6: Interfaces I1 et I2 permettant la continuité des services multimédia au cours d'une mobilité entre un réseau en mode circuit et un réseau en mode paquet

3.1.2.2 IDENTIFICATION ET ANALYSE DES ARCHITECTURES INTER-ACCES GERANT LA MOBILITE AU NIVEAU DE LA COUCHE IP

Nous avons identifié deux architectures inter-accès, appelées Wireless Local Area Network Interworking et Evolved Packet Core, gérant la mobilité au niveau de la couche IP. Ces deux architectures fournissent l'accès à des services multimédia situés sur des réseaux IP appelés Packet Data Networks (PDN). L'architecture Wireless Local Area Network Interworking vise à intégrer dans une seule architecture des réseaux radio définis par le 3GPP et des réseaux radio non définis par le 3GPP afin d'étendre la couverture radio pour accéder plus facilement à des services multimédia. Les réseaux radio définis par le 3GPP sont les réseaux de type GSM EDGE Radio Access Network (GERAN) et de type UTRAN, tandis que les réseaux non définis par le 3GPP sont les réseaux de type Wireless Local Area Network (WLAN). De la même façon, l'architecture Evolved Packet Core vise à étendre la couverture radio pour accéder plus facilement à des services multimédia en intégrant dans une seule architecture des réseaux radio de type GERAN, des réseaux radio de type UTRAN, des réseaux radio de type Evolved UTRAN, et des réseaux radio non définis par le 3GPP, tels que des réseaux de type WLAN et de type WiMAX. Les architectures Wireless Local Area Network Interworking et Evolved Packet Core prennent en considération deux types de mobilité, à savoir la mobilité avec roaming, i.e. avec changement d'opérateur, et la mobilité sans roaming, i.e. sans changement d'opérateur. Par souci de clarté, nous n'examinons que la mobilité sans roaming.

Wireless Local Area Network Interworking (I-WLAN): pour permettre la continuité des services multimédia lors d'une mobilité d'un terminal entre un réseau WLAN et un réseau GERAN/UTRAN, le 3GPP met en œuvre, au dessus d'une architecture I-WLAN (3GPP TS 23.234, 2011), un mécanisme basé sur l'introduction d'une Home Agent, c'est-à-dire d'un nœud immobile, entre le Gateway General Packet Radio Service (GPRS) Support Node (GGSN) et le réseau PDN, et entre le Packet Data Gateway (PDG) et le réseau PDN (3GPP TS 23.327, 2012). La Figure 3.7 présente la position du Home Agent dans l'architecture I-WLAN.

Wu

Wn — Wp

(H1) ... WAG   PDG   (H3)

Point d'accès Wi-Fi

Équipement distant

WLAN

Home Agent

Réseau PDN (réseau IP)

Préservation de l'invariance de l'adresse IP du terminal lors d'une mobilité

HGi

Terminal

(H2)

(H3)

Station de base

(H1) ... Gb/Iu-ps — Gn

Serveur AAA

SGSN   GGSN

Wx

GERAN/UTRAN

HSS

AAA: Authentication Authorization Accounting
GGSN: Gateway GPRS Support Node
HSS: Home Subscriber Server
PDG: Packet Data Gateway
PDN: Packet Data Network
SGSN: Serving GPRS Support Node
WAG: WLAN Access Gateway

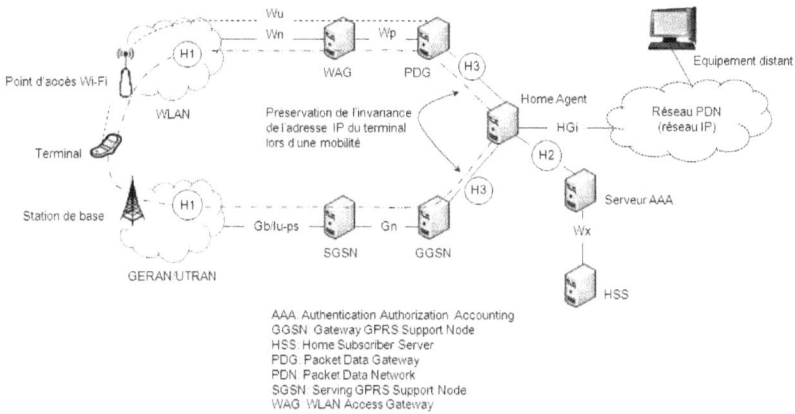

Figure 3.7: Position du Home Agent dans l'architecture I-WLAN

Lorsqu'un terminal effectue une mobilité d'un réseau GERAN/UTRAN vers un réseau WLAN, le PDG lui transmet sa Care-of Address, tandis qu'au cours d'une mobilité d'un réseau WLAN vers un réseau GERAN/UTRAN, c'est le GGSN qui lui transmet sa Care-of Address. La préservation de l'invariance de l'adresse IP du terminal vis-à-vis d'un équipement distant est obtenue par la mise en œuvre, entre le terminal et le Home Agent, du protocole Dual Stack Mobile IPv6 (DSMIPv6) défini par l'IETF (RFC 5555, 2009); c'est-à-dire que le terminal contient un client DSMIPv6 qui lui permet d'émettre et de recevoir les messages de signalisation du protocole DSMIPv6 et d'émettre et de recevoir des données. Pour permettre la continuité des services multimédia au cours d'une mobilité entre un réseau WLAN et un réseau GERAN/UTRAN, le 3GPP a défini trois nouvelles interfaces dans l'architecture I-WLAN:

- L'interface H1, définie entre un terminal et le Home Agent, permet l'échange des messages de signalisation du protocole DSMIPv6 et le transfert des données. Elle peut être mise en œuvre au dessus du réseau WLAN et au dessus du réseau GERAN/UTRAN. Lorsqu'elle est construite au dessus du réseau WLAN, un tunnel IPsec (RFC 4301, 2005), établi entre le terminal et le PDG, authentifie et chiffre les échanges entre ces deux équipements, tandis qu'une association de sécurité Internet Key Exchange (RFC 4306, 2005), établie entre le terminal et le Home Agent, authentifie les messages de signalisation du protocole DSMIPv6;

- L'interface H2, définie entre le Home Agent et le serveur Authentication Authorization Accounting (AAA), permet l'échange des messages d'authentification, d'autorisation et de facturation entre le Home Agent et le serveur AAA;

- L'interface H3, définie entre le GGSN et le Home Agent, et entre le PDG et le Home Agent, permet d'acheminer les messages DSMIPv6 vers le Home Agent.

Evolved Packet Core (EPC): l'architecture EPC (3GPP TS 23.401, 2012; 3GPP TS 23.402, 2012), schématisée Figure 3.8, est une architecture possédant un cœur IPv4/IPv6 permettant l'accès à des services multimédia situés sur des réseaux PDN à partir de terminaux connectés à des réseaux radio définis par le 3GPP, tels que les réseaux de type Evolved UTRAN, UTRAN, GERAN, et à des réseaux radio non définis par le 3GPP, tels que les réseaux de type WiMAX et WLAN. Le 3GPP classe les réseaux radio non définis par le 3GPP en deux familles: les réseaux radio sécurisés et les réseaux radio non sécurisés. Le déploiement de réseaux radio non sécurisés non définis par le 3GPP nécessite l'installation d'équipements, appelés evolved Packet Data Gateway (ePDG), entre chaque réseau non sécurisé et le cœur de l'architecture EPC. L'équipement appelé PDN Gateway (P-GW) permet l'accès aux services multimédia situés sur le réseau PDN et fournit une adresse IP aux terminaux.

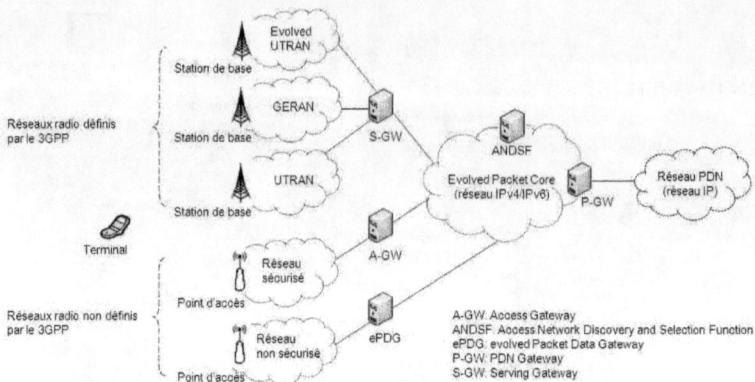

Figure 3.8: Schématisation de l'architecture Evolved Packet Core

Dans l'architecture EPC, l'équipement appelé Serving Gateway (S-GW) représente un nœud immobile lorsqu'un terminal effectue une mobilité entre les réseaux Evolved UTRAN, UTRAN et GERAN, tandis que l'équipement Access Gateway (A-GW) représente un nœud immobile lorsque le terminal effectue une mobilité entre les réseaux sécurisés non définis par le 3GPP.

Pour préserver l'invariance de l'adresse IP d'un terminal vis-à-vis d'un équipement distant au cours d'une mobilité, l'architecture EPC met en œuvre deux types de protocoles. Le premier type de protocole implique une modification du terminal, tandis que le second type ne nécessite aucune modification du terminal car un proxy le représente. Dans le premier type de protocole, le terminal contient un client DSMIPv6/MIPv4 qui lui permet d'émettre et de recevoir les messages de signalisation du protocole DSMIPv6/MIPv4 et d'émettre et de recevoir des données. L'interface S2c (Figure 3.9), définie entre un terminal et le P-GW, qui représente un nœud immobile, permet l'échange des messages de signalisation du protocole DSMIPv6/MIPv4 et le transfert des données.

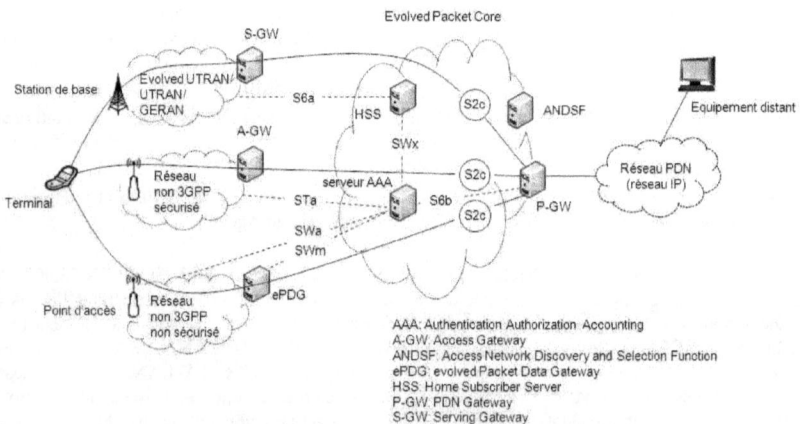

Figure 3.9: Interface S2c entre un terminal et le P-GW

Dans le deuxième type de protocole, un proxy, qui représente le terminal, dialogue avec le P-GW qui représente un nœud immobile. Le protocole mis en œuvre est le protocole Proxy Mobile IPv6 (PMIPv6) défini par l'IETF (RFC 5213, 2008) ou le protocole MIPv4 en mode Foreign Agent (RFC 5944, 2010). Pour dialoguer avec le P-GW, le 3GPP définit trois interfaces, appelées S2a, S2b et S5 (Figure 3.10). L'interface S2a, définie entre le A-GW et le P-GW, supporte les protocoles PMIPv6 et MIPv4 en mode Foreign Agent. L'interface S2b, définie entre le ePDG et le P-GW supporte le protocole PMIPv6. L'interface S5, définie entre le S-GW et le P-GW supporte les protocoles PMIPv6 et GPRS Tunnelling Protocol (GTP). Le P-GW comporte une fonction PMIPv6 Local Mobility Anchor (LMA), tandis que le A-GW et le S-GW comportent une fonction PMIPv6 Mobile Access Gateway (MAG).

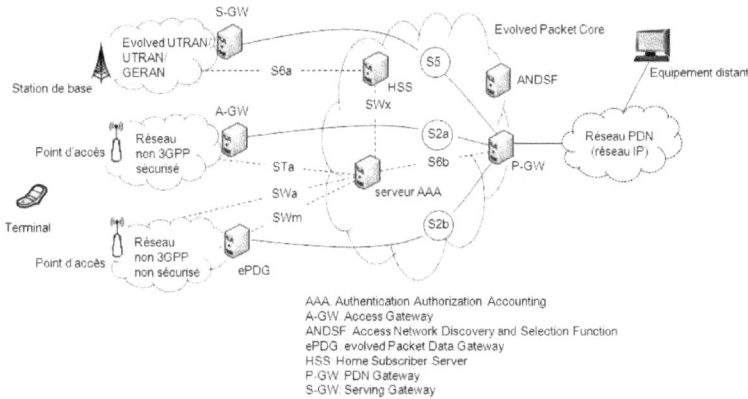

Figure 3.10: Interfaces S2a, S2b, S5 entre le A-GW, ePDG, S-GW et le P-GW

Pour sélectionner un protocole de mobilité parmi les quatre protocoles que propose l'architecture EPC, le 3GPP a défini une fonction appelée IP Mobility Management Selection (IPMS) mise en œuvre dans le serveur Authentication Authorization Accounting. Lors de l'attachement d'un terminal à un réseau non défini par le 3GPP, sécurisé ou non sécurisé, ou lors d'une mobilité d'un réseau evolved UTRAN/UTRAN/GERAN vers un réseau non défini par le 3GPP, la fonction IPMS choisit un protocole de mobilité en fonction des caractéristiques du terminal et des politiques de l'opérateur.

Dans l'architecture EPC, le choix du réseau radio par un terminal se fait par un dialogue avec un équipement appelé Access Network Discovery and Selection Function (ANDSF). Lorsqu'un terminal est connecté à un réseau radio, il transmet une requête à son serveur DNS pour lui demander l'adresse IP de son ANDSF. Puis, après avoir établi une connexion sécurisée avec l'ANDSF, il reçoit deux types d'informations. Le premier type d'informations, appelées Discovery Information, contient:

- Le type des réseaux radio présents autour du terminal. Le 3GPP a défini trois types: 3GPP, Wi-Fi et WiMAX;
- L'identifiant des points d'accès radio;
- La localisation des points d'accès radio.

Le deuxième type d'informations, appelées Inter-System Mobility Policy, définit la politique de l'opérateur gérant les réseaux. La politique contient des règles classées par ordre de priorité que doit appliquer le terminal lorsqu'il est dans une zone géographique particulière à une certaine heure de la journée. Par exemple, une règle peut demander à un terminal de se connecter sur un réseau Wi-Fi lorsqu'il se trouve dans une zone géographique particulière à une certaine heure de la journée. Les opérateurs gérant les réseaux UTRAN/GERAN peuvent mettre en œuvre cette règle pour délester leurs réseaux surchargés par le transport des données téléchargées depuis des smartphones. Une telle règle est indispensable pour faire face à l'augmentation exponentielle du trafic des données transportées par les réseaux UTRAN/GERAN. A titre indicatif, le trafic de l'opérateur AT&T a augmenté de 5000% entre les années 2008 et 2010 et l'équipementier Cisco prévoit encore une multiplication par dix-huit du trafic mondial des données transmises sur les réseaux radio entre les années 2011-2016 (CISCO, 2012). Le délestage peut se faire en utilisant, par exemple, les réseaux Wi-Fi présents au voisinage d'un terminal pour transporter les services de type streaming et de type data. Dimatteo et al (DIMATTEO, 2011) ont montré que cette politique de délestage, appelée offload to Wi-Fi, peut être efficace puisque, dans la ville de San Francisco, elle permet de diviser par deux la charge d'un réseau UTRAN en installant une centaine de réseaux Wi-Fi.

L'authentification et le chiffrement de la connexion établie entre un terminal et l'ANDSF est réalisé en mettant en œuvre une architecture appelée Generic Bootstrapping Architecture (3GPP TS 24.302, 2012). L'architecture Generic Bootstrapping Architecture (GBA) possède quatre interfaces (Figure 3.11):

- L'interface S14, définie entre le terminal et l'ANDSF, met en œuvre le protocole Open Mobile Alliance Device Management (OMA, 2007). Les informations échangées sont chiffrées par le protocole Transport Layer Security (RFC 5246, 2008);

- L'interface Ub, définie entre le terminal et le Bootstrapping Server Function, permet l'authentification du terminal et la création des clés nécessaires au protocole Transport Layer Security entre le terminal et l'ANDSF;

- L'interface Zh, définie entre le Home Subscriber Server et le Bootstrapping Server Function, permet au Bootstrapping Server Function d'obtenir les informations nécessaires à l'authentification du terminal;

- L'interface Zn, définie entre l'ANDSF et le Bootstrapping Server Function, permet à l'ANDSF d'obtenir les clés nécessaires au protocole Transport Layer Security entre le terminal et l'ANDSF.

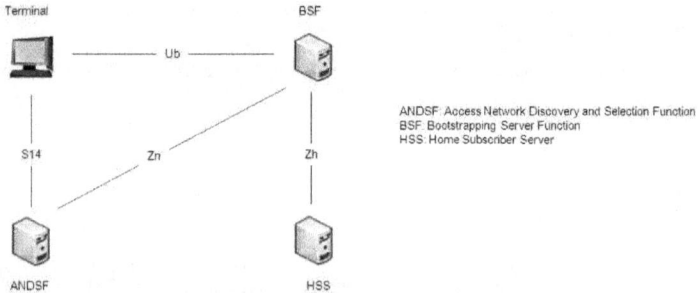

Figure 3.11: Interfaces définies dans l'architecture GBA

3.1.2.3 IDENTIFICATION ET ANALYSE DES ARCHITECTURES INTER-ACCES GERANT LA MOBILITE AU NIVEAU DE LA COUCHE MAC

L'architecture Generic Access Network (GAN), définie par le 3GPP (3GPP TS 43.318, 2011), fournit l'accès à des services multimédia transmis sur des réseaux en mode circuit et des réseaux en mode paquet en intégrant dans une seule architecture des réseaux radio définis par le 3GPP et des réseaux radio non définis par le 3GPP afin d'étendre la couverture radio pour accéder plus facilement à ces services. Les réseaux radio définis par le 3GPP sont les réseaux de type GERAN et de type UTRAN, tandis que les réseaux non définis par le 3GPP sont les réseaux de type WLAN. Pour gérer la mobilité au niveau de la couche MAC, le 3GPP a défini un équipement pour les réseaux WLAN, appelé Generic Access Node Controller (GANC), qui met en œuvre les fonctions Non Access Stratum initialement définies pour les réseaux GERAN et UTRAN, telles que l'authentification, la gestion de la mobilité, ou la facturation (Figure 3.12).

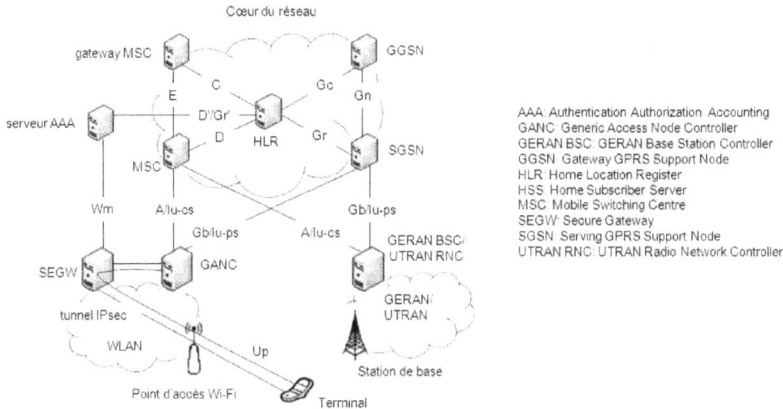

Figure 3.12: Architecture Generic Access Network

Pour permettre la continuité des services multimédia au cours d'une mobilité entre un réseau WLAN et un réseau GERAN/UTRAN, le 3GPP a défini cinq nouvelles interfaces dans l'architecture GAN:

- L'interface A, définie entre le MSC et le GANC, transmet les messages des fonctions Non Access Stratum lors d'une mobilité entre un réseau GERAN en mode circuit et un réseau WLAN;

- L'interface Gb, définie entre le Serving GPRS Support Node (SGSN) et le GANC, transmet les messages des fonctions Non Access Stratum lors d'une mobilité entre un réseau GERAN en mode paquet et un réseau WLAN;

- L'interface Iu-cs, définie entre le MSC et le GANC, transmet les messages des fonctions Non Access Stratum lors d'une mobilité entre un réseau UTRAN en mode circuit et un réseau WLAN;

- L'interface Iu-ps, définie entre le SGSN et le GANC, transmet les messages des fonctions Non Access Stratum lors d'une mobilité entre un réseau UTRAN en mode paquet et un réseau WLAN;

- L'interface Up est définie entre un terminal et le GANC. Lorsqu'un terminal se connecte à un réseau WLAN, une association de sécurité, établie entre le terminal et un équipement appelé Security Gateway (SEGW), permet la mise en œuvre d'un tunnel IPsec qui authentifie et chiffre les données transmises sur l'interface Up.

La définition de ces interfaces permet, d'un point de vue du cœur du réseau, une équivalence entre le rôle du GANC et le rôle du GERAN Base Station Controller (BSC) ou le rôle de l'UTRAN Radio Network Controller (RNC). Lorsque le GANC est équivalent à un BSC, l'architecture GAN est dans le mode A/Gb, et lorsqu'il est équivalent à un RNC, l'architecture GAN est dans le mode Iu. Un terminal peut être configuré pour opérer dans l'un des quatre modes suivant:

- GERAN/UTRAN: le terminal ne peut se connecter qu'aux réseaux de type GERAN/UTRAN;
- GERAN/UTRAN préféré: le terminal peut se connecter aux réseaux de type GERAN/UTRAN et de type WLAN. Il préfère se connecter aux réseaux de type GERAN/UTRAN;
- WLAN: le terminal ne peut se connecter qu'aux réseaux de type WLAN;
- WLAN préféré: le terminal peut se connecter aux réseaux de type GERAN/UTRAN et de type WLAN. Il préfère se connecter aux réseaux de type WLAN.

3.1.3 EVALUATION DE L'INTEGRATION DES TROIS PHASES DU PROCESSUS DE MOBILITE DANS LES ARCHITECTURES INTER-ACCES DEFINIES PAR LE 3GPP

Après avoir identifié et analysé les cinq architectures mettant en œuvre des mécanismes de gestion de la mobilité entre des réseaux radio hétérogènes, nous évaluons dans cette section la façon dont les trois phases du processus de mobilité sont prises en compte dans ces architectures. Pour cela, nous avons défini une grille d'évaluation composée de douze critères (Table 3.1). Les critères numérotés de 1 à 6 évaluent la prise en compte de la phase I du processus de mobilité, i.e. l'analyse de l'environnement radio. Les critères numérotés de 7 à 9 évaluent la prise en compte de la phase II du processus de mobilité, i.e. le choix du réseau cible. Les critères numérotés de 10 à 12 évaluent la prise en compte de la phase III du processus de mobilité, i.e. la connexion au réseau radio choisi.

Phase du processus de mobilité	Critère d'évaluation de la prise en compte d'une phase dans les architectures inter-accès définies par le 3GPP
PHASE I	Critère 1: y a-t-il un processus de collecte d'informations ?
	Critère 2: le processus de collecte d'informations est-il défini ?
	Critère 3: quelles entités participent au processus de collecte d'informations ?
	Critère 4: y a-t-il des critères pour démarrer le processus de mobilité ?
	Critère 5: ces critères sont-ils définis ?
	Critère 6: quelle entité démarre le processus de mobilité ?
PHASE II	Critère 7: y a-t-il un processus de choix du réseau cible ?
	Critère 8: le processus de choix du réseau cible est-il défini ?
	Critère 9: quelles entités participent au processus de choix du réseau cible ?
PHASE III	Critère 10: y a-t-il un processus de connexion au réseau cible ?
	Critère 11: le processus de connexion au réseau cible est-il défini ?
	Critère 12: quelles entités participent au processus de connexion au réseau cible ?

Table 3.1: Définition des critères d'évaluation de la prise en compte des trois phases du processus de mobilité

Dans les tables numérotées de 3.2 à 3.6, nous évaluons la façon dont les trois phases du processus de mobilité sont prises en compte dans les architectures gérant la mobilité au niveau de la couche IP et de la couche MAC. Un travail identique peut être réalisé pour les architectures gérant la mobilité au niveau de la couche Session.

	Mobilité depuis un réseau WLAN vers un réseau GERAN/UTRAN	Mobilité depuis un réseau GERAN/UTRAN vers un réseau WLAN
Critère 1: y a-t-il un processus de collecte d'informations ?	OUI	OUI
Critère 2: le processus de collecte d'informations est-il défini ?	NON	NON
Critère 3: quelles entités participent au processus de collecte d'informations ?	Pas complètement défini	Pas complètement défini
Critère 4: y a-t-il des critères pour démarrer le processus de mobilité ?	OUI	OUI
Critère 5: ces critères sont-ils définis ?	NON	NON
Critère 6: quelle entité démarre le processus de mobilité ?	TERMINAL	TERMINAL
Critère 7: y a-t-il un processus de choix du réseau cible ?	OUI	OUI

	Mobilité depuis un réseau WLAN vers un réseau GERAN/UTRAN	Mobilité depuis un réseau GERAN/UTRAN vers un réseau WLAN
Critère 8: le processus de choix du réseau cible est-il défini ?	NON	NON
Critère 9: quelles entités participent au processus de choix du réseau cible ?	Pas défini	Pas défini
Critère 10: y a-t-il un processus de connexion au réseau cible ?	OUI	OUI
Critère 11: le processus de connexion au réseau cible est-il défini ?	Pas complètement défini	Pas complètement défini
Critère 12: quelles entités participent au processus de connexion au réseau cible ?	TERMINAL PDG SGSN GGSN Home Agent	TERMINAL PDG GGSN Home Agent

Table 3.2: Evaluation de la prise en compte des trois phases du processus de mobilité dans l'architecture I-WLAN

	Mobilité depuis un réseau GERAN vers un réseau WLAN dans une architecture GAN en mode A/Gb	Mobilité depuis un réseau UTRAN vers un réseau WLAN dans une architecture GAN en mode A/Gb	Mobilité depuis un réseau WLAN vers un réseau GERAN dans une architecture GAN en mode A/Gb	Mobilité depuis un réseau WLAN vers un réseau UTRAN dans une architecture GAN en mode A/Gb
Critère 1: y a-t-il un processus de collecte d'informations ?	OUI	OUI	OUI	OUI
Critère 2: le processus de collecte d'informations est-il défini ?	Pas complètement défini	Pas complètement défini	Pas complètement défini	Pas complètement défini
Critère 3: quelles entités participent au processus de collecte d'informations ?	BSC TERMINAL	RNC TERMINAL	GANC TERMINAL	GANC TERMINAL
Critère 4: y a-t-il des critères pour démarrer le processus de mobilité ?	OUI	OUI	OUI	OUI
Critère 5: ces critères sont-ils définis ?	NON	NON	NON	NON
Critère 6: quelle entité démarre le processus de mobilité ?	BSC	RNC	TERMINAL	TERMINAL
Critère 7: y a-t-il un processus de choix du réseau cible ?	OUI	OUI	OUI	OUI
Critère 8: le processus de choix du réseau cible est-il défini ?	NON	NON	NON	NON
Critère 9: quelles entités participent au processus de choix du réseau cible ?	BSC	RNC	GANC	GANC
Critère 10: y a-t-il un processus de connexion au réseau cible ?	OUI	OUI	OUI	OUI
Critère 11: le processus de connexion au réseau cible est-il défini ?	OUI	OUI	OUI	OUI
Critère 12: quelles entités participent au processus de connexion au réseau cible ?	TERMINAL GANC BSC MSC	TERMINAL GANC RNC MSC	TERMINAL GANC BSC MSC	TERMINAL GANC RNC MSC

Table 3.3: Evaluation de la prise en compte des trois phases du processus de mobilité dans une architecture GAN en mode A/Gb lors d'une transmission en mode circuit

	Mobilité depuis un réseau GERAN vers un réseau WLAN dans une architecture GAN en mode A/Gb	Mobilité depuis un réseau UTRAN vers un réseau WLAN dans une architecture GAN en mode A/Gb	Mobilité depuis un réseau WLAN vers un réseau GERAN dans une architecture GAN en mode A/Gb	Mobilité depuis un réseau WLAN vers un réseau UTRAN dans une architecture GAN en mode A/Gb
Critère 1: y a-t-il un processus de collecte d'informations ?	OUI	OUI	OUI	OUI
Critère 2: le processus de collecte d'informations est-il défini ?	Pas complètement défini	Pas complètement défini	Pas complètement défini	Pas complètement défini
Critère 3: quelles entités participent au processus de collecte d'informations ?	BSC TERMINAL	RNC TERMINAL	GANC TERMINAL	GANC TERMINAL
Critère 4: y a-t-il des critères pour démarrer le processus de mobilité ?	OUI	OUI	OUI	OUI
Critère 5: ces critères sont-ils définis ?	NON	NON	NON	NON
Critère 6: quelle entité démarre le processus de mobilité ?	BSC	RNC	TERMINAL	TERMINAL
Critère 7: y a-t-il un processus de choix du réseau cible ?	OUI	OUI	OUI	OUI
Critère 8: le processus de choix du réseau cible est-il défini ?	NON	NON	NON	NON
Critère 9: quelles entités participent au processus de choix du réseau cible ?	BSC	RNC	GANC	GANC
Critère 10: y a-t-il un processus de connexion au réseau cible ?	OUI	OUI	OUI	OUI
Critère 11: le processus de connexion au réseau cible est-il défini ?	OUI	OUI	OUI	OUI
Critère 12: quelles entités participent au processus de connexion au réseau cible ?	TERMINAL GANC BSC SGSN	TERMINAL GANC RNC SGSN	TERMINAL GANC BSC SGSN	TERMINAL GANC RNC SGSN

Table 3.4: Evaluation de la prise en compte des trois phases du processus de mobilité dans une architecture GAN en mode A/Gb lors d'une transmission en mode paquet

	Mobilité depuis un réseau GERAN vers un réseau WLAN dans une architecture GAN en mode Iu	Mobilité depuis un réseau UTRAN vers un réseau WLAN dans une architecture GAN en mode Iu	Mobilité depuis un réseau WLAN vers un réseau GERAN dans une architecture GAN en mode Iu	Mobilité depuis un réseau WLAN vers un réseau UTRAN dans une architecture GAN en mode Iu
Critère 1: y a-t-il un processus de collecte d'informations ?	OUI	OUI	OUI	OUI
Critère 2: le processus de collecte d'informations est-il défini ?	Pas complètement défini	Pas complètement défini	Pas complètement défini	Pas complètement défini
Critère 3: quelles entités participent au processus de collecte d'informations ?	BSC TERMINAL	RNC TERMINAL	GANC TERMINAL	GANC TERMINAL
Critère 4: y a-t-il des critères pour démarrer le processus de mobilité ?	OUI	OUI	OUI	OUI
Critère 5: ces critères sont-ils définis ?	NON	NON	NON	NON

	Mobilité depuis un réseau GERAN vers un réseau WLAN dans une architecture GAN en mode Iu	Mobilité depuis un réseau UTRAN vers un réseau WLAN dans une architecture GAN en mode Iu	Mobilité depuis un réseau WLAN vers un réseau GERAN dans une architecture GAN en mode Iu	Mobilité depuis un réseau WLAN vers un réseau UTRAN dans une architecture GAN en mode Iu
Critère 6: quelle entité démarre le processus de mobilité ?	BSC	RNC	TERMINAL	TERMINAL
Critère 7: y a-t-il un processus de choix du réseau cible ?	OUI	OUI	OUI	OUI
Critère 8: le processus de choix du réseau cible est-il défini ?	NON	NON	NON	NON
Critère 9: quelles entités participent au processus de choix du réseau cible ?	BSC	RNC	GANC	GANC
Critère 10: y a-t-il un processus de connexion au réseau cible ?	OUI	OUI	OUI	OUI
Critère 11: le processus de connexion au réseau cible est-il défini ?	OUI	OUI	OUI	OUI
Critère 12: quelles entités participent au processus de connexion au réseau cible ?	TERMINAL GANC BSC MSC	TERMINAL GANC RNC MSC	TERMINAL GANC BSC MSC	TERMINAL GANC RNC MSC

Table 3.5: Evaluation de la prise en compte des trois phases du processus de mobilité dans une architecture GAN en mode Iu lors d'une transmission en mode circuit

	Mobilité depuis un réseau GERAN vers un réseau WLAN dans une architecture GAN en mode Iu	Mobilité depuis un réseau UTRAN vers un réseau WLAN dans une architecture GAN en mode Iu	Mobilité depuis un réseau WLAN vers un réseau GERAN dans une architecture GAN en mode Iu	Mobilité depuis un réseau WLAN vers un réseau UTRAN dans une architecture GAN en mode Iu
Critère 1: y a-t-il un processus de collecte d'informations ?	OUI	OUI	OUI	OUI
Critère 2: le processus de collecte d'informations est-il défini ?	Pas complètement défini	Pas complètement défini	Pas complètement défini	Pas complètement défini
Critère 3: quelles entités participent au processus de collecte d'informations ?	BSC	RNC	GANC TERMINAL	GANC TERMINAL
Critère 4: y a-t-il des critères pour démarrer le processus de mobilité ?	OUI	OUI	OUI	OUI
Critère 5: ces critères sont-ils définis ?	NON	NON	NON	NON
Critère 6: quelle entité démarre le processus de mobilité ?	BSC	RNC	TERMINAL	TERMINAL
Critère 7: y a-t-il un processus de choix du réseau cible ?	OUI	OUI	OUI	OUI
Critère 8: le processus de choix du réseau cible est-il défini ?	NON	NON	NON	NON
Critère 9: quelles entités participent au processus de choix du réseau cible ?	BSC	RNC	GANC	GANC
Critère 10: y a-t-il un processus de connexion au réseau cible ?	OUI	OUI	OUI	OUI
Critère 11: le processus de connexion au réseau cible est-il défini ?	OUI	OUI	OUI	OUI

	Mobilité depuis un réseau GERAN vers un réseau WLAN dans une architecture GAN en mode Iu	Mobilité depuis un réseau UTRAN vers un réseau WLAN dans une architecture GAN en mode Iu	Mobilité depuis un réseau WLAN vers un réseau GERAN dans une architecture GAN en mode Iu	Mobilité depuis un réseau WLAN vers un réseau UTRAN dans une architecture GAN en mode Iu
Critère 12: quelles entités participent au processus de connexion au réseau cible ?	TERMINAL GANC BSC SGSN GGSN	TERMINAL GANC RNC SGSN	TERMINAL GANC BSC SGSN GGSN	TERMINAL GANC RNC SGSN

Table 3.6: Evaluation de la prise en compte des trois phases du processus de mobilité dans une architecture GAN en mode Iu lors d'une transmission en mode paquet

L'analyse de ces tables montre que les critères numéros 2, 5, et 8 ne sont pas satisfaits. Autrement dit, dans ces architectures, le processus de collecte d'informations n'est pas défini, les critères pour démarrer un processus de mobilité ne sont pas définis, et le processus de choix du réseau cible lors d'une mobilité n'est défini. En outre, l'analyse du critère numéro 9 montre que:

- Dans l'architecture I-WLAN, les entités participant au processus de choix du réseau cible ne sont pas définies. Il est permis de penser que c'est l'opérateur qui choisit le réseau cible car l'annexe B du document (3GPP TS 23.327, 2012) indique qu'un terminal choisit un réseau en fonction d'une politique définie par l'opérateur;
- Dans l'architecture GAN, c'est l'opérateur qui décide seul du choix du réseau cible.

3.2 GESTION DU MODE DE TRANSMISSION UNICAST VERSUS MULTICAST DANS LES ARCHITECTURES MULTICAST

Après avoir montré que les Internautes et les fournisseurs de services ne participent pas au processus de sélection d'un réseau radio lors d'une mobilité, nous allons montrer que, dans l'architecture Multimedia Broadcast Multicast Service définie par le 3GPP et dans l'architecture définie par le projet européen C-Cast, les Internautes et les fournisseurs de services ne participent pas au processus de sélection du mode de transmission, unicast versus multicast. C'est encore l'opérateur gérant ces architectures qui choisit le mode de transmission.

3.2.1 ANALYSE DE LA GESTION DU MODE DE TRANSMISSION UNICAST VERSUS MULTICAST DANS L'ARCHITECTURE MBMS DEFINIE PAR LE 3GPP

Avant de montrer que dans l'architecture Multimedia Broadcast Multicast Service les Internautes et les fournisseurs de services ne participent pas au processus de sélection du mode de transmission, nous décrivons le rôle du Broadcast Multicast Service Center dans cette architecture, puis nous analysons les différences entre les classes de service définies dans l'architecture UMTS et dans l'architecture Multimedia Broadcast Multicast Service.

3.2.1.1 LE ROLE DU BROADCAST MULTICAST SERVICE CENTER DANS L'ARCHITECTURE MBMS

Dans l'architecture Multimedia Broadcast Multicast Service, le Broadcast Multicast Service Center (BM-SC) représente un intermédiaire entre les Internautes et les fournisseurs de services auprès duquel les terminaux des Internautes s'enregistrent pour recevoir les services offerts par les fournisseurs de services. Les terminaux sont bi-modes UMTS/MBMS car, pour ne pas perturber la qualité des transmissions des services dans un réseau UMTS, le 3GPP recommande d'utiliser des fréquences différentes dans un réseau UMTS et dans un réseau MBMS (3GPP TR 25.905, 2007). Dans la pratique, le déploiement d'un réseau MBMS pourrait utiliser trois canaux de 5 MHz dans la bande de fréquences [1900 MHz, 1920 MHz].

Le BM-SC offre un service de streaming (3GPP TS 26.346, 2012), un service de téléchargement (3GPP TS 26.346, 2012), un service de facturation (3GPP TS 32.273, 2011), et définit les décodeurs à implémenter dans les terminaux (3GPP TS 26.346, 2012).

Le service de streaming est basé sur la mise en œuvre du protocole Real-Time Transport Protocol (RFC 3550, 2003) qui transporte les flux multimédia vers les applications des terminaux des Internautes, du protocole Real-Time Transport Control Protocol (RFC 3550, 2003) qui fournit des informations sur la qualité de transmission des messages du protocole Real-Time Transport Protocol, et du protocole Secure Real-Time Transport Protocol (RFC 3711, 2004) qui authentifie et chiffre les données avec des clés gérées par le protocole Multimedia Internet Keying (RFC 3830, 2004). Pour améliorer la fiabilité de la transmission des données, un code correcteur d'erreurs est mis en œuvre. La Figure 3.13 représente la pile protocolaire du service de streaming offert par le BM-SC.

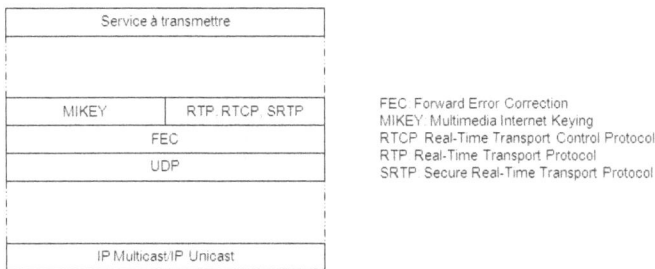

Figure 3.13: Pile protocolaire du service de streaming offert par le BM-SC

Le service de téléchargement peut être de type non fiable ou fiable. Lorsqu'il est de type non fiable, il est basé sur la mise en œuvre du protocole File Delivery over Unidirectional Transport (FLUTE) défini par l'IETF (RFC 3926, 2004). Ce protocole transmet deux types de fichiers. Le premier type est un fichier appelé File Delivery Table qui contient les identifiants des fichiers, identifiés par leur Uniform Resource Identifier, qui doivent être diffusés pendant une session. Le second type est représenté par les fichiers demandés par les applications des terminaux des Internautes. Le protocole FLUTE permet trois modes de réception d'un fichier. Dans le mode appelé promiscuous, les applications des terminaux reçoivent tous les fichiers transmis durant une session. Dans le mode appelé one copy, les applications des terminaux ne reçoivent que les fichiers qu'elles ont demandés. Dans le mode keep updated, les applications des terminaux ne reçoivent que les fichiers qu'elles ont demandés ainsi que leurs mises à jour. Pour améliorer la fiabilité de la transmission des données contenues dans les fichiers, le protocole FLUTE met en œuvre un code correcteur d'erreurs et le BM-SC offre un service de retransmission des données qui n'ont pas été correctement reçues par une ou plusieurs applications. La Figure 3.14 représente la pile protocolaire du service de téléchargement de type non fiable.

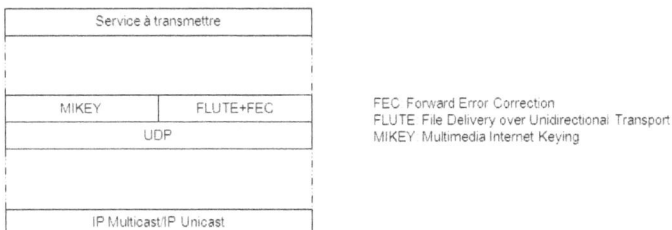

Figure 3.14: Pile protocolaire du service de téléchargement de type non fiable offert par le BM-SC

Lorsque le service de téléchargement est de type fiable, il est basé sur la mise en œuvre du protocole Hypertext Transfer Protocol (HTTP) défini par l'IETF (RFC 2616, 1999). La Figure 3.15 représente la pile protocolaire du service de téléchargement de type fiable.

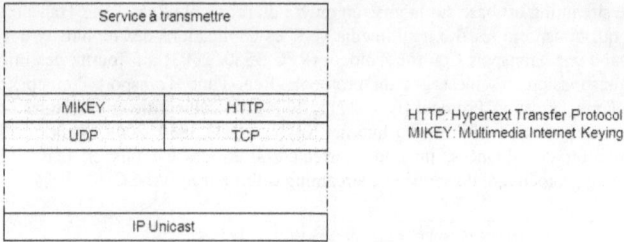

Figure 3.15: Pile protocolaire du service de téléchargement de type fiable offert par le BM-SC

Le service de facturation est basé, premièrement, sur la remontée vers le BM-SC d'informations de la part des terminaux, via une procédure appelée Reception Reporting, lui indiquant que les applications des Internautes ont correctement reçu un service demandé, et deuxièmement, sur un échange de messages Diameter (3GPP TS 32.299, 2012) entre le BM-SC et une entité appelée Online Charging System dans le cas du prépaiement du service demandé, ou entre le BM-SC et une entité appelée Charging Data Function dans le cas de la facturation ultérieure du service demandé.

Pour offrir le service de streaming, de téléchargement et de facturation, le BM-SC met en œuvre cinq fonctions (3GPP TS 23.246, 2011) schématisées Figure 3.16:

- Membership Function: cette fonction gère les abonnements des Internautes et la facturation des services offerts aux Internautes par le BM-SC;
- Session and Transmission Function: cette fonction authentifie les services des fournisseurs de services et gère la transmission et la retransmission des services offerts par le BM-SC;
- Proxy and Transport Function: cette fonction gère les messages de signalisation entre le GGSN et le BM-SC, les données entre le GGSN et le BM-SC, et la facturation des services offerts aux fournisseurs de services par le BM-SC;
- Service Announcement Function: cette fonction transmet aux terminaux, via le protocole Session Description Protocol (RFC 4566, 2006), les informations nécessaires pour joindre un service offert par le BM-SC;
- Security Function: cette fonction authentifie et chiffre les données émises par le BM-SC et fournit aux terminaux les clés nécessaires à l'authentification et au déchiffrement des données.

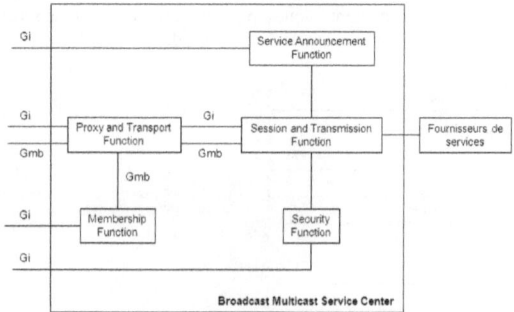

Figure 3.16: Les cinq fonctions mises en œuvre dans le Broadcast Multicast Service Center

3.2.1.2 LES CLASSES DE SERVICE DEFINIES DANS L'ARCHITECTURE MBMS

Le 3GPP définit quatre classes de service dans l'architecture UMTS (3GPP TS 23.107, 2011), à savoir la classe "Conversational" pour transmettre les flux Voix, la classe "Streaming" pour transmettre les flux Vidéo, la classe "Interactive" pour transmettre les flux ayant des contraintes de délai de quelques secondes, et la classe "Background" pour transmettre les flux, tels que les flux d'un courriel, n'ayant aucune contrainte de délai. La Table 3.7 présente les paramètres des quatre classes de service.

	Conversational	Streaming	Interactive	Background
Maximum bitrate	X	X	X	X
Delivery order	X	X	X	X
Maximum SDU size	X	X	X	X
SDU format information	X	X		
SDU error ratio	X	X	X	X
Residual bit error ratio	X	X	X	X
Delivery of erroneous SDUs	X	X	X	X
Transfer delay	X	X		
Guaranteed bit rate	X	X		
Traffic handling priority			X	
Allocation/ Retention priority	X	X	X	X
Source statistics descriptor	X	X		
Signalling Indication			X	

Table 3.7: Paramètres des quatre classes de service définies dans l'architecture UMTS

Le 3GPP ne définit que deux classes de service dans l'architecture Multimedia Broadcast Multicast Service, à savoir la classe "Streaming" et la classe "Background" (3GPP TS 23.246, 2011). Dans l'architecture Multimedia Broadcast Multicast Service, les valeurs des paramètres "Maximum bitrate", "SDU error ratio" et "Guaranteed bit rate" sont respectivement égales à $[10\ kbps, 384\ kbps]$, $[10^{-2}, 10^{-1}]$, $[10\ kbps, 384\ kbps]$.

3.2.1.3 ANALYSE DU PROCESSUS DE SELECTION DU MODE DE TRANSMISSION UNICAST VERSUS MULTICAST DANS L'ARCHITECTURE MBMS

Après avoir présenté le rôle du Broadcast Multicast Service Center dans l'architecture Multimedia Broadcast Multicast Service, nous allons analyser le processus de sélection du mode de transmission, unicast versus multicast, et montrer que les Internautes et les fournisseurs de services ne participent pas à ce processus. Comme le 3GPP offre la possibilité de choisir le mode de transmission dans le réseau cœur (3GPP TS 25.346, 2011) et dans le réseau UTRAN (3GPP TS 25.346, 2011), nous scindons notre analyse en deux parties: premièrement, nous analysons le processus de sélection dans le réseau cœur, puis, deuxièmement, nous analysons le processus de sélection dans le réseau UTRAN.

Dans le réseau cœur, des tunnels GPRS Tunneling Protocol User Plane sont établis entre le GGSN et chaque SGSN, et entre les SGSNs et les RNCs. Ils sont respectivement notés $GTP - U_{(GGSN \rightarrow SGSN)}$ et $GTP - U_{(SGSN \rightarrow RNC)}$. Ces tunnels (Figure 3.17) encapsulent les paquets IP Multicast émis par le Broadcast Multicast Service Center (3GPP TR 23.846, 2002). Les tunnels $GTP - U_{(GGSN \rightarrow SGSN)}$ connectant le GGSN à un ou plusieurs SGSNs possèdent un identifiant appelé Tunnel Endpoint Identifier et sont encapsulés dans des datagrammes UDP/IP routés par les routeurs du réseau cœur. Le routage des datagrammes peut être unicast ou multicast. Dans le cas d'un routage multicast, le GGSN est la source émettrice, tandis que les SGSNs sont les récepteurs. Les tunnels $GTP - U_{(SGSN \rightarrow RNC)}$ connectant un SGSN à un ou plusieurs RNCs possèdent un identifiant appelé Tunnel Endpoint Identifier et sont encapsulés dans des datagrammes UDP/IP routés par les routeurs du réseau cœur. Le routage des datagrammes peut être unicast ou multicast. Dans le cas d'un routage multicast, le SGSN est la source émettrice, tandis que les RNCs sont les récepteurs.

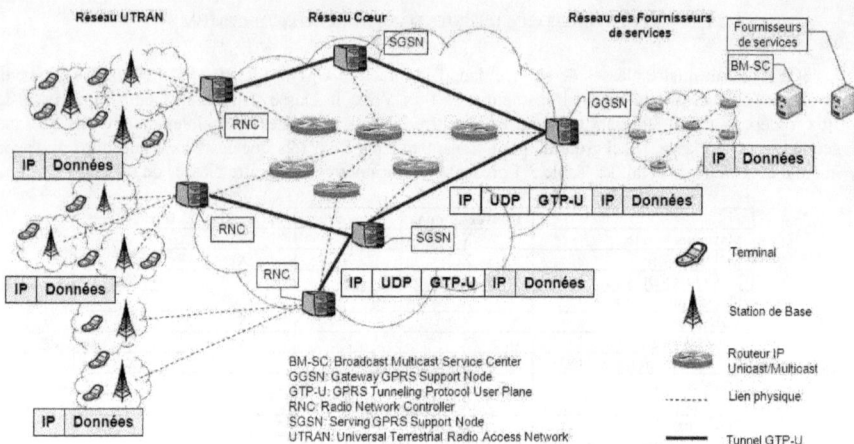

Figure 3.17: Représentation des tunnels GPRS Tunneling Protocol User Plane dans l'architecture Multimedia Broadcast Multicast Service

La Figure 3.18 définit la pile protocolaire de l'encapsulation des paquets IP Multicast émis par le Broadcast Multicast Service Center dans les tunnels $GTP - U_{(GGSN \rightarrow SGSN)}$ établis entre le GGSN et les SGSNs et dans les tunnels $GTP - U_{(SGSN \rightarrow RNC)}$ établis entre chaque SGSN et les RNCs, et montre le choix possible entre un mode de transmission unicast ou un mode de transmission multicast.

Malgré la possibilité de choisir dans le réseau cœur entre le mode de transmission unicast et le mode de transmission multicast, le 3GPP ne définit aucun processus de choix entre ces deux modes de transmission.

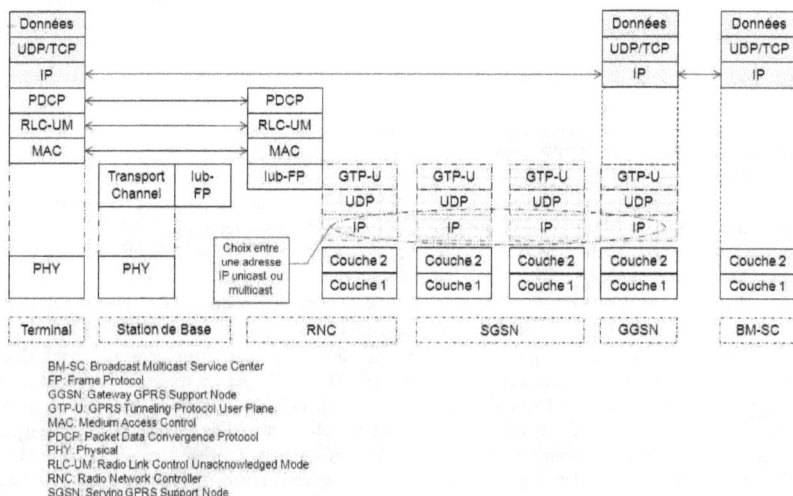

Figure 3.18: Pile protocolaire définissant l'encapsulation des données émises par le Broadcast Multicast Service Center dans les tunnels GPRS Tunneling Protocol User Plane

Dans le réseau UTRAN, le 3GPP a défini trois canaux logiques et un canal physique pour diffuser les services en multicast (3GPP TS 25.346, 2011). Le canal logique MBMS Traffic Channel (MTCH), établi entre le Controlling RNC et un terminal, transmet les paquets IP contenant les données du service demandé par un Internaute. Chaque terminal met en œuvre un canal MTCH par service demandé. Le canal logique MBMS Control Channel (MCCH), établi entre le Controlling RNC et un terminal, transmet les informations de signalisation nécessaires à la réception de tous les services à diffuser. Ces informations sont de type critique ou non critique. Il y a trois informations de type critique, appelées MBMS Neighbouring Cell, MBMS Service Information, et MBMS Radio Bearer Information, et une information de type non critique, appelée MBMS Access Information. Le canal logique MBMS Scheduling Channel (MSCH), établi entre le Controlling RNC et un terminal, permet au terminal de recevoir un service de façon discontinue pour, par exemple, diminuer sa consommation d'énergie en se mettant en veille entre les périodes de réception du service. Via ce canal, un terminal reçoit périodiquement une information, appelée MTCH Scheduling Information, qui l'informe des services qu'il peut recevoir, ainsi que du début et de la fin des périodes de temps pendant lesquelles il devra sortir de sa veille pour recevoir un service demandé. Le canal physique MBMS Notification Indicator Channel (MICH), qui a un rôle équivalent au canal Page Indicator Channel (3GPP TS 25.211, 2011) mis en œuvre dans un réseau UMTS, permet à un terminal en veille d'être informé des modifications des informations de signalisation transmises par le canal MCCH selon un mécanisme décrit ci-dessous.

Les informations que transporte le canal logique MCCH sont retransmises plusieurs fois, avec une période appelée Période de Répétition, pendant une durée appelée Période de Modification (Figure 3.19). Dans une Période de Modification, au cours d'une transmission ou d'une retransmission, les informations de type critique et non critique sont précédées d'une information, appelée MBMS Change Information, identifiant les services dont les informations de signalisation ont changé par rapport à la Période de Modification précédente. Lorsqu'un terminal est en veille, le canal physique MICH lui transmet périodiquement une information appelée MBMS Notification Indicator. La durée de la période est égale à la durée d'une Période de Modification. Cette information lui permet de savoir que les informations de signalisation vont changer dans la prochaine Période de Modification et qu'il devra donc lire l'information MBMS Change Information transmise sur le canal MCCH pour identifier les services concernés (Figure 3.19).

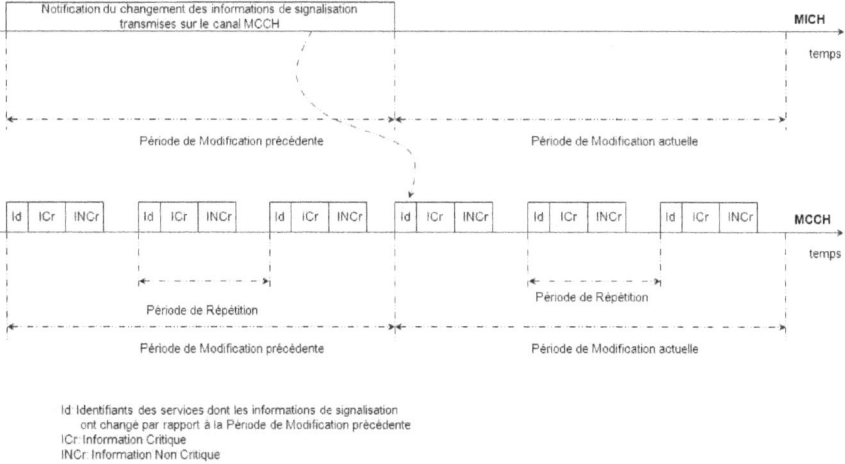

Figure 3.19: Relation entre le canal MICH et le canal MCCH

Les trois canaux logiques établis entre un Controlling RNC et un terminal sont transmis sur le canal de transport Forward Access Channel (3GPP TS 25.301, 2011) de la cellule dans laquelle se trouve le terminal. Le canal Forward Access Channel est transmis sur le canal physique Secondary Common Control Physical Channel auquel est associé le canal physique MICH. La Figure 3.20 schématise la pile protocolaire d'un terminal lors de la réception d'un service et montre qu'il peut choisir entre le mode unicast, via le canal logique Dedicated Traffic Channel, ou le mode multicast, via le canal logique MBMS Traffic Channel, pour recevoir le service.

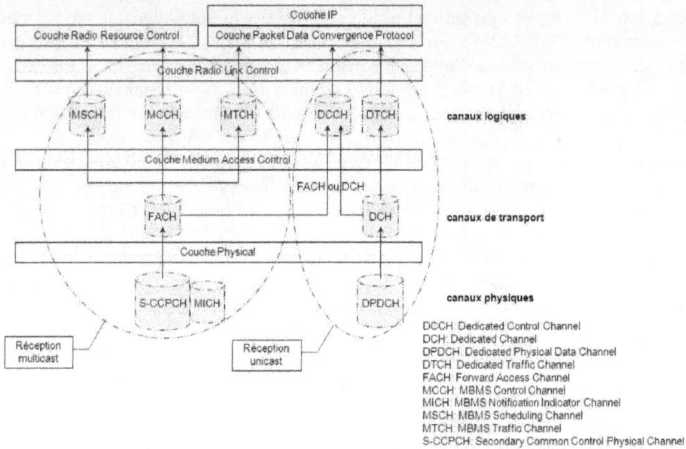

DCCH: Dedicated Control Channel
DCH: Dedicated Channel
DPDCH: Dedicated Physical Data Channel
DTCH: Dedicated Traffic Channel
FACH: Forward Access Channel
MCCH: MBMS Control Channel
MICH: MBMS Notification Indicator Channel
MSCH: MBMS Scheduling Channel
MTCH: MBMS Traffic Channel
S-CCPCH: Secondary Common Control Physical Channel

Figure 3.20: Pile protocolaire d'un terminal recevant un service transmis en unicast ou en multicast

Contrairement au réseau cœur, dans le réseau UTRAN le 3GPP définit un processus de choix entre le mode de transmission unicast et le mode de transmission multicast. Le Controlling Radio Network Controller gérant les ressources radio des Stations de Base choisit, pour chaque Station de Base et pour chaque service à transmettre, le mode de transmission en fonction du nombre de terminaux souhaitant recevoir un service (3GPP TS 25.346, 2011).

Dans chaque cellule radio, le comptage du nombre de terminaux souhaitant recevoir un service se fait de la façon suivante. Lorsqu'un terminal, en veille ou connecté au réseau cœur, reçoit sur le canal MCCH une information appelée MBMS Modified Services ayant un champ MBMS Required UE Action égal à Acquire Counting Information, il transmet au Controlling Radio Network Controller une information appelée MBMS Counting Response lui permettant de compter le nombre de terminaux souhaitant recevoir un service. Pour éviter la surcharge d'une cellule radio en raison d'un afflux de réponses de la part des terminaux, quelques terminaux parmi l'ensemble des terminaux souhaitant recevoir un service sont autorisés à transmettre une réponse. Le calcul du pourcentage de terminaux autorisés à transmettre une réponse se fait de la façon suivante (3GPP TS 25.331, 2012). Le canal MCCH transmet périodiquement l'information MBMS Access Information qui contient un champ appelé Access Probability Factor. La valeur de ce champ est comprise entre 0 et 1 et est fonction du service à transmettre et de l'état veille ou connecté d'un terminal. Lorsqu'un terminal reçoit cette information, il choisit aléatoirement un nombre, appelé Rand, compris entre 0 et 1. Si le nombre Rand est inférieur à la valeur du champ Access Probability Factor, le terminal est autorisé à transmettre une réponse.

La méthode de comptage du nombre de terminaux dans une cellule radio est simple à implémenter mais ne prend pas en compte la puissance radio nécessaire pour transmettre un service en multicast ou en unicast. Pour remédier à cet inconvénient, le 3GPP propose un algorithme permettant de choisir entre le mode multicast ou le mode unicast en fonction du nombre de terminaux dans une cellule radio et en fonction de la puissance nécessaire pour transmettre dans la cellule un service en multicast ou en unicast (3GPP TR 25.922, 2007). Cet algorithme, présenté Figure 3.21, est basé sur les travaux de Panayides *et al* (PANAYIDES, 2008). Lors de la transmission d'un service, le Controlling Radio Network Controller choisit, pour chaque cellule radio qu'il gère, le mode de transmission de la façon suivante. Pour chaque cellule radio, lors de l'initialisation de la transmission d'un service, il choisit le mode unicast. Puis, périodiquement, il choisit entre le mode unicast et le mode multicast en fonction de la puissance nécessaire pour transmettre ce service en unicast et de la puissance nécessaire pour transmettre ce service en multicast, i.e. de la puissance constante du canal Forward Access Channel. Lorsqu'une Station de Base transmet un service en unicast, le calcul la puissance nécessaire pour transmettre ce service en unicast se fait en sommant la puissance de chaque canal Dedicated Channel dédié à la transmission du service. Lorsqu'une Station de Base transmet un service en multicast, le calcul de la puissance nécessaire pour transmettre ce service en unicast se fait en estimant la puissance nécessaire pour transmettre ce service en unicast. La périodicité avec laquelle le Controlling Radio Network Controller effectue son choix est fonction de la vitesse de déplacement des terminaux et de l'environnement radio.

Mais le choix entre le mode de transmission multicast et le mode de transmission unicast effectué par le Controlling Radio Network Controller peut impacter la qualité de réception d'un service pour plusieurs raisons. Par exemple, contrairement au canal Dedicated Channel, le canal Forward Access Channel mis en œuvre dans le mode multicast ne peut pas s'adapter aux variations du canal radio car il ne possède pas un mécanisme de contrôle de puissance de type Inner loop (RUMMLER, 2009). De même, la couche Radio Link Control mise en œuvre dans le mode multicast est de type Unacknowledged Mode (3GPP TS 25.322, 2011), c'est-à-dire qu'elle ne permet pas les retransmissions des paquets comportant des bits erronés. La participation des Internautes au processus de choix est donc souhaitable.

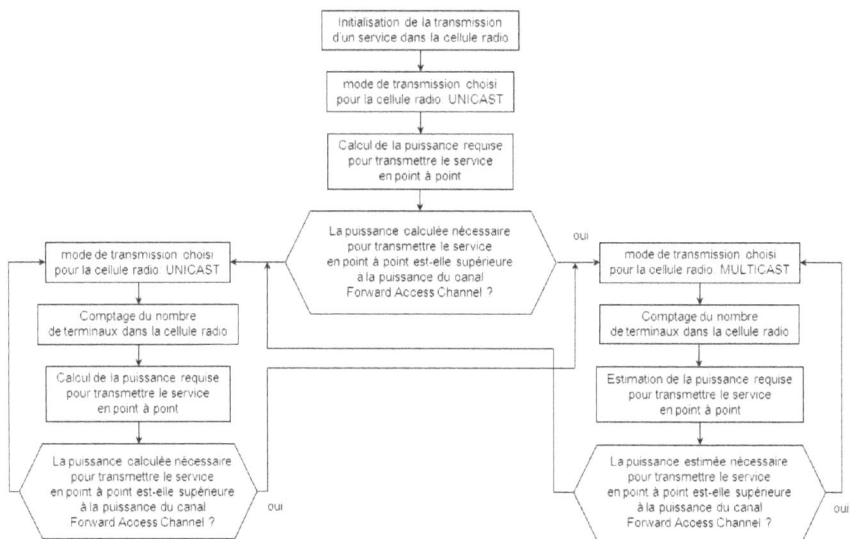

Figure 3.21: Algorithme mis en œuvre par le Controlling Radio Network Controller pour choisir entre le mode multicast ou le mode unicast dans une cellule radio

3.2.2 ANALYSE DE LA GESTION DU MODE DE TRANSMISSION UNICAST VERSUS MULTICAST DANS L'ARCHITECTURE DEFINIE PAR LE PROJET C-CAST

Après avoir montré que, dans l'architecture Multimedia Broadcast Multicast Service définie par le 3GPP, les Internautes ne participent pas au processus de sélection du mode de transmission, unicast versus multicast, nous allons montrer que, dans l'architecture définie par le projet C-Cast, les

Internautes ne participent pas au processus de sélection du mode de transmission, unicast versus multicast. C'est encore l'opérateur gérant l'architecture qui choisit le mode de transmission. Pour le montrer nous présentons les principales entités de l'architecture définie par le projet C-Cast et nous identifions celle qui prend part au processus de sélection du mode de transmission. Puis nous analyserons le fonctionnement de cette entité.

3.2.2.1 PRESENTATION DES PRINCIPALES ENTITES DE L'ARCHITECTURE DEFINIE PAR LE PROJET C-CAST

Dans cette section, nous présentons les principales entités de l'architecture définie par le projet C-Cast et nous identifions celle qui prend part au processus de sélection du mode de transmission. En analysant le document intitulé Specification of Context Detection and Context-aware Multiparty Transport édité par le projet C-Cast (CCAST, 2009a), nous pouvons décomposer l'architecture en six entités principales. Ces entités, représentées Figure 3.22, sont:

- L'entité Context Detection and Distribution Framework: cette entité collecte des informations de contexte caractérisant le contexte des Internautes, des terminaux, des réseaux d'accès, et des réseaux de transport;
- L'entité Context Management System: cette entité gère et fournit l'ensemble des informations caractérisant le contexte des Internautes, des terminaux, des réseaux d'accès, et des réseaux de transport;
- L'entité Content Processing and Delivery: cette entité gère les différents formats de codage des média composant des services et transmet les services demandés par les membres d'un groupe;
- L'entité Group Management Enabler: cette entité identifie et gère les membres des groupes;
- L'entité Context-aware Multiparty Session Management: cette entité, premièrement, définit les différents formats de codage possibles d'un service à transmettre en fonction des informations que lui fournissent les entités Context Management System et Content Processing and Delivery, et deuxièmement, gère l'ouverture, la modification, et la fermeture des sessions transmettant les services demandés;
- L'entité Context-aware Multiparty Transport: cette entité, premièrement, choisit, pour chaque service à transmettre vers chaque membre d'un groupe, un format de codage, un réseau d'accès, un réseau de transport, et le mode de transmission, unicast versus multicast, deuxièmement, réserve des ressources dans la couche IP et la couche Transport des nœuds composant les chemins transmettant le service demandé, et troisièmement répartit les terminaux des membres entre plusieurs sous-groupes.

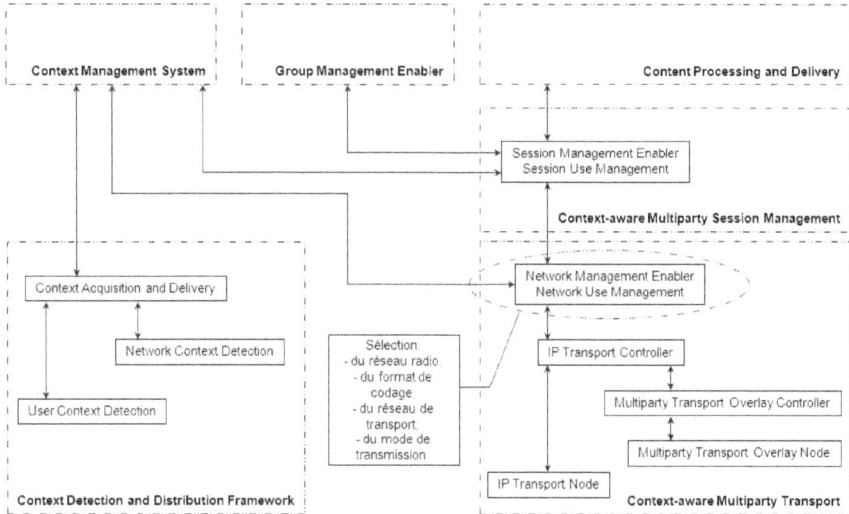

Figure 3.22: Représentation des six principales entités de l'architecture définie par le projet C-Cast

L'entité qui choisit les réseaux radio et les réseaux de transport est l'entité Context-aware Multiparty Transport. Plus précisément, au sein de celle-ci, la sélection des réseaux radio et des réseaux de transport est faite par les entités Network Management Enabler et Network Use Management.

3.2.2.2 ANALYSE DU PROCESSUS DE SELECTION DU MODE DE TRANSMISSION UNICAST VERSUS MULTICAST DANS L'ARCHITECTURE DEFINIE PAR LE PROJET C-CAST

Après avoir présenté les principales entités de l'architecture définie par le projet C-Cast, nous allons analyser le processus de sélection du mode de transmission, unicast versus multicast, et montrer que les Internautes ne participent pas à ce processus. Comme le choix du mode de transmission se fait par les entités Network Management Enabler et Network Use Management, nous allons analyser le fonctionnement de ces deux entités à partir du schéma intitulé Detailed Network Management Architecture décrit dans le document intitulé Specification of Context Detection and Context-aware Multiparty Transport édité par le projet C-Cast (CCAST, 2009a). La Figure 3.23 reproduit partiellement ce schéma.

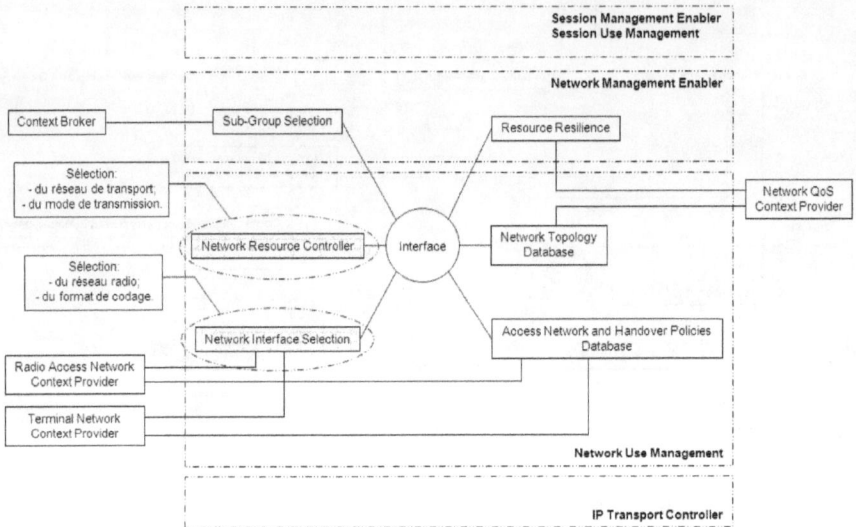

Figure 3.23: Schéma des entités Network Management Enabler et Network Use Management

Pour chaque médium composant un service à transmettre à un groupe d'Internautes, et pour chaque terminal recevant ce service, le module Sub-Group Selection de l'entité Network Management Enabler, après avoir reçu une demande de la part de l'entité Session Management Enabler qui gère la création et les modifications des sessions multimédia, a pour rôle de répartir les terminaux entre plusieurs sous-groupes. Une analyse des travaux visant à définir des algorithmes de répartition des terminaux entre plusieurs sous-groupes montre que le critère de répartition est le débit de réception d'un médium composant un service à transmettre (PENHOAT, 2011). La Figure 3.24 illustre un exemple dans lequel douze terminaux sont répartis en trois sous-groupes en fonction de leur débit de réception d'un médium composant un service demandé par les Internautes. Le projet C-Cast ne préconise pas un type particulier d'algorithme de répartition et le module Sub-Group Selection de l'entité Network Management Enabler est conçu pour pouvoir mettre en œuvre différents algorithmes de répartition.

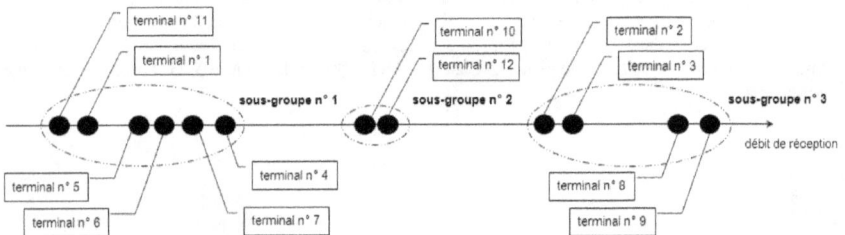

Figure 3.24: Répartition de douze terminaux en trois sous-groupes en fonction de leur débit de réception d'un médium

Pour pouvoir répartir les terminaux entre plusieurs sous-groupes en fonction du débit de réception d'un médium composant un service demandé, le module Sub-Group Selection de l'entité Network Management Enabler doit connaître, premièrement, le format de codage de chaque médium, et deuxièmement le réseau radio et le réseau de transport transmettant chaque médium vers chaque terminal. Pour obtenir ces deux informations, il fournit à l'entité Network Use Management les formats de codage possibles pour chaque médium et lui demande de choisir, pour chaque terminal et pour chaque médium, un réseau radio, un réseau de transport, et un format de codage.

Pour répondre à cette demande, l'entité Network Use Management met en œuvre deux modules, à savoir le module Network Interface Selection qui choisit le format de codage et le réseau radio à utiliser, et le module Network Resource Controller qui choisit le réseau de transport à utiliser et le mode de transmission, unicast versus multicast. Le module Network Interface Selection choisit, pour chaque médium et pour chaque terminal, un format de codage et un réseau radio en fonction de différentes informations qui peuvent être classées en huit catégories:

- Les informations concernant les formats de codage possibles du médium;
- Les informations concernant la qualité de service requise pour transmettre le médium;
- Les informations concernant les caractéristiques des réseaux radio présents au voisinage du terminal, telles que l'identité des réseaux radio, la localisation des réseaux radio, les méthodes de qualité de service mises en œuvre, les méthodes d'authentification et de chiffrement mises en œuvre, le rapport signal à bruit;
- Les informations concernant la bande passante disponible et la charge des réseaux radio présents au voisinage du terminal;
- Les informations concernant les caractéristiques du terminal, telles que l'identité de ses interfaces réseau, sa vitesse de déplacement, les décodeurs mis en œuvre;
- Les informations concernant les caractéristiques de l'Internaute auquel appartient le terminal, telles que ses préférences;
- Les informations concernant les patterns de mobilité de l'Internaute. Ces informations permettent de prédire les réseaux radio vers lesquels l'Internaute fera une mobilité et d'anticiper les variations de la bande passante disponible et de la charge des réseaux radio. L'étude des patterns de mobilité (WACHOWICZ, 2010) est un domaine de recherche qui intéresse les opérateurs gérant les réseaux et les fournissseurs de services;
- Les informations concernant les politiques de l'opérateur gérant l'architecture.

Le module Network Resource Controller choisit, pour chaque médium et pour chaque terminal, un réseau de transport et un mode de transmission, unicast versus multicast, en fonction de la qualité de service requise pour transmettre le médium et de la bande passante disponible dans les réseaux de transport.

L'entité Network Use Management possède deux bases de données. La première base, appelée Network Topology Database contient des informations concernant les réseaux de transport, telles que les caractéristiques des liens physiques ou la bande passante disponible sur chaque lien. La deuxième base, appelée Access Network and Handover Policies Database, contient des informations concernant les réseaux radio et les politiques de l'opérateur gérant l'architecture.

Lorsque le module Sub-Group Selection de l'entité Network Management Enabler reçoit, pour chaque terminal et pour chaque médium composant un service demandé, le réseau radio à utiliser, le réseau de transport à utiliser, et le format de codage, il peut répartir les terminaux entre plusieurs sous-groupes selon un algorithme de répartition à définir. Comme les conditions de transmission peuvent varier dans les réseaux radio et les réseaux de transport, suite par exemple à l'apparition d'une congestion dans un réseau de transport, l'entité Network Management Enabler met en œuvre un deuxième module appelé Resource Resilience qui a deux rôles. Le premier rôle consiste à transmettre au module Sub-Group Selection des informations issues des bases Network Topology Database et Access Network and Handover Policies Database pour lui permettre de modifier la structure des sous-groupes en fonction des variations de l'état des réseaux radio et des réseaux de transport, ou en fonction des variations des politiques de l'opérateur gérant l'architecture. Le deuxième rôle consiste à transmettre à l'entité Network QoS Context Provider des informations telles que les ressources consommées par les média composant les services demandés, ou les mesures de qualité de service pour chaque médium composant les services demandés.

Pour résumer notre analyse, le processus de sélection du mode de transmission est un processus centralisé, localisé dans le module Network Resource Controller de l'entité Network Use Management, sous le contrôle de l'opérateur gérant l'architecture. En outre, l'analyse du fonctionnement du module

Network Interface Selection nous a permis de montrer que le processus de sélection du réseau radio est aussi un processus centralisé sous le contrôle de l'opérateur gérant l'architecture.

3.3 SYNTHESE DES ANALYSES DES PROCESSUS DE SELECTION D'UN RESEAU RADIO DANS LES ARCHITECTURES INTER-ACCES DEFINIES PAR LE 3GPP ET D'UN MODE DE TRANSMISSION DANS L'ARCHITECTURE MBMS ET L'ARCHITECTURE C-CAST

Avant d'exposer notre processus visant à prendre en considération l'avis des Internautes et des fournisseurs de services lors du choix d'un réseau radio et lors du choix d'un mode de transmission, nous synthétisons, dans cette section, les résultats de nos travaux dans la Table 3.8.

Architecture analysée	Processus de sélection analysé	
	Choix du réseau radio lors d'une mobilité	Choix du mode de transmission unicast versus multicast
Architectures inter-accès définies par le 3GPP	Le processus de sélection d'un réseau radio au cours d'une mobilité est un processus centralisé sous le contrôle de l'opérateur gérant l'architecture	
Architecture multicast définie par le 3GPP		Le processus de sélection d'un mode de transmission, unicast versus multicast, est un processus centralisé sous le contrôle de l'opérateur gérant l'architecture
Architecture définie par le projet C-Cast	Le processus de sélection d'un réseau radio au cours d'une mobilité est un processus centralisé sous le contrôle de l'opérateur gérant l'architecture	Le processus de sélection d'un mode de transmission, unicast versus multicast, est un processus centralisé sous le contrôle de l'opérateur gérant l'architecture

Table 3.8: Synthèse des analyses des processus de sélection d'un réseau radio et d'un mode de transmission

Il est important de noter que dans l'architecture EPC, l'ANDSF fournit aux terminaux une politique leur permettant de choisir un réseau radio. C'est une première étape vers une ouverture du processus de sélection d'un réseau radio. En effet, la définition de la politique pourrait prendre en compte l'avis des Internautes et des fournisseurs de services.

3.4 PROPOSITION D'UN PROCESSUS DE SELECTION D'UN RESEAU RADIO ET D'UN MODE DE TRANSMISSION

Comme le choix du réseau radio et du mode de transmission, unicast versus multicast, peut impacter la qualité du service que reçoit un Internaute, nous proposons un processus de sélection d'un réseau radio et d'un mode de transmission dans lequel les Internautes, les fournisseurs de services et les opérateurs gérant les réseaux, participent au choix d'un réseau radio et d'un mode de transmission. Le processus de sélection d'un réseau radio définit le réseau d'accès auquel devra se connecter un terminal, tandis que le processus de sélection d'un mode de transmission définit, pour chaque segment composant un chemin entre une source émettrice de données et un terminal, un mode de transmission.

Notre démarche consiste à définir les deux processus, puis à définir l'interaction entre les deux processus pour parvenir à sélectionner un couple (réseau radio, mode de transmission). La Figure 3.25 schématise la répartition des rôles entre les deux processus. Le processus de sélection d'un réseau radio est un processus agissant sur l'extrémité d'un chemin, tandis que le processus de sélection d'un mode de transmission est un processus agissant sur la totalité d'un chemin.

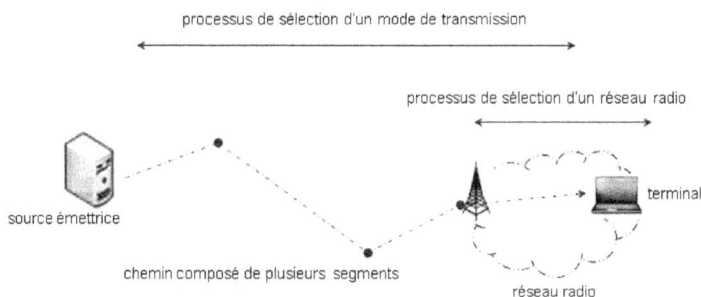

Figure 3.25: Schématisation de la répartition des rôles entre le processus de sélection d'un réseau radio et le processus de sélection d'un mode de transmission

3.4.1 PROPOSITION D'UN PROCESSUS DE SELECTION D'UN RESEAU RADIO

Pour prendre en considération l'avis des Internautes, des fournisseurs de services, et des opérateurs gérant les réseaux dans le processus de sélection d'un réseau radio, nous proposons de mettre en œuvre le protocole Hierarchical and Distributed Handover (HDHO) défini par Suciu *et al* (SUCIU, 2007). Le protocole Hierarchical and Distributed Handover, mis en œuvre pour chaque terminal et pour chaque médium composant un service demandé par les Internautes, est une implémentation distribuée et hiérarchisée d'un processus de gestion d'une mobilité. L'implémentation est distribuée, c'est-à-dire que les trois phases composant le processus de gestion d'une mobilité, à savoir la phase Analyse de l'environnement radio, la phase Choix du réseau radio cible, et la phase Connexion au réseau radio, sont réparties entre plusieurs entités, appelées Mobility Management Entity (MME), qui sont implémentées dans les terminaux des Internautes, dans les équipements des réseaux, et dans les équipements des fournisseurs de services. L'implémentation est hiérarchisée, c'est-à-dire que pour éviter l'apparition de conflits lors du choix d'un réseau radio au cours d'une mobilité, le protocole Hierarchical and Distributed Handover est construit sur une hiérarchie composée de plusieurs niveaux. Chaque entité MME appartient à un, et un seul, niveau hiérarchique et peut piloter le choix des entités MME appartenant à un niveau hiérarchique inférieur. Il existe des modèles théoriques de prise de décisions distribuées et hiérarchisées. Le protocole Hierarchical and Distributed Handover s'appuie sur un modèle développé par Schneeweiss (SCHNEEWEISS, 2003) et peut mettre en œuvre trois méthodes différentes pour choisir un réseau radio. Ces trois méthodes, qui permettent un dialogue entre les entités MME, sont appelées Compromise Negotiation, Conflict Free, et Enforced Team. La méthode Compromise Negotiation est mise en œuvre entre deux réseaux gérés par deux opérateurs différents, c'est-à-dire qu'elle est mise en œuvre entre des domaines administratifs différents. Elle permet aux opérateurs de négocier les informations qu'ils partageront lors des trois phases composant le processus de gestion d'une mobilité. Dans chaque domaine administratif, elle peut être implémentée entre des entités MME appartenant à un même niveau hiérarchique. A l'intérieur d'un domaine administratif, un opérateur peut mettre en œuvre la méthode Conflict Free et la méthode Enforced Team. La méthode Conflict Free permet à plusieurs acteurs, tels qu'un fournisseur de services, un opérateur gérant les réseaux, et un Internaute, d'aboutir à une décision satisfaisant les objectifs de chaque acteur. Elle peut être implémentée entre des entités MME appartenant à un même niveau hiérarchique ou entre des entités MME appartenant à des niveaux hiérarchiques différents. Lorsque les objectifs des acteurs sont inconciliables, la méthode Enforced Team est mise en œuvre pour imposer une décision. Elle peut être implémentée entre des entités MME appartenant à des niveaux hiérarchiques différents. La Figure 3.26 résume l'implémentation des trois méthodes entre deux domaines administratifs et à l'intérieur d'un domaine.

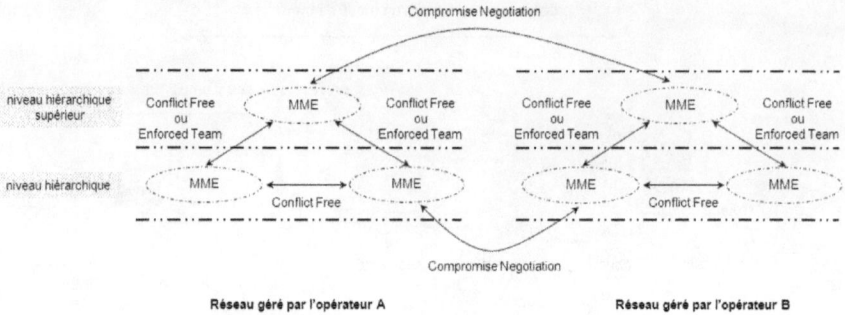

Figure 3.26: Implémentation des méthodes Compromise Negotiation, Conflict Free et Enforced Team dans deux domaines administratifs

Pour choisir un réseau radio lors d'une mobilité, le protocole Hierarchical and Distributed Handover permet aux entités MME implémentant les méthodes Conflict Free et Enforced Team de choisir un algorithme de prise de décisions tel qu'un algorithme basé sur une fonction d'utilité (ANAND, 2002), ou un algorithme de type génétique (GOLDBERG, 1994). La Table 3.9 résume les méthodes et les algorithmes mis en œuvre par le protocole Hierarchical and Distributed Handover. Suciu *et al* (SUCIU, 2009) ont défini des scénarios et des métriques pour évaluer, lors d'une mobilité, les performances de la méthode Conflict Free associée à une fonction d'utilité. Lorsqu'un acteur, par exemple un Internaute ou un opérateur gérant un réseau, doit faire un choix entre plusieurs objets, il peut mettre en œuvre une fonction d'utilité pour évaluer son niveau de satisfaction pour chaque objet en fonction des paramètres, notés x, caractérisant les objets. Par exemple, lorsqu'un Internaute doit choisir un réseau radio parmi plusieurs réseaux radio possibles, les paramètres x caractérisant les réseaux radio peuvent être la quantité de ressources disponibles dans chaque réseau radio, le délai de transmission, ou le coût de transmission dans chaque réseau radio.

	Processus de gestion de la mobilité mis en œuvre	
	Processus de gestion de la mobilité mis en œuvre entre deux réseaux gérés par deux opérateurs différents	**Processus de gestion de la mobilité mis en œuvre dans un réseau**
Méthodes de prise de décisions mises en œuvre par le protocole Hierarchical and Distributed Handover	Compromise Negotiation	Conflict Free; Enforced Team
Algorithmes de prise de décisions mis en œuvre par le protocole Hierarchical and Distributed Handover		Fonction d'utilité; Algorithme de type génétique; ...

Table 3.9: Méthodes et algorithmes mis en œuvre par le protocole Hierarchical and Distributed Handover

Dans les quatre sections suivantes nous allons décrire les éléments constituant le protocole Hierarchical and Distributed Handover à partir du document intitulé A Hierarchical and Distributed Management Approach for Heterogeneous Networking Environments (SUCIU, 2006).

3.4.1.1 LE PROTOCOLE HIERARCHICAL AND DISTRIBUTED HANDOVER: LES MODULES COMPOSANT UNE ENTITE MME

Chaque entité MME du protocole Hierarchical and Distributed Handover possède quatre modules appelés Hierarchical and Distributed Handover Initiation (HDHOI), Hierarchical and Distributed Handover Repository (HDHOR), Hierarchical and Distributed Handover Decision (HDHOD),

Hierarchical and Distributed Handover Execution (HDHOE). Les rôles de ces modules sont les suivants:

- Le module Hierarchical and Distributed Handover Initiation fournit des évènements, tels que la présence de réseaux radio au voisinage d'un terminal, la mesure de la quantité de ressources disponibles dans un réseau radio, ou la rupture d'un lien radio, qui déclencheront la décision d'effectuer une mobilité vers un autre réseau radio. La définition de ce module s'appuie sur les travaux visant à définir le protocole IEEE 802.21 (TANIUCHI, 2009);
- Le module Hierarchical and Distributed Handover Repository fournit des paramètres et des politiques, tels que les caractéristiques des interfaces réseau d'un terminal, la qualité requise pour transmettre chaque médium composant un service, les méthodes d'authentification et de chiffrement mises en œuvre dans les réseaux radio présents au voisinage d'un terminal, ou les préférences d'un Internaute. La définition de ce module s'appuie sur les travaux visant à définir le protocole IEEE 802.21;
- Le module Hierarchical and Distributed Handover Execution a deux rôles. Premièrement, il peut préparer la mobilité d'un terminal vers un ou plusieurs réseaux radio cibles potentiels, par exemple en transférant les informations de contexte du terminal vers un réseau radio cible potentiel, ou en réservant des ressources dans un réseau radio cible potentiel pour un médium composant le service. Deuxièmement, il met en œuvre la décision prise par les entités MME participant au processus de gestion de la mobilité. C'est-à-dire qu'il met en œuvre les fonctions, telles que l'attachement, l'authentification, l'attribution d'une adresse IP, ou la localisation, permettant à un terminal de recevoir un médium composant le service demandé via le réseau cible choisi par les entités MME participant au processus de gestion de sa mobilité;
- Le module Hierarchical and Distributed Handover Decision a quatre rôles. Le premier rôle consiste à choisir un réseau radio lors d'une mobilité à partir des informations que lui fournissent les modules HDHOI et HDHOR. Le choix se fait par l'implémentation dans ce module d'une méthode de prise de décisions telle que la méthode Conflict Free et d'un algorithme de prise de décisions tel qu'un algorithme basé sur une fonction d'utilité. Le deuxième rôle consiste à piloter les modules HDHOI et HDHOR afin d'obtenir les informations nécessaires au choix d'un réseau radio. Le troisième rôle consiste à piloter le module HDHOE afin, premièrement, de lui demander de préparer la mobilité d'un terminal vers un ou plusieurs réseaux radio cibles potentiels, et deuxièmement de mettre en œuvre la décision prise par les entités MME participant au processus de gestion de la mobilité. Le quatrième rôle consiste à piloter les modules HDHOD des entités MME appartenant à un niveau hiérarchique inférieur. Le pilotage consiste à dire à une entité MME appartenant à un niveau hiérarchique inférieur si elle peut, premièrement, communiquer avec les modules HDHOI et HDHOR d'entités MME distantes appartenant au même niveau hiérarchique ou appartenant à un niveau hiérarchique inférieur, et deuxièmement, si elle peut échanger ses décisions avec des entités MME distantes appartenant au même niveau hiérarchique ou appartenant à un niveau hiérarchique inférieur.

3.4.1.2 LE PROTOCOLE HIERARCHICAL AND DISTRIBUTED HANDOVER: LES INTERFACES ENTRE CHAQUE MODULE COMPOSANT UNE ENTITE MME ET ENTRE CHAQUE ENTITE

Les quatre modules composant une entité MME communiquent via trois interfaces notées HDHOI-HDHOD, HDHOR-HDHOD, HDHOE-HDHOD, et deux entités MME distantes communiquent via l'interface HDHOD-HDHOD. Les rôles de ces interfaces, schématisées Figure 3.27, sont les suivants:

- L'interface HDHOI-HDHOD, notée I, permet au module HDHOD de piloter le module HDHOI et de recevoir les évènements émis par ce module;
- L'interface HDHOR-HDHOD, notée R, permet au module HDHOD de piloter le module HDHOR et de recevoir les paramètres et les politiques émis par ce module;
- L'interface HDHOE-HDHOD, notée E, permet au module HDHOD de piloter le module HDHOE;
- L'interface HDHOD-HDHOD, notée D, permet une communication entre deux modules Hierarchical and Distributed Handover Decision appartenant à deux entités MME différentes.

Via cette interface, une entité MME pilote une entité MME distante appartenant à un niveau hiérarchique inférieur ou appartenant au même niveau hiérarchique.

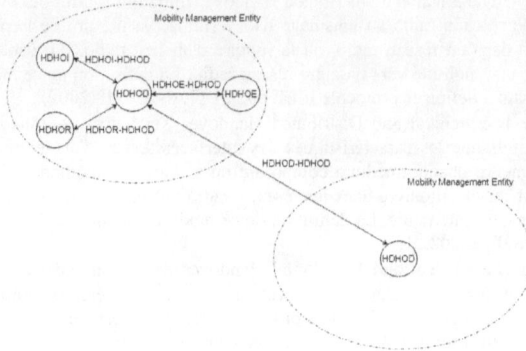

Figure 3.27: Schématisation des quatre interfaces d'une entité MME

Les interfaces HDHOI-HDHOD et HDHOR-HDHOD peuvent être de type local, hierarchical ou peer. Le type local, noté loca, correspond à une interface située à l'intérieur d'une entité MME. Le type hierarchical, noté hier, correspond à une interface entre deux entités MME appartenant à deux niveaux hiérarchiques différents. Le type peer, noté peer, correspond à une interface entre deux entités MME appartenant au même niveau hiérarchique. L'interface HDHOD-HDHOD peut être de type peer ou hierarchical, tandis que l'interface HDHOE-HDHOD peut être de type local. La Figure 3.28 synthétise les différentes interfaces possibles entre les entités MME.

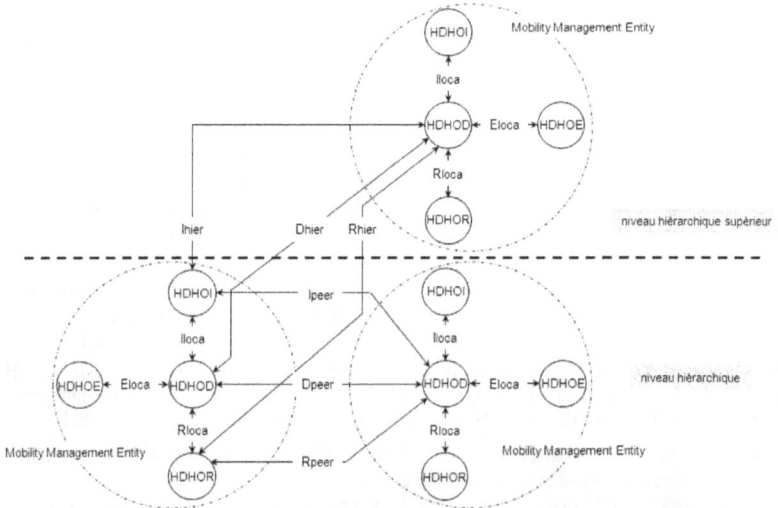

Figure 3.28: Synthèse des interfaces mises en œuvre par le protocole Hierarchical and Distributed Handover

3.4.1.3 LE PROTOCOLE HIERARCHICAL AND DISTRIBUTED HANDOVER: LES MESSAGES ECHANGES ENTRE CHAQUE MODULE COMPOSANT UNE ENTITE MME ET ENTRE CHAQUE ENTITE

Après avoir présenté les modules des entités MME et leurs interfaces, nous décrivons dans cette section les types de messages échangés entre les modules et entre deux entités distantes. Le format d'un message est représenté Figure 3.29. Un message est transmis dans un paquet IP/UDP.

SOURCE DU MESSAGE	DESTINATION DU MESSAGE	TYPE DU MESSAGE	NUMERO DE SEQUENCE	DONNEES

Figure 3.29: Format d'un message du protocole Hierarchical and Distributed Handover

La signification des champs d'un message est la suivante:

- Le champ noté SOURCE DU MESSAGE contient l'identifiant du module de l'entité MME ayant émis le message;
- Le champ noté DESTINATION DU MESSAGE contient l'identifiant du module de l'entité destinataire du message;
- Le champ TYPE DU MESSAGE contient le type du message. Le protocole Hierarchical and Distributed Handover définit dix huit types de messages que nous allons présenter;
- Le champ NUMERO DE SEQUENCE contient un numéro de séquence qui permet, premièrement, d'associer les paires de messages (requête, réponse), et deuxièmement de retransmettre un message après l'expiration d'un temporisateur;
- Le champ DONNEES contient les données transmises par le message.

Les dix-huit types de messages sont les suivants:

- **Les messages échangés sur l'interface HDHOI-HDHOD**: sept messages sont échangés sur l'interface HDHOI-HDHOD. Le message HO_TRIGGER_DISCOVERY_REQUEST est transmis du module HDHOD vers le module HDHOI pour connaître les évènements que peut lui fournir le module HDHOI. Lorsque le module HDHOI appartient à une entité MME distante, ce message n'est envoyé que si une entité MME appartenant à un niveau hiérarchique supérieur autorise le module HDHOD à émettre celui-ci. Le message HO_TRIGGER_DISCOVERY_RESPONSE est transmis du module HDHOI vers le module HDHOD. Il contient les évènements et leurs options de configuration, telles que la fréquence d'émission d'un évènement ou le seuil au delà duquel un évènement est émis, fournis par le module HDHOI. Le message HO_TRIGGER_REGISTRATION_INDICATION est transmis du module HDHOD vers le module HDHOI pour lui indiquer les évènements qu'il souhaite recevoir. Lorsque le module HDHOI appartient à une entité MME distante, ce message n'est envoyé que si une entité MME appartenant à un niveau hiérarchique supérieur autorise le module HDHOD à émettre celui-ci. Le message HO_TRIGGER_REGISTRATION_CONFIRMATION est transmis du module HDHOI vers le module HDHOD. Il indique au module HDHOD qu'il peut recevoir les évènements demandés. Le message HO_TRIGGER_CONFIGURATION_INDICATION est transmis du module HDHOD vers le module HDHOI pour configurer les options de configuration des évènements qu'il souhaite recevoir. Lorsque le module HDHOI appartient à une entité MME distante, ce message n'est envoyé que si une entité MME appartenant à un niveau hiérarchique supérieur autorise le module HDHOD à émettre celui-ci. Le message HO_TRIGGER_CONFIGURATION_CONFIRMATION est transmis du module HDHOI vers le module HDHOD. Il indique que les évènements demandés ont été configurés. Le message HO_INITIATION_INDICATION est transmis du module HDHOI vers le module HDHOD pour l'informer qu'il doit démarrer un processus de choix d'un réseau radio suite à l'apparition d'un ou plusieurs évènements;

- **Les messages échangés sur l'interface HDHOR-HDHOD**: deux messages sont échangés sur l'interface HDHOR-HDHOD. Le message HO_CONTEXT_REQUEST est transmis du module HDHOD vers le module HDHOR pour obtenir la valeur d'un ou plusieurs paramètres. Lorsque le module HDHOR appartient à une entité MME distante, ce message n'est envoyé que si une entité MME appartenant à un niveau hiérarchique supérieur autorise le module HDHOD à émettre celui-ci. Le message HO_CONTEXT_RESPONSE est transmis du module HDHOR vers le module HDHOD. Il contient la valeur des paramètres demandés. En outre, le protocole Hierarchical and Distributed Handover définit deux messages optionnels, que nous ne décrivons pas, qui permettent le transfert d'informations entre deux modules HDHOR appartenant à deux entités MME distantes via une interface notée HDHOR-HDHOR qui peut être de type peer ou hierarchical;
- **Les messages échangés sur l'interface HDHOE-HDHOD**: trois messages sont échangés sur l'interface HDHOE-HDHOD. Le message HO_PREPARATION_INDICATION est transmis du module HDHOD vers le module HDHOE pour lui demander de préparer la mobilité d'un terminal vers un ou plusieurs réseaux cibles potentiels. Le message HO_EXECUTION_INDICATION est transmis du module HDHOD vers le module HDHOE pour lui demander de mettre en œuvre la décision prise par les entités MME participant au processus de gestion de la mobilité. Le message HO_EXECUTION_CONFIRMATION est transmis du module HDHOE vers le module HDHOD pour l'informer de la réussite ou de l'échec de la mise en œuvre de la décision de mobilité. En cas d'échec, ce message contient la ou les causes. En cas de réussite, le module HDHOD ayant émis le message HO_EXECUTION_INDICATION met à jour une table contenant, pour chaque terminal et pour chaque médium composant un service, les réseaux radio utilisés;
- **Les messages échangés sur l'interface HDHOD-HDHOD**: quatre messages sont échangés sur l'interface HDHOD-HDHOD. Le message HO_DECISION_CONFIGURATION_INDICATION est transmis du module HDHOD d'une entité MME vers le module HDHOD d'une entité MME appartenant à un niveau hiérarchique inférieur. Ce message consiste à dire à une entité MME appartenant à un niveau hiérarchique inférieur si elle peut, premièrement, communiquer avec les modules HDHOI et HDHOR d'entités MME distantes appartenant au même niveau hiérarchique ou appartenant à un niveau hiérarchique inférieur, et deuxièmement si elle peut échanger ses décisions avec des entités MME distantes appartenant au même niveau hiérarchique ou appartenant à un niveau hiérarchique inférieur. En outre, ce message indique aux modules HDHOD des entités MME la méthode qu'ils devront mettre en œuvre pour coordonner leur décision, à savoir la méthode Conflict Free, la méthode Enforced Team, ou la méthode Compromise Negotiation, et l'algorithme qu'ils devront implémenter pour prendre une décision, tel qu'un algorithme basé sur une fonction d'utilité ou un algorithme de type génétique. Le message HO_DECISION_CONFIGURATION_CONFIRMATION est transmis du module HDHOD d'une entité MME vers le module HDHOD de l'entité MME ayant émis le message HO_DECISION_CONFIGURATION_INDICATION pour lui confirmer qu'il a reçu ce message. Le message HO_DECISION_NEEDED_INDICATION est transmis du module HDHOD d'une entité MME vers le module HDHOD d'une entité MME distante appartenant au même niveau hiérarchique ou à un niveau hiérarchique inférieur pour lui demander de lui fournir une décision. La décision fournie par l'entité distante est appelée décision partielle. Le message HO_DECISION_NEEDED_CONFIRMATION est transmis du module HDHOD d'une entité MME vers le module HDHOD de l'entité MME ayant émis le message HO_DECISION_NEEDED_INDICATION pour lui confirmer qu'il a reçu ce message.

3.4.1.4 LE PROTOCOLE HIERARCHICAL AND DISTRIBUTED HANDOVER: LES EVENEMENTS, LES PARAMETRES ET LES POLITIQUES

Après avoir présenté les modules, les interfaces, et les messages échangés entre les modules des entités MME, nous présentons dans cette section les évènements, les paramètres et les politiques implémentés dans les modules Hierarchical and Distributed Handover Initiation et Hierarchical and Distributed

Handover Repository. Les évènements, les paramètres et les politiques pertinents pour un acteur participant au processus de choix d'un réseau radio sont fonction des objectifs qu'il souhaite atteindre. Par exemple, si l'objectif d'un Internaute est de recevoir un service ayant un rapport $\frac{Co\hat{u}t\ financier\ d'achat\ du\ service}{Qualit\acute{e}\ de\ r\acute{e}ception\ du\ service}$ le plus bas possible, les évènements, les paramètres et les politiques pertinents pour cet acteur sont le prix du service et la qualité de transmission du service. La Table 3.10 présente les objectifs que Suciu *et al* (SUCIU, 2007) ont envisagés pour un fournisseur de services, un opérateur gérant des réseaux radio et un Internaute.

Acteur participant au processus de choix d'un réseau radio	Objectif à atteindre
Fournisseur d'un service	Choisir un réseau radio ayant une qualité de transmission la plus élevée possible et possédant un mécanisme d'authentification et de chiffrement des services à fournir aux Internautes
Opérateur gérant des réseaux radio	Répartir les transmissions des services à fournir aux Internautes entre plusieurs réseaux radio pour équilibrer la charge des réseaux radio qu'il gère
Internaute	Obtenir un service ayant un rapport $\frac{Co\hat{u}t\ financier\ d'achat\ du\ service}{Qualit\acute{e}\ de\ r\acute{e}ception\ du\ service}$ le plus bas possible

Table 3.10: Définition des objectifs des acteurs participant au processus de choix d'un réseau radio

Les évènements présentés dans la Table 3.11 peuvent appartenir à la classe INFORMATIVE ou à la classe IMPERATIVE. L'apparition d'un évènement appartenant à la classe IMPERATIVE déclenche instantanément l'activation du module Hierarchical and Distributed Handover Decision, tandis que l'apparition d'un évènement appartenant à la classe INFORMATIVE ne déclenche pas instantanément le module Hierarchical and Distributed Handover Decision.

Classe de l'évènement	Type de l'évènement (défini pour un objectif à atteindre)	Définition de l'évènement (défini pour un objectif à atteindre)
INFORMATIVE	Lien entre un terminal et un réseau radio	Détection d'un nouveau réseau radio
		Etablissement d'un lien radio
		Variations d'un paramètre caractérisant la qualité de transmission du lien radio actuel
		Mesure des paramètres caractérisant la qualité de transmission d'un nouveau réseau radio
	Charge du réseau radio	Dépassement du seuil de surcharge du réseau radio auquel est connecté un terminal
	Service à transmettre	Détection d'un médium composant un nouveau service à transmettre
		Détection d'un nouveau médium composant un service en cours de transmission
		Détection de la suppression d'un médium composant un service en cours de transmission
		Modification de la qualité de transmission demandée pour un médium composant un service
	Politique de l'opérateur gérant des réseaux radio	Modification de la politique d'un opérateur vis-à-vis de la qualité de transmission d'un médium composant un service
		Modification de la politique d'un opérateur vis-à-vis des utilisateurs d'un service

Classe de l'évènement	Type de l'évènement (défini pour un objectif à atteindre)	Définition de l'évènement (défini pour un objectif à atteindre)
INFORMATIVE	Politique de l'opérateur gérant des réseaux radio	Modification de la politique d'un opérateur vis-à-vis du choix d'un réseau radio
	Politique de l'utilisateur d'un service	Modification de la politique d'un utilisateur d'un service vis-à-vis de la qualité de transmission d'un médium composant le service
		Modification de la politique d'un utilisateur d'un service vis-à-vis du choix d'un réseau radio
		Modification de la politique d'un utilisateur d'un service vis-à-vis du coût financier du service
IMPERATIVE	Lien entre un terminal et un réseau radio	Perte du lien entre un terminal et un réseau radio
		Rapport Porteuse à Interférence plus petit qu'un seuil
		Rapport Porteuse à Bruit plus petit qu'un seuil
		Paramètre caractérisant la qualité de la transmission du lien entre un terminal et un réseau radio actuel plus petit qu'un seuil
	Interaction entre les protocoles HDHO et HDTM	Réception d'un évènement émis par le protocole Hierarchical and Distributed Transmission Mode

Table 3.11: Les évènements définis par le protocole Hierarchical and Distributed Handover

Les paramètres présentés dans la Table 3.12 peuvent appartenir à la classe STATIQUE ou à la classe DYNAMIQUE. Un paramètre appartenant à la classe STATIQUE ne varie pas ou varie lentement dans le temps, c'est-à-dire que la fréquence d'obtention d'un paramètre de la classe STATIQUE peut être basse. Un paramètre appartenant à la classe DYNAMIQUE varie fréquemment dans le temps, c'est-à-dire que la fréquence d'obtention d'un paramètre de la classe DYNAMIQUE doit être élevée.

Classe du paramètre	Type du paramètre (défini pour un objectif à atteindre)	Définition du paramètre (défini pour un objectif à atteindre)
STATIQUE	Fournisseur d'un service	Identifiant d'un service à fournir
		Type d'un service à fournir
		Qualité de transmission demandée pour chaque médium composant un service à fournir
		Identifiant des flux IP transportant chaque médium composant un service à fournir
	Opérateur gérant des réseaux radio	Identifiant d'un réseau radio
		Type d'un réseau radio
		Localisation d'un réseau radio
		Méthode de qualité de service implémentée par un réseau radio
		Méthode d'authentification et de chiffrement implémentée par un réseau radio
		Définition de la classe de service pour chaque médium composant un service à fournir

Classe du paramètre	Type du paramètre (défini pour un objectif à atteindre)	Définition du paramètre (défini pour un objectif à atteindre)
STATIQUE	Opérateur gérant des réseaux radio	Liste des réseaux radio avec lesquels un utilisateur possède un contrat lui garantissant une qualité de transmission d'un service
		Priorité d'un utilisateur pour obtenir un service transmis dans un réseau
		Priorité d'un service lors de sa transmission dans un réseau
		Coût financier pour transmettre des données dans un réseau radio
	Utilisateur d'un service	Identifiant d'un utilisateur
		Identifiant des terminaux d'un utilisateur
		Caractéristiques des interfaces réseau de chaque terminal d'un utilisateur
		Possibilité d'utiliser parallèlement plusieurs interfaces réseau pour recevoir un médium composant un service
		Gestion de la mobilité par le réseau avec ou sans intervention du terminal
DYNAMIQUE	Opérateur gérant des réseaux radio	Liste des réseaux radio transmettant les flux IP transportant chaque médium composant un service
		Mesure de la qualité de transmission des flux IP transportant chaque médium composant un service
		Mesure de la charge du réseau radio auquel est connecté un terminal
	Utilisateur d'un service	Liste des réseaux radio présents au voisinage d'un terminal
		Mesure des paramètres de qualité de transmission des réseaux radio présents au voisinage d'un terminal
		Mesure de la puissance reçue d'un signal émis par un réseau radio présent au voisinage d'un terminal
		Mesure du rapport Porteuse à Interférence du lien radio actuel
		Mesure du rapport Porteuse à Bruit du lien radio actuel

Table 3.12: Les paramètres définis par le protocole Hierarchical and Distributed Handover

Les politiques présentées dans la Table 3.13 peuvent appartenir à la classe NEGOCIABLE ou à la classe NON_NEGOCIABLE. Une politique appartenant à la classe NEGOCIABLE peut être modifiée lors d'une négociation avec un acteur participant au processus de décision, tandis qu'une politique appartenant à la classe NON_NEGOCIABLE ne peut pas être modifiée.

Classe de la politique	Type de la politique (définie pour un objectif à atteindre)	Définition de la politique (définie pour un objectif à atteindre)
NEGOCIABLE	Utilisateur d'un service	Politique d'un utilisateur vis-à-vis des réseaux radio auxquels son terminal peut se connecter
		Politique d'un utilisateur vis-à-vis de la qualité de transmission d'un médium composant un service
		Politique d'un utilisateur vis-à-vis de l'authentification et du chiffrement d'un service

Classe de la politique	Type de la politique (définie pour un objectif à atteindre)	Définition de la politique (définie pour un objectif à atteindre)
NEGOCIABLE	Utilisateur d'un service	Politique d'un utilisateur vis-à-vis du coût financier d'un service
	Opérateur gérant des réseaux radio	Politique d'un opérateur vis-à-vis de la répartition de la charge entre différents réseaux radio
		Politique d'un opérateur vis-à-vis de la priorité d'un utilisateur pour obtenir un service à transmettre
		Politique d'un opérateur vis-à-vis de la priorité de transmission à affecter aux services à transmettre

Table 3.13: Les politiques définies par le protocole Hierarchical and Distributed Handover

3.4.2 PROPOSITION D'UN PROCESSUS DE SELECTION D'UN MODE DE TRANSMISSION UNICAST VERSUS MULTICAST

Comme le mode de transmission, unicast versus multicast, impacte la qualité du service que reçoit un Internaute, nous proposons un processus dans lequel les Internautes, les fournisseurs de services et les opérateurs gérant les réseaux, participent au choix du mode de transmission. Nous pouvons décomposer le processus de sélection du mode de transmission en trois phases présentées Figure 3.30. La phase I, appelée Analyse de l'environnement de transmission d'un service, collecte et analyse des informations relatives au mode de transmission d'un service, telles que les modes de transmission disponibles dans chaque réseau radio, la puissance radio requise pour transmettre en unicast ou en multicast un médium composant un service. Un ensemble d'évènements prédéfinis déclenche la décision de choisir un mode de transmission et l'entrée dans la phase II. La transition de la phase I vers la phase II est donc une transition conditionnelle. La phase II, appelée Choix du mode de transmission, permet de sélectionner un mode de transmission parmi les deux modes possibles pour chaque segment composant un chemin en fonction de critères tels que la puissance radio requise pour transmettre en unicast ou en multicast un médium composant un service, ou la qualité de transmission requise pour transmettre un médium composant un service. Lorsque le mode de transmission est choisi, une transition inconditionnelle permet l'entrée dans la phase III. La phase III, appelée Transmission du service en fonction du mode choisi, met en œuvre un ensemble de fonctions, telles que la répartition des terminaux des Internautes entre plusieurs groupes multicast, ou la réservation de ressources dans les segments composant le chemin, permettant à un terminal de recevoir le service via le mode de transmission qui vient d'être choisi.

De la même façon que le protocole Hierarchical and Distributed Handover définit une implémentation distribuée et hiérarchisée d'un processus de gestion de la mobilité d'un terminal, nous pouvons définir une implémentation distribuée et hiérarchisée d'un processus de sélection du mode de transmission d'un service. L'implémentation est distribuée, c'est-à-dire que les trois phases composant le processus de sélection d'un mode de transmission d'un service sont réparties entre plusieurs entités, appelées Transmission Mode Management Entity, qui sont implémentées dans les terminaux des Internautes, dans les équipements des réseaux, et dans les équipements des fournisseurs de services. L'implémentation est hiérarchisée, c'est-à-dire que pour éviter l'apparition de conflits lors du choix d'un mode de transmission, notre protocole, appelé Hierarchical and Distributed Transmission Mode, est construit sur une hiérarchie composée de plusieurs niveaux. Le protocole Hierarchical and Distributed Transmission Mode est mis en œuvre pour chaque terminal et pour chaque médium composant un service. Cela implique, par exemple, que pour un service composé d'un médium Voix et d'un médium Vidéo, un terminal d'un Internaute peut recevoir en unicast le médium Voix et recevoir en multicast le médium Vidéo.

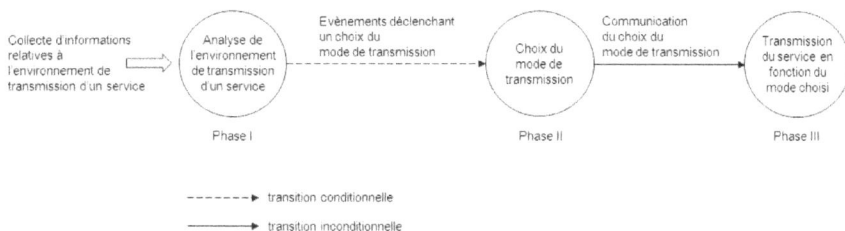

Phase I   Phase II   Phase III

- - - - - - -▶ transition conditionnelle

─────────────▶ transition inconditionnelle

Figure 3.30: Les trois phases composant le processus de sélection du mode de transmission

L'association du protocole Hierarchical and Distributed Transmission Mode, que nous décrivons dans les sept sections suivantes, et du protocole Hierarchical and Distributed Handover va permettre à plusieurs acteurs de choisir un couple (réseau d'accès radio, mode de transmission). Par exemple, un Internaute peut choisir de transférer son terminal, initialement connecté à un réseau UMTS transmettant des paquets IP en unicast, vers un réseau Wi-Fi transmettant des paquets IP en multicast.

3.4.2.1 LE PROTOCOLE HIERARCHICAL AND DISTRIBUTED TRANSMISSION MODE: L'ENTITE TMME

Chaque acteur participant au processus de sélection implémente une entité appelée Transmission Mode Management Entity (TMME). Chaque entité TMME possède quatre modules schématisés Figure 3.31. Les quatre modules sont appelés Information Gathering, Policy Rules, Decision, Execution. Les rôles de ces modules sont les suivants:

- Le module Information Gathering fournit des évènements et des paramètres, tels que la présence de nouveaux réseaux radio au voisinage d'un terminal, la rupture d'un lien radio, les méthodes d'authentification et de chiffrement mises en œuvre dans les réseaux radio présents au voisinage d'un terminal, les différents formats de codage d'un médium composant un service, la puissance radio requise pour transmettre un médium composant un service, la qualité requise pour transmettre un médium composant un service, le coût de transmission sur un réseau d'un service, qui déclencheront et permettront le processus de sélection d'un mode de transmission;
- Le module Policy Rules fournit des politiques, telles que les politiques tarifaires des services transmis en unicast ou en multicast, la politique de sécurité mise en œuvre par l'opérateur gestionnaire d'un réseau, les préférences d'un Internaute vis-à-vis du mode de transmission, qui peuvent influencer le choix du mode de transmission;
- Le module Execution met en œuvre, pour chaque médium composant le service à transmettre et pour chaque terminal, la décision prise par les entités TMME participant au processus de sélection du mode de transmission. La mise en œuvre consiste, premièrement, à répartir lorsque le mode de transmission choisi est le mode multicast, les terminaux des membres d'un groupe entre plusieurs sous-groupes en fonction du débit de réception de chaque médium. Comme il existe plusieurs types d'algorithmes de répartition (PENHOAT, 2011), ce module peut être piloté pour utiliser un type d'algorithme parmi tous les types possibles. Deuxièmement, à demander d'allouer des ressources dans les réseaux radio et les réseaux de transport participant à la transmission en prenant en considération la qualité requise pour transmettre chaque médium vers chaque terminal; '
- Le module Decision a quatre rôles. Le premier rôle consiste à choisir un mode de transmission à partir des informations que lui fournissent les modules Information Gathering et Policy Rules. Le choix se fait par l'implémentation dans ce module d'une méthode de prise de décisions telle que la méthode Conflict Free et d'un algorithme de prise de décisions tel qu'un algorithme basé sur une fonction d'utilité. Le deuxième rôle consiste à piloter les modules Information Gathering et Policy Rules afin d'obtenir les informations nécessaires au choix du mode de transmission. Le troisième rôle consiste à piloter le module Execution afin, premièrement, de lui demander,

lorsque le mode de transmission choisi est le mode multicast, de répartir avec un algorithme de répartition qu'il lui précise, les terminaux des membres d'un groupe entre plusieurs sous-groupes en fonction du débit de réception de chaque médium composant un service, et deuxièmement de mettre en œuvre la décision prise par les entités TMME participant au processus de sélection du mode de transmission. Le quatrième rôle consiste à piloter les modules Decision des entités TMME appartenant à un niveau hiérarchique inférieur. Le pilotage consiste à dire à une entité TMME appartenant à un niveau hiérarchique inférieur si elle peut, premièrement, communiquer avec les modules Information Gathering et Policy Rules d'entités TMME distantes appartenant au même niveau hiérarchique ou appartenant à un niveau hiérarchique inférieur, et deuxièmement, si elle peut échanger ses décisions avec des entités TMME distantes appartenant au même niveau hiérarchique ou appartenant à un niveau hiérarchique inférieur.

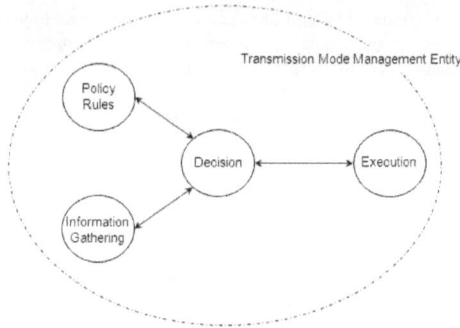

Figure 3.31: Schématisation des quatre modules d'une entité Transmission Mode Management Entity

3.4.2.2 LE PROTOCOLE HIERARCHICAL AND DISTRIBUTED TRANSMISSION MODE: LES INTERFACES ENTRE CHAQUE MODULE COMPOSANT UNE ENTITE TMME ET ENTRE CHAQUE ENTITE

Les quatre modules composant une entité TMME communiquent via trois interfaces notées HDTMIG-HDTMD, HDTMPR-HDTMD, HDTME-HDTMD, et deux entités TMME distantes communiquent via l'interface HDTMD-HDTMD. Les rôles de ces interfaces, schématisées Figure 3.32, sont les suivants:

- L'interface HDTMIG-HDTMD permet au module Decision de piloter le module Information Gathering et de recevoir les évènements et les paramètres émis par ce module;
- L'interface HDTMPR-HDTMD permet au module Decision de piloter le module Policy Rules et de recevoir les politiques émis par ce module;
- L'interface HDTME-HDTMD permet au module Decision de piloter le module Execution;
- L'interface HDTMD-HDTMD permet une communication entre deux modules Decision appartenant à deux entités TMME différentes. Via cette interface, une entité TMME pilote une entité TMME distante appartenant à un niveau hiérarchique inférieur ou appartenant au même niveau hiérarchique.

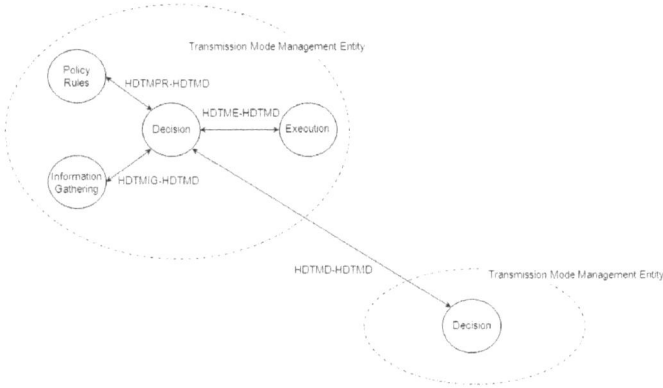

Figure 3.32: Schématisation des quatre interfaces d'une entité TMME

Les interfaces HDTMIG-HDTMD et HDTMPR-HDTMD peuvent être de type local, hierarchical ou peer. Le type local correspond à une interface située à l'intérieur d'une entité TMME. Le type hierarchical correspond à une interface entre deux entités TMME appartenant à deux niveaux hiérarchiques différents. Le type peer correspond à une interface entre deux entités TMME appartenant au même niveau hiérarchique. L'interface HDTMD-HDTMD peut être de type peer ou hierarchical, tandis que l'interface HDTME-HDTMD peut être de type local.

3.4.2.3 LE PROTOCOLE HIERARCHICAL AND DISTRIBUTED TRANSMISSION MODE: LA HIERARCHIE DES DECISIONS

Pour chaque médium composant un service, chaque entité TMME participant au processus de sélection du mode de transmission choisit entre le mode unicast et le mode multicast. Chaque entité TMME choisit un mode de transmission en fonction de ses objectifs. Les décisions prises par les entités TMME peuvent être contradictoires lorsque leurs objectifs sont contradictoires. Par exemple, l'entité TMME mise en œuvre par le fournisseur d'un service peut choisir le mode unicast, tandis que celle mise en œuvre par l'opérateur gérant les réseaux peut choisir le mode multicast. Pour parvenir à une décision acceptable par toutes les entités TMME, décision que nous appelerons décision finale, notre processus de décision est basé sur une hiérarchie des décisions comprenant plusieurs niveaux. Les entités TMME appartenant à un même niveau de la hiérarchie ont le même poids dans la décision finale. Plus la position d'une entité TMME dans un niveau de la hiérarchie est élevée, plus son poids dans la décision finale est important. Le processus possède quatre types de décision:

- Décision locale: c'est la décision prise par une entité TMME. Pour chaque médium composant un service, la décision locale consiste à affecter un indice de satisfaction à chaque chemin possible entre l'émetteur d'un service et un récepteur, puis à choisir le chemin ayant l'indice de satisfaction le plus élevé. Chaque entité TMME prend une décision locale indépendamment des décisions locales prises par les autres entités TMME;
- Décision partielle: c'est la décision prise par un niveau hiérarchique. Pour chaque médium composant un service, la décision partielle consiste à affecter un indice de satisfaction à chaque chemin possible entre l'émetteur d'un service et un récepteur, puis à choisir le chemin ayant l'indice de satisfaction le plus élevé;
- Décision intégrée: c'est la décision prise par une entité TMME lorsqu'elle souhaite intégrer dans sa décision locale la décision partielle issue du niveau hiérarchique immédiatement inférieur. Lorsqu'une entité TMME ne souhaite pas intégrer dans sa décision locale la décision partielle issue du niveau hiérarchique immédiatement inférieur, la décision intégrée est égale à sa décision locale;

- Décision finale: c'est la décision prise par le niveau hiérarchique le plus élevé. Pour chaque médium composant un service, la décision finale consiste à affecter un indice de satisfaction à chaque chemin possible entre une source et un récepteur, puis à choisir le chemin ayant l'indice de satisfaction le plus élevé.

Les quatre types de décision définissent trois rôles possibles pour une entité TMME. Le premier rôle consiste à prendre une décision locale ou une décision intégrée. Le deuxième rôle consiste à prendre une décision partielle pour un niveau hiérarchique et à la transmettre vers le niveau hiérarchique supérieur. Le troisième rôle consiste à prendre une décision finale et à la transmettre vers toutes les entités TMME. La Figure 3.33 identifie ces trois rôles dans une hiérarchie de prise de décisions.

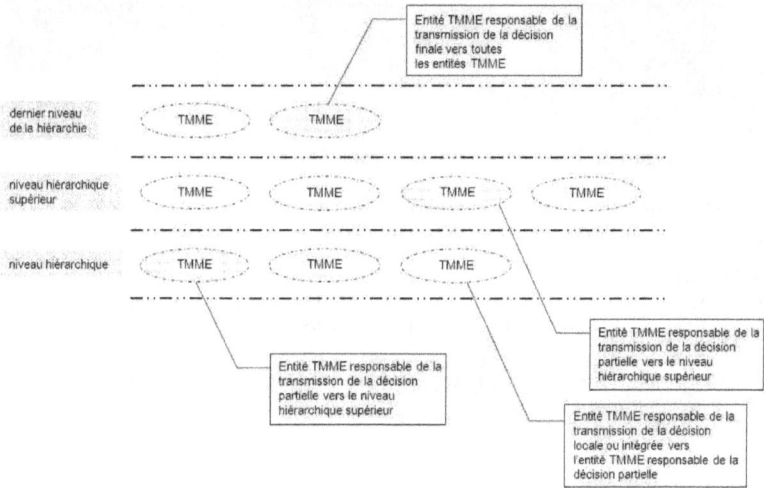

Figure 3.33: Identification des trois rôles possibles d'une entité TMME

La construction d'une hiérarchie se fait en quatre étapes. La première étape consiste à définir le nombre de niveaux composant la hiérarchie. La deuxième étape consiste à placer les entités TMME dans chaque niveau hiérarchique. La troisième étape consiste à définir, pour chaque niveau, l'entité TMME responsable de la transmission de la décision partielle vers le niveau hiérarchique supérieur. La quatrième étape consiste à définir, pour le niveau hiérarchique le plus élevé, l'entité TMME responsable de la transmission de la décision finale vers toutes les entités TMME.

Qui construit la hiérarchie? Nous proposons que la construction de la hiérarchie soit faite par l'Access Network Discovery and Selection Function. La définition de l'entité construisant la hiérarchie est un sujet à étudier puisque la définition d'une hiérarchie a un impact sur le choix des réseaux radio et sur le choix du mode de transmission. La réponse à cette question conditionne la façon dont les opérateurs gérant les réseaux feront face à la croissance exponentielle du trafic de données transportées sur leurs réseaux radio, à savoir augmenter les ressources dans leurs réseaux ou coopérer avec d'autres opérateurs pour transporter les données.

3.4.2.4 LE PROTOCOLE HIERARCHICAL AND DISTRIBUTED TRANSMISSION MODE: LE PROCESSUS DE DECISION

Après avoir décrit la hiérarchie des décisions, nous présentons dans cette section le processus de décision qui a pour objectif de choisir un mode de transmission, unicast versus multicast.

Lorsque l'initialisation du processus est faite par une entité TMME appartenant au premier niveau de la hiérarchie, c'est-à-dire lorsque la première décision locale est prise par le module Decision d'une entité TMME appartenant au niveau N de la hiérarchie, $N = 1$, le module Decision de cette entité TMME transmet un message vers le module Decision de l'entité TMME responsable de la transmission de la décision partielle du premier niveau (Figure 3.34 message numéro 1). A la réception de ce message, le module Decision de l'entité TMME responsable de la transmission de la décision partielle du premier niveau demande à chaque module Decision de chaque entité TMME appartenant au premier niveau de la hiérarchie de prendre une décision locale (Figure 3.34 message numéro 2). A la réception de ce message, le module Decision de chaque entité TMME du premier niveau de la hiérarchie prend une décision locale et la transmet au module Decision de l'entité TMME responsable de la transmission de la décision partielle du premier niveau (Figure 3.34 message numéro 3). La décision partielle prise par le premier niveau est obtenue par un processus des décisions locales des entités TMME.

Si le niveau N est le niveau hiérarchique le plus élevé, la décision partielle prise par le niveau N est la décision finale. Elle est transmise vers le module Decision de toutes les entités TMME et le processus de décision se termine.

Si le niveau N n'est pas le niveau hiérarchique le plus élevé, le module Decision de l'entité TMME du niveau N responsable de la transmission de la décision partielle du niveau N transmet la décision partielle vers le module Decision de l'entité TMME responsable de la transmission de la décision partielle du niveau $N + 1$ (Figure 3.34 message numéro 4). A la réception de ce message, l'entité TMME responsable de la transmission de la décision partielle du niveau $N + 1$ transmet un message vers chaque module Decision des entités TMME du niveau $N + 1$ pour leur demander de prendre une décision intégrée (Figure 3.34 message numéro 5). La prise en compte de la décision partielle du niveau N dans la décision intégrée des entités TMME du niveau $N + 1$ se fait de la façon suivante. Le module Decision de chaque entité TMME contient une règle booléenne lui précisant s'il doit prendre en compte la décision partielle du niveau immédiatement inférieur. Si la règle est fausse, le module Decision ne prend pas en compte la décision partielle du niveau immédiatement inférieur. Si la règle est vraie, le module Decision prend en compte la décision partielle du niveau immédiatement inférieur. Si le module Decision d'une entité TMME du niveau $N + 1$ prend en compte la décision partielle du niveau N, il prend une décision locale puis une décision intégrée qui inclut sa décision locale et la décision partielle du niveau N. Si le module Decision d'une entité TMME du niveau $N + 1$ ne prend pas en compte la décision partielle du niveau N, il prend une décision intégrée qui est égale à sa décision locale. Chaque module Decision de chaque entité TMME du niveau $N + 1$ transmet sa décision intégrée vers le module Decision de l'entité TMME responsable de la transmission de la décision partielle du niveau $N + 1$ (Figure 3.34 message numéro 6). La décision partielle prise par le niveau $N + 1$ est obtenue par un processus de pondération des décisions intégrées des entités TMME du niveau $N + 1$.

Si le niveau N est le niveau hiérarchique le plus élevé, le module Decision de l'entité TMME du niveau N responsable de la transmission de la décision partielle du niveau N prend une décision finale et la transmet vers chaque module Decision des entités TMME du niveau N (Figure 3.34 message numéro 9). Le module Decision de l'entité TMME du niveau N responsable de la transmission de la décision partielle du niveau N transmet aussi la décision finale vers le module Decision de l'entité TMME responsable de la transmission de la décision partielle du niveau $N - 1$ pour lui demander de transmettre la décision finale vers chaque module Decision des entités TMME du niveau $N - 1$ (Figure 3.34 message numéro 10).

90

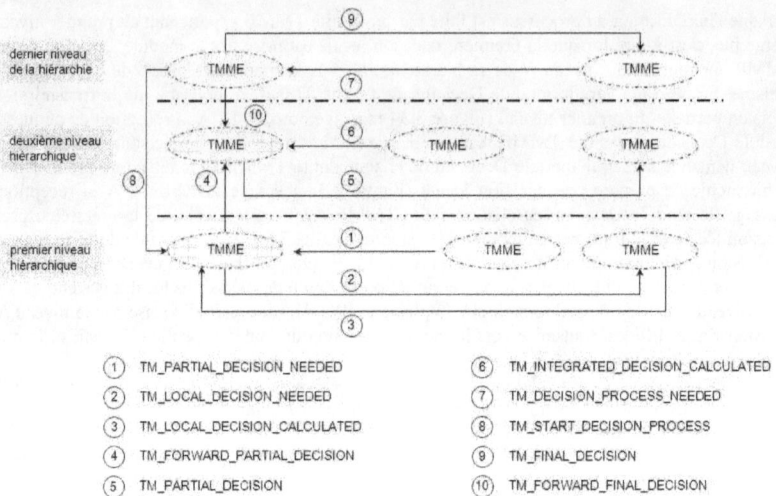

Figure 3.34: Le processus de prise de décisions

Lorsque l'initialisation du processus n'est pas faite par une entité TMME appartenant au premier niveau de la hiérarchie, c'est-à-dire lorsque la première décision locale est prise par le module Decision d'une TMME appartenant au niveau N de la hiérarchie, avec $N \geq 2$, le module Decision de cette entité TMME transmet un message vers le module Decision de l'entité TMME responsable de la transmission de la décision partielle du niveau N (Figure 3.34 message numéro 7) pour l'informer que l'initialisation du processus se fait au niveau N. A la réception de ce message, le module Decision de l'entité TMME responsable de la transmission de la décision partielle du niveau N transmet un message vers le module Decision de la TMME responsable de la transmission de la décision partielle du premier niveau pour lui demander d'initier le processus au premier niveau (Figure 3.34 message numéro 8). Lorsque le module Decision de l'entité TMME responsable de la transmission de la décision partielle du premier niveau reçoit ce message, il demande à chaque module Decision de chaque entité TMME appartenant au premier niveau de la hiérarchie de prendre une décision locale (Figure 3.34 message numéro 2). Le processus de prise de décisions est alors identique au processus que nous venons de décrire.

La Figure 3.35 présente un exemple d'une prise de décisions dans une hiérarchie constituée de deux niveaux.

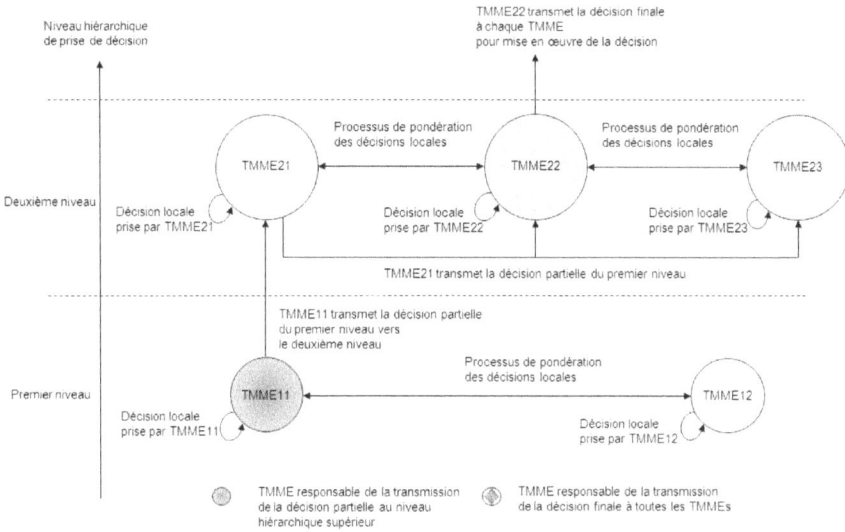

Figure 3.35: Exemple d'une prise de décisions dans une hiérarchie constituée de deux niveaux

Les notations nécessaires à la formulation mathématique du processus de prise de décisions sont les suivantes:

- Le nombre de niveaux hiérarchiques est noté $N_{hierarchical\_level}$;
- L'identifiant d'un niveau hiérarchique est noté *hierarchical_level*, avec $1 \leq hierarchical\_level \leq N_{hierarchical\_level}$;
- Le nombre d'entités TMME dans le niveau hiérarchique *hierarchical_level* est noté $k_{hierarchical\_level}$;
- L'identifiant d'une entité TMME appartenant au niveau hiérarchique *hierarchical_level* est noté $TMME_{hierarchical\_level;tmme\_index}$, avec $1 \leq tmme\_index \leq k_{hierarchical\_level}$;
- L'identifiant d'un médium composant un service est noté med ;
- L'identifiant d'un chemin entre une source émettrice et un récepteur est noté $[path\_i]$. Il y a n chemins possibles, notés $[path\_0], ..., [path\_(n-1)]$;
- L'indice de satisfaction de l'entité TMME, ayant pour identifiant $TMME_{hierarchical\_level;tmme\_index}$, lorsque le médium med est transmis sur le chemin $[path\_i]$ est noté $Score^{med}_{TMME_{hierarchical\_level;tmme\_index}}[path\_i]$;
- Pour chaque médium med, la décision locale prise par l'entité TMME ayant pour identifiant $TMME_{hierarchical\_level;tmme\_index}$ est notée $DL^{med}_{TMME_{hierarchical\_level;tmme\_index}}$;
- L'indice de satisfaction de l'entité TMME ayant pour identifiant $TMME_{hierarchical\_level;tmme\_index}$ est pondéré par un coefficient noté $w_{TMME_{hierarchical\_level;tmme\_index}}$;
- L'indice de satisfaction pondéré du niveau hiérarchique *hierarchical_level*, calculé pour chaque chemin $[path\_i]$ par l'entité TMME responsable de la transmission de la décision partielle du niveau hiérarchique *hierarchical_level*, est noté $WScore^{med}_{TMME_{hierarchical\_level;tmme\_index}}[path\_i]$;
- Pour chaque médium med, la décision partielle prise par l'entité TMME responsable de la transmission de la décision partielle du niveau hiérarchique *hierarchical_level* est notée $DP^{med}_{TMME_{hierarchical\_level}}$;

- Lorsque la décision partielle prise par le niveau hiérarchique *hierarchical_level* est transmise au niveau hiérarchique immédiatement supérieur, elle est pondérée par un coefficient noté $w_{level_{hierarchical\_level}}$;
- Pour chaque médium *med*, la décision intégrée prise par une entité TMME ayant pour identifiant $TMME_{hierarchical\_level;tmme\_index}$ est notée $IScore^{med}_{TMME_{hierarchical\_level;tmme\_index}}[path\_i]$.

Avec les notations précédemment définies, le processus de décision que nous avons présenté peut se formaliser de la façon suivante. Pour chaque médium *med*, chaque module Decision des entités TMME du premier niveau calcule son indice de satisfaction, $Score^{med}_{TMME_{1;tmme\_index}}[path\_i]$, lorsque le médium *med* est transmis sur le chemin $[path\_i]$. Puis, chaque module Decision des entités TMME du premier niveau prend une décision locale, $DL^{med}_{TMME_{1;tmme\_index}}$, en classant les chemins possibles dans un ordre décroissant en fonction de leur indice de satisfaction. Puis, le module Decision de l'entité TMME responsable de la transmission de la décision partielle du premier niveau, notée $TMME_{1;tmme\_index}$, calcule l'indice de satisfaction pondéré du premier niveau pour chaque chemin $[path\_i]$ conformément à l'équation E3.1.

$$WScore^{med}_{TMME_{1;tmme\_index}}[path\_i] = \frac{\sum_{k=1}^{k=k_1} w_{TMME_{1;k}} \cdot Score^{med}_{TMME_{1;k}}[path\_i]}{\sum_{k=1}^{k=k_1} w_{TMME_{1;k}}} \tag{E3.1}$$

Pour obtenir la décision partielle du premier niveau, $DP^{med}_{level\_1}$, le module Decision de l'entité TMME responsable de la transmission de la décision partielle du premier niveau classe les chemins possibles dans un ordre décroissant en fonction de leur indice de satisfaction pondéré. Elle est transmise vers le module Decision de l'entité TMME responsable de la transmission de la décision partielle du deuxième niveau.

Au deuxième niveau, chaque module Decision des entités TMME intègre l'indice de satisfaction pondéré du premier niveau dans son indice de satisfaction en calculant son indice de satisfaction intégré du chemin $[path\_i]$, conformément à l'équation E3.2.

$$IScore^{med}_{TMME_{2;tmme\_index'}}[path_i]$$
$$= \frac{w_{level_1} \cdot WScore^{med}_{TMME_{1;tmme\_index}}[path_i] + w_{TMME_{2;tmme\_index'}} \cdot Score^{med}_{TMME_{2;tmme\_index'}}[path_i]}{w_{level_1} + w_{TMME_{2;tmme\_index'}}} \tag{E3.2}$$

Pour chaque médium *med*, la décision locale de chaque module Decision des entités TMME du deuxième niveau se fait en classant les chemins possibles dans un ordre décroissant en fonction de leur indice de satisfaction intégré. Puis, le module Decision de l'entité TMME responsable de la transmission de la décision partielle du deuxième niveau, notée $TMME_{2;tmme\_index}$, calcule l'indice de satisfaction pondéré du deuxième niveau pour chaque chemin $[path\_i]$ conformément à l'équation E3.3.

$$WScore^{med}_{TMME_{2;tmme\_index}}[path\_i] = \frac{\sum_{k=1}^{k=k_2} w_{TMME_{2;k}} \cdot IScore^{med}_{TMME_{2;k}}[path\_i]}{\sum_{k=1}^{k=k_2} w_{TMME_{2;k}}} \tag{E3.3}$$

Pour obtenir la décision partielle du deuxième niveau, le module Decision de l'entité TMME responsable de la transmission de la décision partielle du deuxième niveau classe les chemins possibles dans un ordre décroissant en fonction de leur indice de satisfaction pondéré. Elle est transmise vers le module Decision de toutes les entités TMME du niveau supérieur suivant si ce niveau existe. Si le niveau hiérarchique supérieur suivant n'existe pas, la décision partielle est la décision finale. Elle est transmise vers le module Decision de toutes les entités TMME et le processus de décision se termine. La Figure 3.36 présente le processus de prise de décisions dans le cas d'une hiérarchie à deux niveaux de décision.

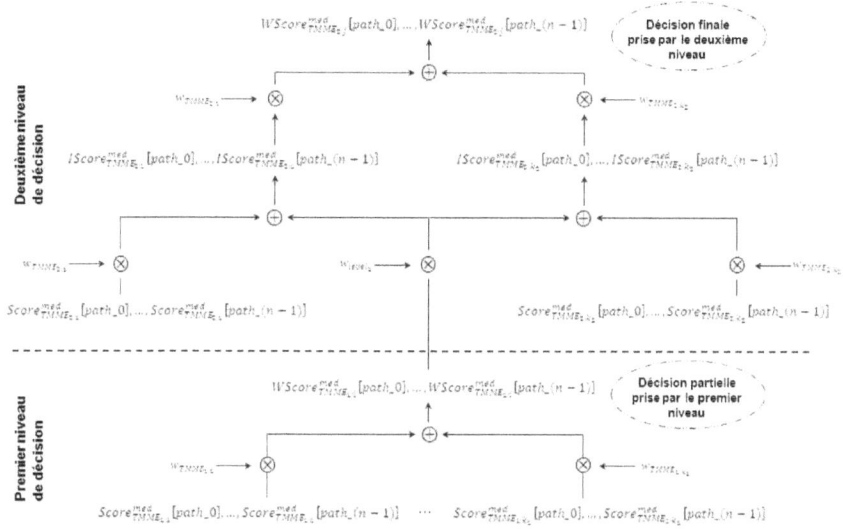

Figure 3.36: Processus de prise de décisions dans le cas d'une hiérarchie à deux niveaux

3.4.2.5 LE PROTOCOLE HIERARCHICAL AND DISTRIBUTED TRANSMISSION MODE: LES MESSAGES ECHANGES ENTRE CHAQUE MODULE COMPOSANT UNE ENTITE TMME ET ENTRE CHAQUE ENTITE

Après avoir présenté les modules des entités TMME et leurs interfaces, nous décrivons dans cette section les types de messages échangés entre les modules et entre deux entités distantes. Le format d'un message est représenté Figure 3.29. Un message est transmis dans un paquet IP/TCP ou dans un paquet IP/UDP. Les vingt-sept types de messages sont les suivants:

- **Les messages échangés sur l'interface HDTMIG-HDTMD**: neuf messages sont échangés sur l'interface HDTMIG-HDTMD. Le message TM_EVENT_DISCOVERY_REQUEST est transmis du module Decision vers le module Information Gathering pour connaître les évènements que peut lui fournir le module Information Gathering. Lorsque le module Information Gathering appartient à une entité TMME distante, ce message n'est envoyé que si une entité TMME appartenant à un niveau hiérarchique supérieur autorise le module Decision à émettre celui-ci. Le message TM_EVENT_DISCOVERY_RESPONSE est transmis du module Information Gathering vers le module Decision. Il contient les évènements et leurs options de configuration, telles que la fréquence d'émission d'un évènement ou le seuil au delà duquel un évènement est émis, fournis par le module Information Gathering. Le message TM_EVENT_REGISTRATION_INDICATION est transmis du module Decision vers le module Information Gathering pour lui indiquer les évènements qu'il souhaite recevoir. Lorsque le module Information Gathering appartient à une entité TMME distante, ce message n'est envoyé que si une entité TMME appartenant à un niveau hiérarchique supérieur autorise le module Decision à émettre celui-ci. Le message TM_EVENT_REGISTRATION_CONFIRMATION est transmis du module Information

94

Gathering vers le module Decision. Il indique au module Decision qu'il peut recevoir les évènements demandés. Le message TM_EVENT_CONFIGURATION_INDICATION est transmis du module Decision vers le module Information Gathering pour configurer les options de configuration des évènements qu'il souhaite recevoir. Lorsque le module Information Gathering appartient à une entité TMME distante, ce message n'est envoyé que si une entité TMME appartenant à un niveau hiérarchique supérieur autorise le module Decision à émettre celui-ci. Le message TM_EVENT_CONFIGURATION_CONFIRMATION est transmis du module Information Gathering vers le module Decision. Il indique que les évènements demandés ont été configurés. Le message TM_PARAMETER_REQUEST est transmis du module Decision vers le module Information Gathering pour obtenir la valeur d'un ou plusieurs paramètres. Lorsque le module Information Gathering appartient à une entité TMME distante, ce message n'est envoyé que si une entité TMME appartenant à un niveau hiérarchique supérieur autorise le module Decision à émettre celui-ci. Le message TM_PARAMETER_RESPONSE est transmis du module Information Gathering vers le module Decision. Il contient la valeur des paramètres demandés. Le message TM_INITIATION_DECISION_INDICATION est transmis du module Information Gathering vers le module Decision pour lui indiquer qu'il doit démarrer un processus de choix d'un mode de transmission suite à l'apparition d'un ou plusieurs évènements;

- **Les messages échangés sur l'interface HDTMPR-HDTMD**: deux messages sont échangés sur l'interface HDTMPR-HDTMD. Le message TM_POLICY_REQUEST est transmis du module Decision vers le module Policy Rules pour obtenir une politique. Lorsque le module Policy Rules appartient à une entité TMME distante, ce message n'est envoyé que si une entité TMME appartenant à un niveau hiérarchique supérieur autorise le module Decision à émettre celui-ci. Le message TM_POLICY_RESPONSE est transmis du module Policy Rules vers le module Decision. Il contient la politique demandée;

- **Les messages échangés sur l'interface HDTME-HDTMD**: quatre messages sont échangés sur l'interface HDTME-HDTMD. Le message TM_SUBGROUP_CREATION est transmis du module Execution vers le module Decision pour lui demander de répartir, lorsque le mode de transmission choisi est le mode multicast, les terminaux des membres d'un groupe entre plusieurs sous-groupes en fonction du débit de réception de chaque médium. Ce message contient aussi le type d'algorithme de répartition à utiliser. Le message TM_SUBGROUP_CREATED est transmis du module Execution vers le module Decision pour l'informer de la répartition des terminaux entre plusieurs sous-groupes. Le message TM_RESOURCE_ALLOCATION_REQUEST est transmis du module Decision vers le module Execution pour lui demander d'allouer des ressources dans les réseaux radio et les réseaux de transport participant à la transmission en prenant en considération la qualité requise pour transmettre chaque médium vers chaque terminal. Le message TM_RESOURCE_ALLOCATION_CONFIRMATION est transmis du module Execution vers le module Decision pour l'informer de la réussite ou de l'échec de la demande d'allocation de ressources. En cas d'échec, ce message contient la ou les causes. En cas de réussite, le module Decision ayant émis le message TM_RESOURCE_ALLOCATION_REQUEST met à jour une table contenant, pour chaque terminal et pour chaque médium composant un service, les ressources utilisées;

- **Les messages échangés sur l'interface HDTMD-HDTMD**: douze messages sont échangés sur l'interface HDTMD-HDTMD. Le message TM_DECISION_CONFIGURATION_INDICATION est transmis du module Decision d'une entité TMME vers le module Decision d'une entité TMME appartenant à un niveau hiérarchique inférieur. Ce message consiste à dire à une entité TMME appartenant à un niveau hiérarchique inférieur si elle peut, premièrement, communiquer avec les modules Information Gathering et Policy Rules d'entités TMME distantes appartenant au même niveau hiérarchique ou appartenant à un niveau hiérarchique inférieur, et deuxièmement si elle peut échanger ses décisions avec des entités TMME distantes appartenant au même niveau hiérarchique ou appartenant à un niveau hiérarchique inférieur. En outre, ce message indique aux modules Decision des entités TMME la méthode qu'ils devront mettre en œuvre pour coordonner leur décision, à savoir la méthode Conflict Free, la méthode Enforced Team, ou la méthode

Compromise Negotiation, et l'algorithme qu'ils devront implémenter pour prendre une décision, tel qu'un algorithme basé sur une fonction d'utilité ou un algorithme de type génétique. Le message TM_DECISION_CONFIGURATION_CONFIRMATION est transmis du module Decision d'une entité TMME vers le module Decision de l'entité TMME ayant émis le message TM_DECISION_CONFIGURATION_INDICATION pour lui confirmer qu'il a reçu ce message. Le message TM_PARTIAL_DECISION_NEEDED est transmis du module Decision d'une entité TMME appartenant au premier niveau de la hiérarchie vers le module Decision de l'entité TMME responsable de la transmission de la décision partielle du premier niveau pour l'informer qu'il doit prendre une décision partielle pour le premier niveau. Le message TM_LOCAL_DECISION_NEEDED est transmis du module Decision de l'entité TMME responsable de la transmission de la décision partielle du premier niveau vers chaque module Decision des entités TMME appartenant au premier niveau pour leur demander de prendre une décision locale. Le message TM_LOCAL_DECISION_CALCULATED est transmis du module Decision d'une entité TMME appartenant au premier niveau de la hiérarchie vers le module Decision de l'entité TMME responsable de la transmission de la décision partielle du premier niveau pour lui communiquer sa décision locale. Le message TM_FORWARD_PARTIAL_DECISION est transmis du module Decision de l'entité TMME responsable de la transmission de la décision partielle du niveau N de la hiérarchie vers le module Decision de l'entité TMME responsable de la transmission de la décision partielle du niveau $N + 1$ pour lui demander de communiquer la décision partielle du niveau N aux modules Decision des entités TMME du niveau $N + 1$. Le message TM_PARTIAL_DECISION est transmis du module Decision de l'entité TMME responsable de la transmission de la décision partielle du niveau N de la hiérarchie, $N \geq 2$, vers le module Decision de chaque entité TMME du niveau N pour leur communiquer la décision partielle du niveau $N - 1$. Le message TM_INTEGRATED_DECISION_CALCULATED est transmis du module Decision d'une entité TMME appartenant au niveau N de la hiérarchie, $N \geq 2$, vers le module Decision de l'entité TMME responsable de la transmission de la décision partielle du niveau N pour lui communiquer sa décision intégrée. Le message TM_DECISION_PROCESS_NEEDED est transmis du module Decision d'une entité TMME appartenant au niveau N de la hiérarchie, $N \geq 2$, vers le module Decision de l'entité TMME responsable de la transmission de la décision partielle du niveau N pour l'informer qu'il doit transmettre un message au module Decision de l'entité TMME responsable de la transmission de la décision partielle du premier niveau pour lui demander d'initialiser le processus de décision. Le message TM_START_DECISION_PROCESS est transmis du module Decision de l'entité TMME responsable de la transmission de la décision partielle du niveau N de la hiérarchie, $N \geq 2$, vers le module Decision de l'entité TMME responsable de la transmission de la décision partielle du premier niveau pour lui demander d'initialiser le processus de décision. Le message TM_FINAL_DECISION est transmis du module Decision de l'entité TMME responsable de la transmission de la décision partielle du niveau N vers le module Decision de chaque entité TMME du niveau N pour leur communiquer la décision finale. Le message TM_FORWARD_FINAL_DECISION est transmis du module Decision de l'entité TMME responsable de la transmission de la décision partielle du niveau N de la hiérarchie, $N \geq 2$, vers le module Decision de l'entité TMME responsable de la transmission de la décision partielle du niveau $N - 1$ de la hiérarchie pour lui demander de communiquer la décision finale aux modules Decision des entités TMME du niveau $N - 1$.

3.4.2.6 LE PROTOCOLE HIERARCHICAL AND DISTRIBUTED TRANSMISSION MODE: LA FONCTION D'UTILITE IMPLEMENTEE DANS LE MODULE DECISION D'UNE ENTITE TMME

La fonction d'utilité implémentée dans le module Decision d'une entité TMME permet à un acteur de faire un choix entre plusieurs modes de transmission en évaluant son niveau de satisfaction pour chaque mode en fonction des paramètres caractérisant les modes. Ces paramètres seront notés x. Par exemple, l'acteur est un opérateur gérant un réseau et doit choisir le mode de transmission dans l'une de ses cellules radio. Les paramètres x caractérisant les modes de transmission peuvent être la puissance radio requise pour transmettre les média composant un service dans chaque mode, la qualité requise pour transmettre les média composant un service dans chaque mode, la fiabilité du transport des média composant un service dans chaque mode, ou le coût de transmission des média composant un service dans chaque mode.

Une fonction d'utilité peut être complexe. Pour faciliter son implémentation, nous n'avons étudié que des fonctions ayant les propriétés suivantes:

- Elles sont continues et indéfiniment dérivables;
- Elles sont croissantes, c'est-à-dire que la satisfaction d'un acteur augmente lorsqu'un paramètre x augmente, par exemple lorsque le débit disponible dans un réseau augmente;
- Elles sont concaves, c'est-à-dire que la satisfaction d'un acteur augmente faiblement lorsqu'un paramètre x, ayant déjà une valeur élevée, augmente. Par exemple, lorsque le débit disponible dans un réseau est très grand, une augmentation de ce débit augmente faiblement la satisfaction d'un acteur;
- Elles sont additives, c'est-à-dire que la satisfaction d'un acteur est la somme de ses satisfactions pour chaque paramètre x.

La fonction d'utilité implémentée par Suciu *et al* (SUCIU, 2007) possède ces quatre propriétés. Elle est définie dans l'équation E3.4:

$$f_{\alpha_x}(x) = 1 - \exp(-\alpha_x.x) \tag{E3.4}$$

Dans l'équation E3.4, x est un paramètre supérieur ou égal à 0, comme par exemple le débit disponible dans un réseau; α_x est un nombre supérieur ou égal à 1. Il représente le poids qu'attribue l'acteur au paramètre x dans sa décision. La Figure 3.37 montre les variations de $f_{\alpha_x}(x)$ avec $\alpha_x = 1$ et $\alpha_x = 3$.

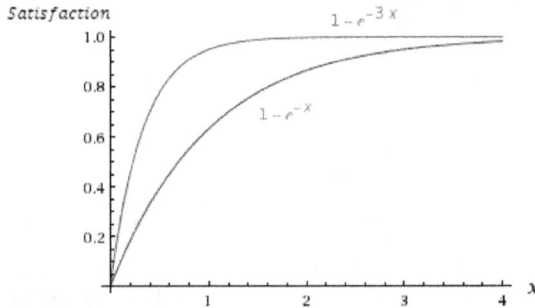

Figure 3.37: Variations de la fonction d'utilité $f_{\alpha_x}(x)$ avec $\alpha_x = 1$ et $\alpha_x = 3$

La fonction $f_{\alpha_x}(x)$ ne modélise pas complètement la satisfaction d'un acteur. Par exemple, si un utilisateur a besoin d'un débit minimal pour recevoir un service, et s'il doit choisir un réseau parmi plusieurs réseaux possibles, la valeur minimale du débit disponible dans chaque réseau est un paramètre important à connaître. Le besoin d'un acteur vis-à-vis d'un paramètre x, par exemple le débit qu'il a besoin pour recevoir un service, correspond à un seuil, noté S_x, en deçà duquel sa satisfaction est petite, et au-delà duquel sa satisfaction est grande.

Pour prendre en considération le besoin d'un acteur vis-à-vis d'un paramètre x, nous définissons une nouvelle fonction $g_{S_x}(x)$ possédant les propriétés suivantes:

- Elle est continue et indéfiniment dérivable;
- Elle est croissante, c'est-à-dire que la satisfaction d'un acteur augmente lorsqu'un paramètre x augmente;

- Elle est additive, c'est-à-dire que la satisfaction d'un acteur est la somme de ses satisfactions pour chaque paramètre x;
- $g_{S_x}(0) = 0$;
- $0 \leq g_{S_x}(x) \leq 1$ quel que soit x;
- Si $0 \leq x < S_x$, $g_{S_x}(x)$ est une fonction convexe. La convexité de la fonction modélise la satisfaction d'un acteur dans l'intervalle $[0, S_x[$. En effet, dans cet intervalle, la satisfaction d'un acteur est petite lorsque le paramètre x est voisin de 0 et augmente rapidement lorsque le paramètre x est voisin'de S_x;
- Si $x > S_x$, $g_{S_x}(x)$ est une fonction concave. La concavité de la fonction modélise la satisfaction d'un acteur dans l'intervalle $]S_x, +\infty[$. En effet, dans cet intervalle, la satisfaction d'un acteur augmente faiblement lorsque le paramètre x, ayant déjà une valeur élevée, augmente.

Nous proposons d'implémenter la fonction $g_{S_x}(x)$ suivante dans le module Decision de chaque TMME:

$$g_{S_x}(x) = 1 - exp\left(-\frac{x^{\alpha_x.\beta}}{\gamma.S_x^{\alpha_x.\beta}}\right) \qquad (E3.5)$$

Dans l'équation E3.5, β est un nombre supérieur ou égal à 2 qui paramètre la convexité de $g_{S_x}(x)$. La valeur de γ est telle que $g_{S_x}(x)$ est concave si $x > S_x$ et convexe si $x < S_x$.

La dérivée seconde de $g_{S_x}(x)$ est égale à:

$$\frac{\partial^2}{\partial x^2}\left(1 - exp\left(-\frac{x^{\alpha_x.\beta}}{\gamma.S_x^{\alpha_x.\beta}}\right)\right) = -\frac{\alpha_x.\beta.x^{\alpha_x.\beta}.e^{-\frac{x^{\alpha_x.\beta}}{\gamma.S_x^{\alpha_x.\beta}}}.(\alpha_x.\beta.x^{\alpha_x.\beta} - \gamma.(\alpha_x.\beta - 1).S_x^{\alpha_x.\beta})}{(\gamma.S_x^{\alpha_x.\beta})^2.x^2} \qquad (E3.6)$$

C'est-à-dire que γ est égal à:

$$\gamma = \frac{\alpha_x.\beta}{\alpha_x.\beta - 1} \qquad (E3.7)$$

La Figure 3.38 montre les variations de $g_{S_x}(x)$ avec $\alpha_x = 1$, $S_x = 5$, $\beta = 2$ et $\beta = 4$.

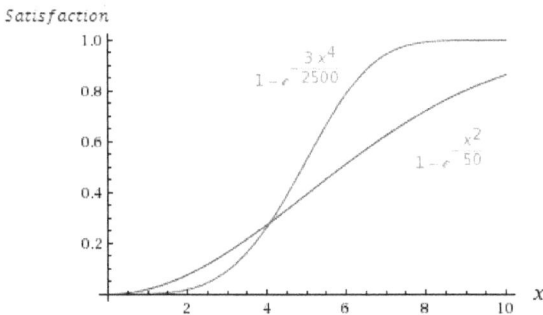

Figure 3.38: Variations de la fonction d'utilité $g_{S_x}(x)$ avec $\alpha_x = 1$, $S_x = 5$, $\beta = 2$ et $\beta = 4$

La Figure 3.39 montre les variations de $g_{S_x}(x)$ en fonction de S_x lorsque les valeurs de α_x et β sont constantes.

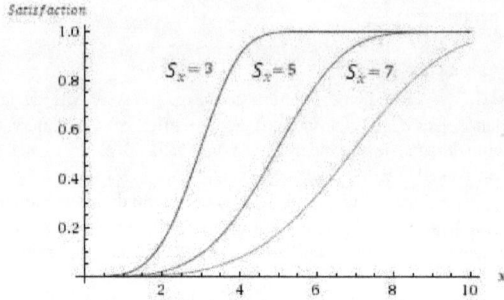

Figure 3.39: Variations de la fonction d'utilité $g_{S_x}(x)$ avec $\alpha_x = 1$, $\beta = 4$, $S_x = 3$, $S_x = 5$, $S_x = 7$

3.4.2.7 LE PROTOCOLE HIERARCHICAL AND DISTRIBUTED TRANSMISSION MODE: LES EVENEMENTS, LES PARAMETRES ET LES POLITIQUES

Après avoir présenté les modules, les interfaces, le processus de décision et les messages échangés entre les modules des entités TMME, nous présentons dans cette section les évènements, les paramètres et les politiques implémentés dans les modules Information Gathering et Policy Rules. Les évènements, les paramètres et les politiques pertinents pour un acteur participant au processus de sélection d'un mode de transmission sont fonction des objectifs qu'il souhaite atteindre. Par exemple, si l'objectif d'un Internaute est de recevoir un service ayant un rapport $\frac{Co\hat{u}t\ financier\ d'achat\ du\ service}{Qualit\acute{e}\ de\ r\acute{e}ception\ du\ service}$ le plus bas possible, les évènements, les paramètres et les politiques pertinents pour cet acteur sont le prix du service et la qualité de transmission du service. La Table 3.14 présente les objectifs que nous avons envisagés pour un fournisseur de services, un opérateur gérant un réseau et un Internaute.

Acteur participant au processus de sélection du mode de transmission	Objectif à atteindre
Fournisseur d'un service	Proposer aux Internautes un service dont le coût d'achat, obtenu en additionnant le coût financier de vente du service et le coût financier de transmission du service, varie en fonction du service proposé, de la fiabilité de transmission et de la qualité de transmission
Opérateur gérant un réseau	Transmettre un service en garantissant une qualité de transmission et en utilisant le moins de ressources possible dans un réseau
Internaute	Obtenir un service ayant un rapport $\frac{Co\hat{u}t\ financier\ d'achat\ du\ service}{Qualit\acute{e}\ de\ r\acute{e}ception\ du\ service}$ le plus bas possible

Table 3.14: Définition des objectifs des acteurs participant au processus de sélection du mode de transmission

Les évènements (Table 3.15) peuvent appartenir à la classe INFORMATIVE ou à la classe IMPERATIVE. L'apparition d'un évènement appartenant à la classe IMPERATIVE déclenche instantanément l'activation du module Decision, tandis que l'apparition d'un évènement appartenant à la classe INFORMATIVE ne déclenche pas instantanément le module Decision.

Classe de l'évènement	Type de l'évènement (défini pour un objectif à atteindre)	Définition de l'évènement (défini pour un objectif à atteindre)
INFORMATIVE	Service à transmettre	Détection d'un médium composant un nouveau service à transmettre
		Détection d'un nouveau médium composant un service en cours de transmission
		Détection de la suppression d'un médium composant un service en cours de transmission
		Modification du nombre d'utilisateurs demandant à recevoir un service en cours de transmission
		Modification du format de codage d'un médium composant un service en cours de transmission
		Modification du coût financier de vente d'un service
		Modification du protocole de transport, TCP versus UDP, d'un médium en cas de retransmission d'un service
	Caractéristique d'un chemin	Modification de la fiabilité d'un chemin possible entre un fournisseur d'un service et un utilisateur pour une classe de service
		Modification de la qualité de transmission d'un chemin possible entre un fournisseur d'un service et un utilisateur pour une classe de service
		Modification du coût financier d'un chemin possible entre un fournisseur d'un service et un utilisateur pour une classe de service
		Modification du débit maximal alloué à une classe de service pour les transmissions unicast des flux IP
		Modification du débit maximal alloué à une classe de service pour les transmissions multicast des flux IP
		Détection d'un nouveau réseau radio
		Modification de la puissance radio maximale allouée à un réseau radio pour les transmissions point à point
		Modification de la puissance radio maximale allouée à un réseau radio pour les transmissions point à multipoint
IMPERATIVE	Chemin entre un fournisseur d'un service et un utilisateur	Perte d'une connexion IP Unicast
		Perte d'une connexion IP Multicast
		Fiabilité du chemin entre un fournisseur d'un service et un utilisateur inférieur à un seuil
		Qualité de transmission du chemin entre un fournisseur d'un service et un utilisateur inférieur à un seuil
	Interaction entre les protocoles HDHO et HDTM	Réception d'un évènement émis par le protocole Hierarchical and Distributed Handover

Table 3.15: Les évènements définis par le protocole Hierarchical and Distributed Transmission Mode

Les paramètres présentés dans la Table 3.16 peuvent appartenir à la classe STATIQUE ou à la classe DYNAMIQUE. Un paramètre appartenant à la classe STATIQUE ne varie pas ou varie lentement dans le temps, c'est-à-dire que la fréquence d'obtention d'un paramètre de la classe STATIQUE peut être basse. Un paramètre appartenant à la classe DYNAMIQUE varie fréquemment dans le temps, c'est-à-dire que la fréquence d'obtention d'un paramètre de la classe DYNAMIQUE doit être élevée.

Classe du paramètre	Type du paramètre (défini pour un objectif à atteindre)	Définition du paramètre (défini pour un objectif à atteindre)
STATIQUE	Fournisseur d'un service	Identifiant d'un fournisseur d'un service
		Identifiant d'un service à fournir
		Mesure du nombre d'utilisateurs demandant à recevoir un service
		Identifiant de chaque médium composant un service à fournir
		Classe de service demandée (conversational, streaming, interactive, background) pour chaque médium composant un service à fournir
		Type de codec utilisé pour chaque médium composant un service à fournir
		Format de codage de chaque médium composant un service à fournir
		Fiabilité minimale demandée pour transmettre chaque médium composant un service à fournir
		Qualité de transmission minimale demandée pour chaque médium composant un service à fournir
		Coût financier de vente d'un service
		Coût financier maximal demandé pour transmettre chaque médium composant un service à fournir
		Protocole de transport, TCP versus UDP, de chaque médium composant un service à fournir
	Opérateur gérant un réseau	Identifiant d'un réseau
		Type d'un réseau
		Localisation géographique d'un réseau
		Méthode de qualité de service implémentée par un réseau
		Méthode d'authentification et de chiffrement implémentée par un réseau
		Mode de transmission implémenté par un réseau
		Liste des réseaux avec lesquels un utilisateur possède un contrat lui garantissant une qualité de transmission d'un service
		Priorité d'un utilisateur pour obtenir un service transmis dans un réseau
		Priorité d'un service lors de sa transmission dans un réseau
		Classe de service (conversational, streaming, interactive, background) attribuée à chaque médium composant un service à fournir
		Identifiant des chemins possibles entre un fournisseur d'un service et un utilisateur d'un service pour chaque classe de service
		Identifiant des flux IP transportant chaque médium composant un service à fournir
		Mesure de la fiabilité de chaque chemin possible entre un fournisseur d'un service et un utilisateur pour chaque classe de service

Classe du paramètre	Type du paramètre (défini pour un objectif à atteindre)	Définition du paramètre (défini pour un objectif à atteindre)
STATIQUE	Opérateur gérant un réseau	Mesure du coût financier de chaque chemin possible entre un fournisseur d'un service et un utilisateur pour chaque classe de service
		Débit maximal alloué à chaque classe de service pour les transmissions unicast des flux IP
		Débit maximal alloué à chaque classe de service pour les transmissions multicast des flux IP
		Puissance radio maximale allouée à un réseau radio pour les transmissions point à point
		Puissance radio maximale allouée à un réseau radio pour les transmissions point à multipoint
	Utilisateur d'un service	Identifiant d'un utilisateur
		Identifiant d'un terminal d'un utilisateur
		Caractéristiques des interfaces réseau d'un terminal d'un utilisateur
		Possibilité d'utiliser parallèlement plusieurs interfaces réseau d'un terminal d'un utilisateur pour recevoir un médium composant un service
		Type de codec utilisé par un terminal d'un utilisateur pour chaque médium composant un service
		Gestion du choix du mode de transmission par le réseau avec ou sans intervention du terminal d'un utilisateur
		Qualité de transmission minimale demandée pour chaque médium composant un service
		Coût financier maximal d'achat d'un service obtenu en additionnant le coût financier de vente du service et le coût financier de transmission du service
DYNAMIQUE	Opérateur gérant un réseau	Mesure de la qualité de transmission de chaque chemin possible entre un fournisseur d'un service et un utilisateur pour chaque classe de service
		Mesure du débit nécessaire pour la transmission unicast d'un flux IP transportant un médium composant un service à fournir
		Mesure du débit nécessaire pour la transmission multicast d'un flux IP transportant un médium composant un service à fournir
		Mesure de la puissance radio nécessaire pour la transmission point à point dans un réseau radio d'un flux IP transportant un médium composant un service à fournir
		Mesure de la puissance radio nécessaire pour la transmission point à multipoint dans un réseau radio d'un flux IP transportant un médium composant un service à fournir
	Utilisateur d'un service	Détection des réseaux radio présents autour de lui

Table 3.16: Les paramètres définis par le protocole Hierarchical and Distributed Transmission Mode

Les politiques présentées dans la Table 3.17 peuvent appartenir à la classe NEGOCIABLE ou à la classe NON_NEGOCIABLE. Une politique appartenant à la classe NEGOCIABLE peut être modifiée lors d'une négociation avec un acteur participant au processus de décision, tandis qu'une politique appartenant à la classe NON_NEGOCIABLE ne peut pas être modifiée.

Classe de la politique	Type de la politique (définie pour un objectif à atteindre)	Définition de la politique (définie pour un objectif à atteindre)
NEGOCIABLE	Fournisseur d'un service	Politique d'un fournisseur d'un service vis-à-vis de la fiabilité minimale demandée pour transmettre chaque médium composant un service à fournir
		Politique d'un fournisseur d'un service vis-à-vis de la qualité de transmission minimale demandée pour chaque médium composant un service à fournir
		Politique d'un fournisseur d'un service vis-à-vis du coût financier de vente d'un service
		Politique d'un fournisseur d'un service vis-à-vis du coût financier maximal demandé pour transmettre chaque médium composant un service à fournir
	Opérateur gérant un réseau	Politique d'un opérateur gérant un réseau vis-à-vis de la priorité d'un utilisateur pour obtenir un service
		Politique d'un opérateur gérant un réseau vis-à-vis de la priorité d'un service lors de sa transmission dans un réseau
		Politique d'un opérateur gérant un réseau vis-à-vis du coût financier des chemins possibles pour chaque classe de service
		Politique d'un opérateur gérant un réseau vis-à-vis du débit maximal alloué à chaque classe de service pour les transmissions unicast des flux IP
		Politique d'un opérateur gérant un réseau vis-à-vis du débit maximal alloué à chaque classe de service pour les transmissions multicast des flux IP
		Politique d'un opérateur gérant un réseau vis-à-vis de la puissance radio maximale allouée à un réseau radio pour les transmissions point à point
		Politique d'un opérateur gérant un réseau vis-à-vis de la puissance radio maximale allouée à un réseau radio pour les transmissions point à multipoint
	Utilisateur d'un service	Politique d'un utilisateur vis-à-vis de la qualité de transmission minimale demandée pour chaque médium composant un service
		Politique d'un utilisateur vis-à-vis du coût financier maximal d'achat d'un service

Table 3.17: Les politiques définies par le protocole Hierarchical and Distributed Transmission Mode

3.4.3 INTERACTION ENTRE LE PROCESSUS DE SELECTION D'UN RESEAU RADIO ET LE PROCESSUS DE SELECTION D'UN MODE DE TRANSMISSION

Le protocole Hierarchical and Distributed Handover permet de choisir un réseau radio en prenant en considération l'avis des fournisseurs de services, des opérateurs gérant les réseaux et des Internautes, tandis que le protocole Hierarchical and Distributed Transmission Mode permet de choisir un mode de transmission pour chaque segment composant un chemin entre une source émettrice de données et un terminal en prenant en considération l'avis des fournisseurs de services, des opérateurs gérant les réseaux et des Internautes. Autrement dit, le processus de sélection d'un réseau radio est un processus agissant sur l'extrémité d'un chemin, tandis que le processus de sélection d'un mode de transmission est un processus agissant sur la totalité d'un chemin.

Deux interactions entre ces deux processus sont possibles. La première possibilité consiste à mettre en œuvre le protocole Hierarchical and Distributed Handover, puis, lorsqu'un réseau radio est choisi, c'est-à-dire lorsqu'un chemin entre une source émettrice et un terminal est complètement défini, à mettre en œuvre le protocole Hierarchical and Distributed Transmission Mode pour choisir le mode de transmission des segments composant le chemin. La seconde possibilité consiste à mettre en œuvre le protocole Hierarchical and Distributed Transmission Mode pour choisir un mode de transmission pour chaque segment composant tous les chemins possibles entre une source émettrice et les réseaux radio présents autour d'un terminal, puis à mettre en œuvre le protocole Hierarchical and Distributed Handover pour choisir un réseau radio, c'est-à-dire pour choisir un chemin parmi les chemins possibles. La seconde possibilité pourrait permettre d'optimiser la gestion des ressources dans les réseaux en imposant au protocole Hierarchical and Distributed Handover de choisir un réseau radio parmi plusieurs réseaux radio sélectionnés par le protocole Hierarchical and Distributed Transmission Mode.

La mise en œuvre de la première possibilité implique l'interaction suivante entre nos deux protocoles. Lorsque le protocole Hierarchical and Distributed Handover a choisi un réseau radio auquel doit se connecter un terminal, il doit transmettre un évènement au protocole Hierarchical and Distributed Transmission Mode pour lui demander de choisir un mode de transmission pour chaque segment composant le chemin entre la source émettrice des données et ce terminal.

De même, la mise en œuvre de la seconde possibilité implique l'interaction suivante entre nos deux protocoles. Lorsque le protocole Hierarchical and Distributed Transmission Mode a choisi un mode de transmission pour chaque segment composant tous les chemins possibles entre une source émettrice et les réseaux radio présents autour d'un terminal, il doit transmettre un évènement au protocole Hierarchical and Distributed Handover pour lui demander de choisir un réseau radio parmi un ensemble de réseaux radio qu'il lui fournit. Cet ensemble de réseaux radio est un sous-ensemble des réseaux radio présents autour du terminal. Puis, lorsque le protocole Hierarchical and Distributed Handover a choisi un réseau radio, il transmet un évènement au protocole Hierarchical and Distributed Transmission Mode pour lui indiquer son choix.

La première possibilité est plus simple à mettre en œuvre que la seconde possibilité mais a un inconvénient. En effet, le réseau radio choisi par le protocole Hierarchical and Distributed Handover peut ne posséder qu'un seul mode de transmission. Par exemple, contrairement à un réseau Wi-Fi qui possède les modes de transmission IP Unicast et IP Multicast, une cellule radio UMTS ne possède que le mode de transmission IP Unicast; de même, une cellule radio MBMS ne possède que le mode de transmission IP Multicast. La première possibilité peut donc limiter le choix effectué par le protocole Hierarchical and Distributed Transmission Mode.

3.5 CONCLUSION

Dans ce chapitre, nous avons analysé le processus de sélection d'un réseau radio et le processus de sélection d'un mode de transmission mis en œuvre dans les architectures inter-accès et multicast définies par le 3GPP ainsi que dans l'architecture définie par le projet européen C-Cast. Notre analyse a permis de montrer que l'avis des Internautes et des fournisseurs de services n'est pas pris en considération lors du choix d'un réseau radio et lors du choix d'un mode de transmission. Or, au cours d'une mobilité, la qualité du service que reçoivent ou émettent les Internautes dépend des réseaux radio auxquels ils se connectent en raison des différences de débits entre les réseaux radio, des différences entre les mécanismes de Qualité de Service mis en œuvre dans les réseaux radio, et des différences entre les mécanismes de Sécurité mis en œuvre dans les réseaux radio. En outre, le passage du mode de transmission unicast vers le mode de transmission multicast peut aussi impacter la Qualité de Service. Autrement dit, les Internautes, ainsi que les fournisseurs de services, doivent pouvoir exprimer leur avis quant au choix d'un réseau radio et d'un mode de transmission. Pour atteindre cet objectif, nous proposons de mettre en œuvre le protocole Hierarchical and Distributed Handover et le protocole Hierarchical and Distributed Transmission Mode dans les architectures définies par le 3GPP et dans les architectures multicast context-aware telles que l'architecture définie par le projet C-Cast. Un projet visant à modifier les architectures définies par le 3GPP et les nouvelles architectures multicast context-aware nous paraît donc indispensable à définir. Ce projet pourrait, à notre avis, être piloté par un opérateur de télécommunications.

QUATRIEME CHAPITRE

MISE EN ŒUVRE DU PROCESSUS DE SÉLECTION D'UN RÉSEAU RADIO ET D'UN MODE DE TRANSMISSION DANS UNE ARCHITECTURE COMPOSÉE DE RÉSEAUX DÉFINIS PAR LE 3GPP

4. MISE EN ŒUVRE DU PROCESSUS DE SELECTION D'UN RESEAU RADIO ET D'UN MODE DE TRANSMISSION DANS UNE ARCHITECTURE COMPOSEE DE RESEAUX DEFINIS PAR LE 3GPP

Après avoir présenté dans le chapitre précédent notre processus visant à prendre en considération l'avis des Internautes et des fournisseurs de services lors du choix d'un réseau radio et lors du choix d'un mode de transmission, nous allons, dans ce chapitre, examiner analytiquement la façon dont peut se faire le choix d'un réseau radio et le choix d'un mode de transmission dans une architecture composée d'un réseau Universal Mobile Telecommunications System et d'un réseau Multimedia Broadcast Multicast Service. Dans notre scénario, le choix du couple (réseau radio, mode de transmission) se fait en mettant en œuvre le protocole Hierarchical and Distributed Transmission Mode puis en mettant en œuvre le protocole Hierarchical and Distributed Handover. La première section du chapitre présente l'architecture mise en œuvre dans notre scénario. La deuxième section analyse le processus de choix du mode de transmission, tandis que la troisième section analyse le processus de choix du réseau radio. Enfin, la quatrième section conclut ce chapitre.

4.1 PRESENTATION DE L'ARCHITECTURE MISE EN ŒUVRE DANS LE SCENARIO

L'architecture de notre scénario est schématisée Figure 4.1. Elle est composée de fournisseurs de services, d'un réseau des fournisseurs de services, d'un réseau UMTS, c'est-à-dire d'un réseau transmettant des paquets IP Unicast, d'un réseau MBMS, c'est-à-dire d'un réseau transmettant des paquets IP Multicast, et de terminaux bi-modes UMTS/MBMS. Le Broadcast Multicast Service Center encode un service composé d'un médium Voix et d'un médium Vidéo avec le codec H.264 préconisé par le 3GPP (AFZAL, 2006). Le débit du codec est noté $codec_{bit\_rate}$, et le nombre de trames par seconde est noté $codec_{frame\_rate}$. L'adresse destination des paquets IP contenant un médium est une adresse IP Unicast ou une adresse IP Multicast.

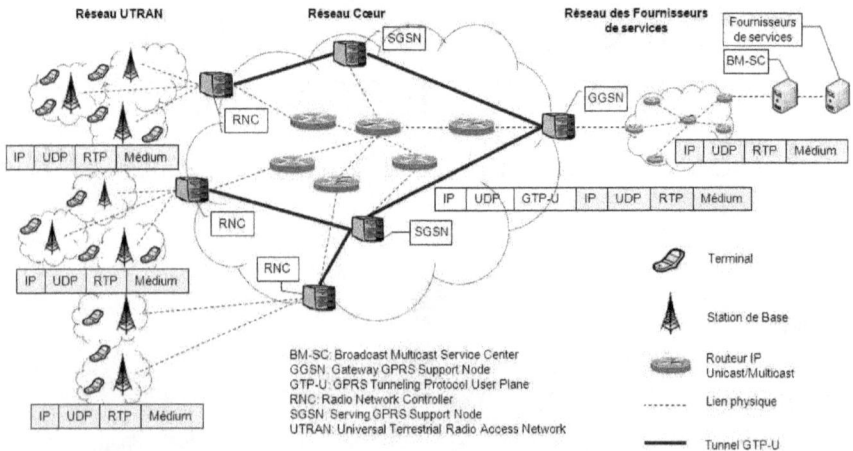

Figure 4.1: Architecture de notre scénario

4.1.1 ROUTAGE DES PAQUETS IP DANS LE RESEAU DU FOURNISSEUR DU SERVICE

Dans le réseau du fournisseur du service, les paquets IP Unicast et les paquets IP Multicast émis par le Broadcast Multicast Service Center peuvent être routés en unicast ou en multicast.

Dans le réseau cœur du réseau MBMS, des tunnels GPRS Tunneling Protocol User Plane sont établis entre le Gateway GPRS Support Node (GGSN) et chaque Serving GPRS Support Node (SGSN), et entre les SGSNs et les Radio Network Controllers (RNCs). Ils sont respectivement notés GTP $-$ $U_{(GGSN \rightarrow SGSN)}$ et GTP $-$ $U_{(SGSN \rightarrow RNC)}$. Ces tunnels encapsulent les paquets IP Multicast émis par le Broadcast Multicast Service Center. Les tunnels GTP $-$ $U_{(GGSN \rightarrow SGSN)}$ connectant le GGSN à un ou plusieurs SGSNs sont encapsulés dans des datagrammes UDP/IP routés par les routeurs du réseau cœur. Le routage des datagrammes peut être unicast ou multicast. Dans le cas d'un routage multicast, le GGSN est la source émettrice, tandis que les SGSNs sont les récepteurs. Les tunnels GTP $-$ $U_{(SGSN \rightarrow RNC)}$ connectant un SGSN à un ou plusieurs RNCs sont encapsulés dans des datagrammes UDP/IP routés par les routeurs du réseau cœur. Le routage des datagrammes peut être unicast ou multicast. Dans le cas d'un routage multicast, le SGSN est la source émettrice, tandis que les RNCs sont les récepteurs. La Figure 4.2 illustre les deux adresses IP Unicast destination mises en œuvre dans le réseau cœur du réseau MBMS lorsqu'il route en unicast des paquets IP émis par le Broadcast Multicast Service Center entre le GGSN et un SGSN et entre un SGSN et un RNC.

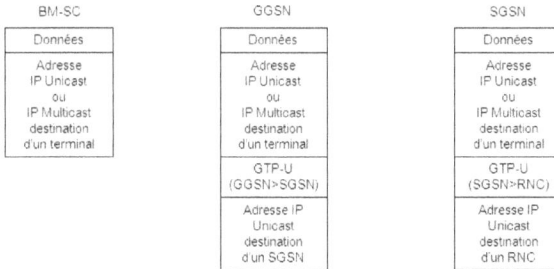

Figure 4.2: Schématisation des deux adresses IP Unicast mises en œuvre pour transporter les paquets IP dans le réseau cœur du réseau MBMS

Lors d'un routage multicast entre un GGSN et plusieurs SGSNs, et entre un SGSN et plusieurs RNCs, deux groupes multicast sont créés. La source émettrice du premier groupe multicast est le GGSN, tandis que la source émettrice du deuxième groupe multicast est un SGSN. La Figure 4.3 illustre les deux adresses IP Multicast destination mises en œuvre dans le réseau cœur du réseau MBMS lorsqu'il route en multicast des paquets IP émis par le Broadcast Multicast Service Center entre le GGSN et plusieurs SGSNs et entre un SGSN et plusieurs RNCs.

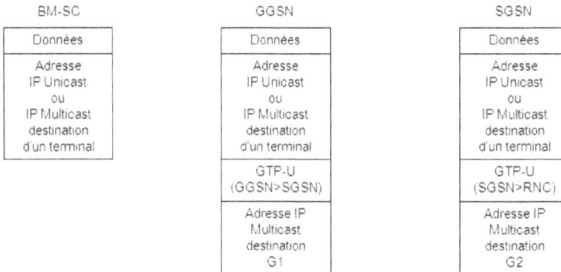

Figure 4.3: Schématisation des deux adresses IP Multicast mises en œuvre pour transporter les paquets IP dans le réseau cœur du réseau MBMS

4.1.3 ROUTAGE DES PAQUETS IP DANS LE RESEAU CŒUR DU RESEAU UMTS

Dans le réseau cœur du réseau UMTS, des tunnels GPRS Tunneling Protocol User Plane sont établis entre le GGSN et chaque SGSN, et entre les SGSNs et les RNCs. Ces tunnels encapsulent les paquets IP Unicast émis par le Broadcast Multicast Service Center. Le routage des datagrammes UDP/IP est un routage unicast.

4.1.4 TRANSMISSION DES PAQUETS IP DANS LE RESEAU UTRAN DU RESEAU MBMS

Dans le réseau UTRAN du réseau MBMS, chaque Station de Base peut transmettre les paquets IP Multicast émis par le Broadcast Multicast Service Center en point à point ou en point à multipoint.

4.1.5 TRANSMISSION DES PAQUETS IP DANS LE RESEAU UTRAN DU RESEAU UMTS

Dans le réseau UTRAN du réseau UMTS, chaque Station de Base transmet les paquets IP Unicast émis par le Broadcast Multicast Service Center en point à point.

4.2 ANALYSE DU PROCESSUS DE CHOIX DU MODE DE TRANSMISSION DANS NOTRE SCENARIO

Dans cette section, nous présentons une analyse du processus de choix du mode de transmission dans une architecture composée d'un réseau UMTS et d'un réseau MBMS. Notre analyse consiste premièrement à définir les acteurs participant au processus, deuxièmement à définir la hiérarchie des prises de décisions, troisièmement à analyser mathématiquement une prise de décisions, et quatrièmement à analyser la répartition entre les entités TMME des paramètres nécessaires au processus de choix du mode de transmission.

4.2.1 DEFINITION DES ACTEURS PARTICIPANT AU PROCESSUS DE CHOIX DU MODE DE TRANSMISSION

Pour chaque médium composant le service à fournir, et pour chaque utilisateur, les acteurs participant au processus de sélection d'un mode de transmission doivent mettre en œuvre un processus de décision pour choisir le mode de transmission en fonction de leurs objectifs. Dans notre scénario, les acteurs sont les suivants:

- Le fournisseur du service. Il implémente une entité TMME dans le Broadcast Multicast Service Center (BM-SC);
- L'opérateur gérant les réseaux cœur UMTS et MBMS. Il implémente une entité TMME dans le Gateway GPRS Support Node;
- L'opérateur gérant les réseaux cœur UMTS et MBMS. Il implémente une entité TMME dans chaque Serving GPRS Support Node;
- L'opérateur gérant les réseaux UTRAN UMTS et MBMS. Il implémente une entité TMME dans chaque Radio Network Controller;
- Les utilisateurs. Chaque utilisateur implémente une entité TMME dans son terminal.

4.2.2 DEFINITION DE LA HIERARCHIE DES PRISES DE DECISIONS

Dans notre scénario, la hiérarchie de prise de décisions possède deux niveaux (Figure 4.4). Le premier niveau contient l'entité TMME11 implémentée dans le terminal et l'entité TMME12 implémentée dans le Broadcast Multicast Service Center. Le deuxième niveau contient l'entité TMME21 implémentée dans le GGSN, l'entité TMME22 implémentée dans le SGSN, et l'entité TMME23 implémentée dans le RNC. Autrement dit, notre scénario accorde plus de poids dans la décision finale aux opérateurs gérant les réseaux qu'à l'utilisateur et au fournisseur du service; mais il permet aussi à l'utilisateur et au fournisseur du service d'exprimer leur avis.

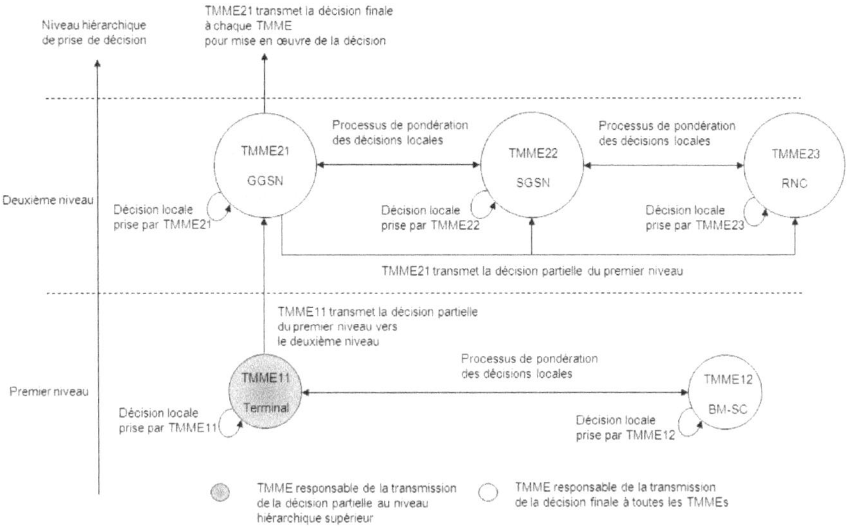

Figure 4.4: Hiérarchie de prise de décisions de notre scénario

4.2.3 ANALYSE MATHEMATIQUE D'UNE PRISE DE DECISIONS

Les cinq acteurs participant au processus de sélection d'un mode de transmission doivent choisir, pour chaque médium composant un service à fournir, un chemin parmi l'ensemble des chemins possibles entre le Broadcast Multicast Service Center et le terminal de l'utilisateur. Pour cela, le terminal recense les cellules radio UMTS/MBMS présentes dans son voisinage. Puis, pour chaque cellule UMTS/MBMS recensée, les cinq acteurs collectent les informations nécessaires au calcul de leur décision locale.

En notant "0" une transmission multicast et "1" une transmission unicast, l'analyse des chemins que nous pouvons définir pour chaque cellule UMTS/MBMS recensée montre qu'il existe seize chemins logiques (Figure 4.5). En effet, le segment entre le Broadcast Multicast Service Center et le GGSN peut transmettre les paquets IP Unicast ou les paquets IP Multicast émis par le Broadcast Multicast Service Center. Puis, le segment entre le GGSN et un SGSN peut transmettre les paquets IP émis par le GGSN en unicast ou en multicast. Puis, le segment entre un SGSN et un RNC peut transmettre les paquets IP émis par un SGSN en unicast ou en multicast. Enfin, le segment entre une Station de Base et un terminal peut transmettre les paquets IP émis par le Broadcast Multicast Service Center en point à point ou en point à multipoint.

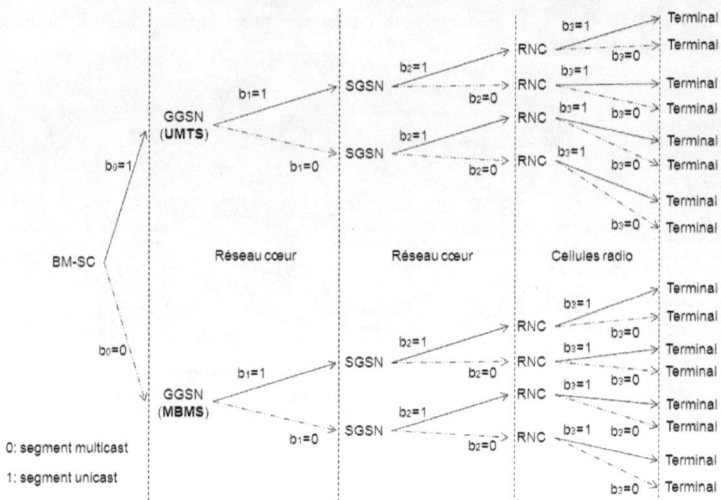

Figure 4.5: Analyse des chemins logiques pour une cellule radio UMTS/MBMS

L'identifiant d'un chemin logique est un nombre codé sur quatre bits $b_0 b_1 b_2 b_3$. Le bit de poids fort b_0 est le bit du segment entre le Broadcast Multicast Service Center et le GGSN, tandis que le bit de poids faible b_3 est le bit du segment entre la Station de Base et le terminal. L'identification décimale d'un chemin logique est définie dans la Table 4.1.

Identification binaire du chemin logique	Identification décimale du chemin logique
1111	15
1110	14
1101	13
1100	12
1011	11
1010	10
1001	9
1000	8
0111	7
0110	6
0101	5
0100	4
0011	3
0010	2
0001	1
0000	0

Table 4.1: Identification décimale des chemins logiques en fonction de leur identification binaire

Parmi les seize chemins logiques, sept chemins ne sont pas physiquement possibles. En effet, les segments dans l'architecture UMTS sont des segments unicast. Il reste neuf chemins physiques possibles représentés Figure 4.6. Les acteurs participant au processus de sélection d'un mode de transmission doivent alors choisir, pour chaque cellule UMTS/MBMS recensée, un chemin parmi ces neuf chemins physiques.

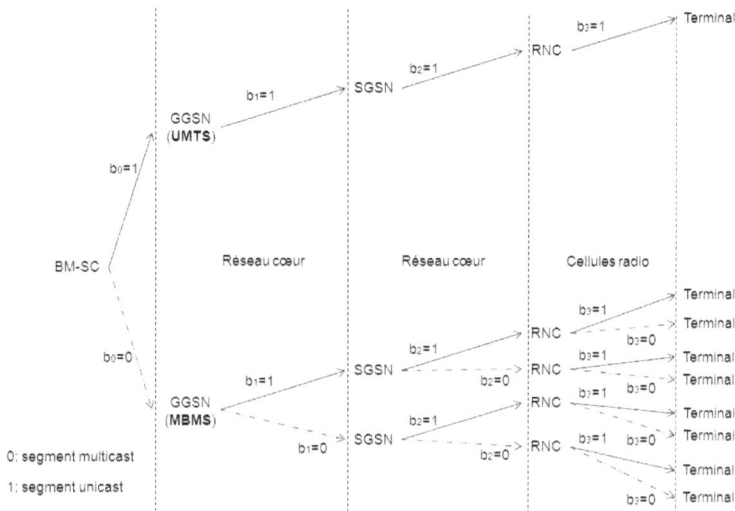

Figure 4.6: Analyse des chemins physiques pour une cellule radio UMTS/MBMS

La Table 4.2 définit les identifiants des chemins physiques possibles.

Identification binaire du chemin physique	Identification décimale du chemin physique
1111	15
0111	7
0110	6
0101	5
0100	4
0011	3
0010	2
0001	1
0000	0

Table 4.2: Identification décimale des chemins physiques en fonction de leur identification binaire

Dans la suite de notre analyse, les valeurs possibles de l'identifiant d'un chemin physique $path\_i$ seront notées $0 \leq path\_i \leq 15$. Parmi les seize valeurs proposées par cette notation, il est important de retenir que neuf valeurs sont possibles.

4.2.3.1 CALCUL DE LA DECISION LOCALE DU TERMINAL

Pour chaque médium med composant le service nommé $service\_name$, l'entité TMME11, implémentée dans le terminal ayant pour identifiant $terminal_{id}^{user_{id}}$ et appartenant à l'utilisateur ayant pour identifiant $user_{id}$, choisit un chemin parmi les neuf chemins possibles en fonction des paramètres suivants:

- Débit disponible pour le médium med dans le chemin $path\_i$, $0 \leq path\_i \leq 15$, noté $x_{bandwidth_{path\_i}}^{med}$;

- Délai de transmission du médium *med* dans le chemin *path_i*, $0 \leq path\_i \leq 15$, noté $x^{med}_{delay_{path\_i}}$;
- Taux d'erreur pour le médium *med* dans le chemin *path_i*, $0 \leq path\_i \leq 15$, noté $x^{med}_{error_{path\_i}}$;
- Coût financier de vente du service plus coût de transmission du médium *med* dans le chemin *path_i*, $0 \leq path\_i \leq 15$, noté $x^{med}_{total\_cost_{path\_i}}$.

Pour chaque médium *med*, les paramètres S_x caractérisant les besoins de l'entité TMME11 sont les suivants:

- $S_{bandwidth_{med}} = bandwidth^{med}$, en notant $bandwidth^{med}$ le débit demandé par le terminal pour recevoir le médium *med*. Il est égal au nombre de bits des paquets "IP/Médium" transmis par unité de temps;
- $S_{delay_{med}} = delay^{med}$, en notant $delay^{med}$ le délai maximal demandé par le terminal pour recevoir le médium *med*;
- $S_{error_{med}} = error^{med}$, en notant $error^{med}$ le taux d'erreur maximal demandé par le terminal pour recevoir le médium *med*;
- $S_{total\_cost_{service}} = total\_cost^{service}$, en notant $total\_cost^{service}$ le coût financier maximal demandé par le terminal pour recevoir le service nommé *service_name*.

Les paramètres $x^{med}_{bandwidth_{path\_i}}$, $x^{med}_{delay_{path\_i}}$, $x^{med}_{error_{path\_i}}$ sont obtenus en mettant en œuvre le protocole défini dans le document (RFC 6450, 2011).

L'entité TMME11 calcule son indice de satisfaction lorsque le médium *med* est transmis sur le chemin *path_i* conformément à l'équation E4.1.

$$Score^{med}_{TMME_{1;1}}[path\_i]$$

$$= \frac{1}{4} \cdot \left(g_{S_{bandwidth_{med}}}\left(x^{med}_{bandwidth_{path\_i}}\right) + g_{\frac{1}{S_{delay_{med}}}}\left(\frac{1}{x^{med}_{delay_{path\_i}}}\right) \right.$$

$$\left. + g_{\frac{1}{S_{error_{med}}}}\left(\frac{1}{x^{med}_{error_{path\_i}}}\right) + g_{\frac{1}{S_{total\_cost_{service}}}}\left(\frac{1}{x^{med}_{total\_cost_{path\_i}}}\right) \right) \qquad \text{(E4.1)}$$

Pour chaque médium *med*, la décision locale de l'entité TMME11 se fait en classant les neuf chemins en fonction de leur indice de satisfaction conformément à l'équation E4.2.

$$DL^{med}_{TMME_{1;1}} = sort_{0 \leq i \leq 15}\left(Score^{med}_{TMME_{1;1}}[path\_i]\right) \qquad \text{(E4.2)}$$

4.2.3.2 CALCUL DE LA DECISION LOCALE DU BROADCAST MULTICAST SERVICE CENTER

Pour chaque médium *med* composant le service nommé *service_name*, l'entité TMME12 demande au réseau du fournisseur du service une classe de service notée $CoS^{service\_provider}_{med}$. Le réseau du fournisseur du service lui attribue une classe de service, notée $CoS^{network\_provider}_{med}$. Le médium *med* est transmis dans le réseau si la classe de service attribuée est égale à la classe de service demandée. Puis l'entité TMME12 choisit, pour la classe de service demandée, un chemin parmi les neuf chemins possibles en fonction des paramètres suivants:

- La fiabilité de transmission d'un chemin, notée $x_{reliability_{path\_i}}$. Pour chaque chemin possible, nous avons défini une échelle de fiabilité, présentée Table 4.3, basée sur le nombre de liens unicast dans un chemin. Plus le nombre de liens unicast d'un chemin est élevé, plus ce chemin est fiable. Un lien unicast dans le réseau du fournisseur du service est affecté d'un poids "1", tandis qu'un lien multicast est affecté d'un poids "0". Un lien unicast dans le réseau cœur est affecté d'un poids "2", tandis qu'un lien multicast est affecté d'un poids "0". Un lien unicast dans une cellule radio est affecté d'un poids "3", tandis qu'un lien multicast est affecté d'un poids "0";
- Le coût de transmission des données dans un chemin, noté $x_{transmission\_cost_{path\_i}}$. Plus la fiabilité est élevée, plus le coût de transmission est élevé.

Identification binaire du chemin	Echelle de fiabilité du chemin
1111	8
0111	7
0110	4
0101	5
0100	2
0011	5
0010	2
0001	3
0000	0

Table 4.3: Echelle de fiabilité des chemins physiques

- La charge dans le réseau du fournisseur du service, notée $x_{load_{RFS}}^{unicast_{service\_name,med}}$, lorsque le médium med composant le service nommé $service\_name$ est transmis en unicast;
- La charge dans le réseau du fournisseur du service, notée $x_{load_{RFS}}^{multicast_{service\_name,med}}$, lorsque le médium med composant le service nommé $service\_name$ est transmis en multicast.

Dans le réseau du fournisseur du service, le chemin $path\_i$, $0 \leq path\_i \leq 15$, est un chemin multicast si son bit $b_0^{path\_i}$ est égal à "0". Le chemin $path\_i$, $0 \leq path\_i \leq 15$, est un chemin unicast si son bit $b_0^{path\_i}$ est égal à "1".

La charge dans le réseau du fournisseur du service est fonction de la popularité d'un service, de la durée de diffusion d'un service, et du débit nécessaire pour transmettre un service en unicast ou en multicast. La popularité d'un service mesure la probabilité qu'un utilisateur demande ce service parmi un ensemble de services possibles. La probabilité qu'un utilisateur demande un service peut être estimée en se basant sur les études de popularité des services tels que le World Wide Web, le Peer-to-Peer File-Sharing, ou la Vidéo à la Demande. Qiu *et al* (QIU, 2009) ont montré, en analysant la popularité de cinq cents services proposés par la télévision transmise sur Internet, que la probabilité qu'un utilisateur demande un service est modélisable par une loi de la forme $\frac{C}{x^{\alpha}}$, où x représente le rang du service demandé dans un classement des services ordonnés du plus populaire vers le moins populaire, et où la constante C est telle que l'addition des probabilités des cinq cents services soit égale à un. Cette loi, appelée loi de Zipf (ADAMIC, 2002), est représentée Figure 4.7. Cha *et al* (CHA, 2008) ont montré que 10% des services proposés par la télévision transmise sur Internet sont demandés par 90% des Internautes.

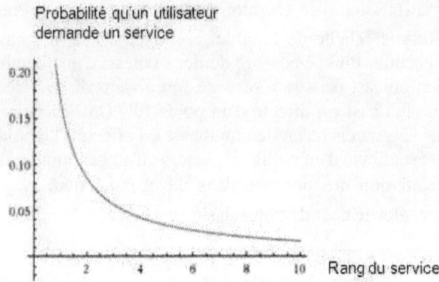

Figure 4.7: Modélisation de la probabilité qu'un utilisateur demande un service en fonction du rang du service

Supposons qu'un service très populaire soit demandé par 90% des utilisateurs, et qu'un service peu populaire soit demandé par 1% des utilisateurs. Supposons que la durée et le débit du service très populaire sont respectivement égaux à 1 minute et 250 kbps, tandis que la durée et le débit du service peu populaire sont respectivement égaux à 120 minutes et 500 kbps. Supposons que 1000 utilisateurs émettent une demande à l'instant $t0$ et qu'aucune demande n'est émise pendant 119 minutes (Figure 4.8). A l'instant $t0$ il y a donc, en moyenne, 900 utilisateurs qui demandent le service très populaire et 10 utilisateurs qui demandent le service peu populaire. Durant une période de mesures égale à 60 minutes, le nombre moyen d'utilisateurs ayant reçu le service très populaire est égal à $900 * \frac{1}{60}$, soit 15 utilisateurs, tandis que le nombre moyen d'utilisateurs ayant reçu le service peu populaire est égal à $10 * \frac{60}{60}$, soit 10 utilisateurs.

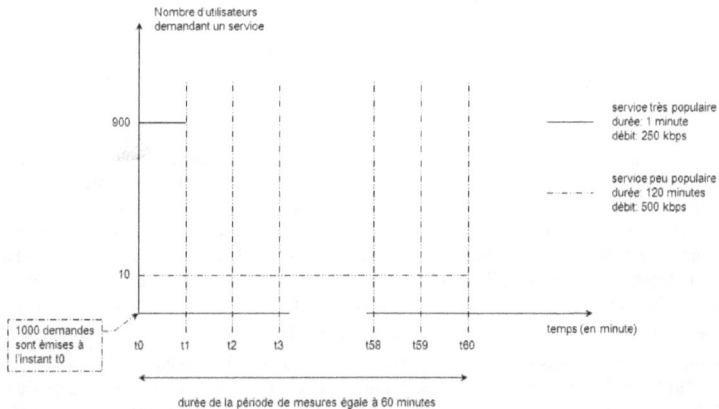

Figure 4.8: Calcul du nombre moyen d'utilisateurs recevant un service pendant une période de mesures égale à 60 minutes

Durant une période de mesures égale à 60 minutes, la charge moyenne du réseau lorsque les deux services sont transmis en unicast est égale à $(15 * 250 + 10 * 500)\ kbps$. Lorsque les deux services sont transmis dans deux groupes multicast, la charge moyenne du réseau est égale à $\left(1 * \frac{1}{60} * 250 + 1 * \frac{60}{60} * 500\right)\ kbps$.

Durant une période de mesure, le nombre d'utilisateurs demandant un service peut varier à chaque instant. Le nombre d'utilisateurs que nous utiliserons pour les calculs de charge d'un réseau est la valeur moyenne du nombre d'utilisateurs demandant un service durant une période de mesure. Pour calculer la charge d'un réseau, nous supposerons que tous les utilisateurs demandent un service à l'instant $t0$ et que la durée du service est égale à la durée de la période de mesure. Pendant une période de mesure, la charge d'un réseau transmettant un service est alors égale au nombre moyen d'utilisateurs demandant un service par le débit nécessaire pour transmettre ce service.

Le calcul des paramètres $x_{load_{RFS}}^{unicast_{service\_name,med}}$ et $x_{load_{RFS}}^{multicast_{service\_name,med}}$ se fait avec les notations suivantes:

- $x_{load_{RFS}}^{unicast}$: la charge dans le réseau du fournisseur du service avant la transmission unicast du médium med composant le service nommé $service\_name$;
- $x_{load_{RFS}}^{multicast}$: la charge dans le réseau du fournisseur du service avant la transmission multicast du médium med composant le service nommé $service\_name$;
- N_{bmsc}^{term} : nombre de terminaux desservis par le BM-SC;
- p_{active}^{term} : probabilité qu'un terminal soit dans l'état "actif";
- k_{active}^{term} : nombre de terminaux dans l'état "actif";
- $p_{service}^{term}$: probabilité qu'un terminal dans l'état "actif" demande un service;
- $P_{k_{active}^{term}}^{k_{term},service\_name}$: probabilité que, parmi k_{active}^{term} terminaux dans l'état "actif", k_{term} terminaux demandent un service nommé $service\_name$;
- $rate_{RFS,i}^{med}$: débit nécessaire dans le réseau du fournisseur du service pour transmettre le médium med vers le $i^{ième}$ terminal. Il est égal au nombre de bits par unité de temps des paquets "IP/UDP/RTP/Médium" du médium med émis par le Broadcast Multicast Service Center.

Le paramètre $x_{load_{RFS}}^{unicast_{service\_name,med}}$ est calculé conformément à l'équation E4.3:

$$x_{load_{RFS}}^{unicast_{service\_name,med}} - x_{load_{RFS}}^{unicast}$$
$$= \sum_{k_{active}^{term}=1}^{k_{active}^{term}=N_{bmsc}^{term}} \sum_{k_{term}=1}^{k_{term}=k_{active}^{term}} P_{k_{active}^{term}}^{k_{term},service\_name} \cdot \left(\sum_{i=1}^{i=k_{term}} rate_{RFS,i}^{med} \right)$$
(E4.3)

Le paramètre $x_{load_{RFS}}^{multicast_{service\_name,med}}$ est calculé conformément à l'équation E4.4:

$$x_{load_{RFS}}^{multicast_{service\_name,med}} - x_{load_{RFS}}^{multicast}$$
$$= \sum_{k_{active}^{term}=1}^{k_{active}^{term}=N_{bmsc}^{term}} \sum_{k_{term}=1}^{k_{term}=k_{active}^{term}} P_{k_{active}^{term}}^{k_{term},service\_name} \cdot \left(min\left(rate_{RFS,i}^{med}\right)_{1 \leq i \leq k_{term}} \right)$$
(E4.4)

Abdollahpouri et al (ABDOLLAHPOURI, 2010) ont calculé la probabilité que k_{term} terminaux demandent un service en supposant que tous les terminaux sont dans l'état "actif" et que les utilisateurs ont des comportements indépendants. Lorsque k_{active}^{term} terminaux sont dans l'état "actif", la probabilité que, parmi les terminaux dans l'état "actif", k_{term} terminaux demandent un service est calculée conformément à l'équation E4.5:

$$P_{k_{active}^{term}}^{k_{term}, service} = C_{k_{active}^{term}}^{k_{term}} \left(p_{service}^{term}\right)^{k_{term}} \cdot \left(1 - p_{service}^{term}\right)^{k_{active}^{term} - k_{term}}$$
$$* \; C_{N^{term}}^{k_{active}^{term}} \left(p_{active}^{term}\right)^{k_{active}^{term}} \cdot \left(1 - p_{active}^{term}\right)^{N_{bmsc}^{term} - k_{active}^{term}} \tag{E4.5}$$

Pour chaque médium *med* composant le service nommé *service_name*, les paramètres S_x caractérisant les besoins de l'entité TMME12 sont les suivants:

- $S_{reliability_{med}}$ caractérise le besoin de fiabilité demandée par le fournisseur du service pour transmettre le médium *med*. Par exemple, lorsque le fournisseur d'un service implémente un codec Scalable Video Codec (SCHWARZ, 2007), le flux de base, qui contient des informations indispensables au décodage d'une vidéo, doit être transmis sur un chemin fiable. Les flux rehaussés, qui contiennent des informations moins importantes, peuvent être transmis sur des chemins moins fiables;
- $S_{transmission\_cost_{med}}$ caractérise le coût financier maximal demandé par le fournisseur du service pour transmettre le médium *med*;
- $S_{load_{RFS}}^{unicast}$ caractérise la charge maximale que peut supporter le réseau du fournisseur du service lors du transport des flux IP Unicast;
- $S_{load_{RFS}}^{multicast}$ caractérise la charge multicast maximale que peut supporter le réseau du fournisseur du service lors du transport des flux IP Multicast.

L'entité TMME12 calcule son indice de satisfaction lorsque le médium *med* composant le service nommé *service_name* est transmis sur le chemin *path_i* conformément à l'équation E4.6.

$$Score_{TMME_{1;2}}^{med}[path\_i]$$

$$= \frac{1}{3} \cdot \left(g_{S_{reliability_{med}}} \left(x_{reliability_{path\_i}} \right) \right.$$

$$+ \; g_{\frac{1}{S_{transmission\_cost_{med}}}} \left(\frac{1}{x_{transmission\_cost_{path\_i}}} \right)$$

$$+ \; b_0^{path\_i} \cdot g_{\frac{1}{S_{load_{RFS}}^{unicast}}} \left(\frac{1}{x_{load_{RFS}}^{unicast_{service\_name,med}}} \right)$$

$$+ \; (1 - b_0)^{path\_i} \cdot g_{\frac{1}{S_{load_{RFS}}^{multicast}}} \left. \left(\frac{1}{x_{load_{RFS}}^{multicast_{service\_name,med}}} \right) \right) \tag{E4.6}$$

Pour chaque médium *med* composant le service nommé *service_name*, la décision locale de l'entité TMME12 se fait en classant les neuf chemins en fonction de leur indice de satisfaction conformément à l'équation E4.7.

$$DL_{TMME_{1;2}}^{med} = sort_{0 \leq i \leq 15} \left(Score_{TMME_{1;2}}^{med}[path\_i] \right) \tag{E4.7}$$

4.2.3.3 CALCUL DE LA DECISION PARTIELLE DU PREMIER NIVEAU DE LA HIERARCHIE DE PRISE DE DECISIONS

Pour chaque médium *med* composant le service nommé *service_name*, l'entité TMME11, responsable de la transmission de la décision partielle du premier niveau hiérarchique, calcule l'indice de satisfaction pondéré du chemin $path\_i$, $0 \leq path\_i \leq 15$, conformément à l'équation E4.8.

$$WScore_{TMME_{1;1}}^{med}[path\_i]$$
$$= \frac{w_{TMME_{1;1}} \cdot Score_{TMME_{1;1}}^{med}[path\_i] + w_{TMME_{1;2}} \cdot Score_{TMME_{1;2}}^{med}[path\_i]}{w_{TMME_{1;1}} + w_{TMME_{1;2}}} \qquad (E4.8)$$

Pour chaque médium *med*, la décision partielle du premier niveau prise par l'entité TMME11 se fait en classant les neuf chemins en fonction de leur indice de satisfaction pondéré conformément à l'équation E4.9.

$$DP_{level\_1}^{med} = sort_{0 \leq i \leq 15}\left(WScore_{TMME_{1;1}}^{med}[path\_i]\right) \qquad (E4.9)$$

4.2.3.4 CALCUL DE LA DECISION LOCALE DU GATEWAY GPRS SUPPORT NODE

Pour chaque médium *med* composant le service nommé *service_name*, la décision locale de l'entité TMME21 consiste à choisir un chemin parmi les chemins physiquement possibles (Figure 4.6). L'entité TMME21 peut choisir entre un segment unicast dans le réseau UMTS, un segment unicast dans le réseau MBMS, ou un segment multicast dans le réseau MBMS. Le chemin $path\_i$, $0 \leq path\_i \leq 15$, possède un segment unicast dans le réseau UMTS si ses deux premiers bits $(b_0 b_1)^{path\_i}$ sont égaux à "11". Le chemin $path\_i$, $0 \leq path\_i \leq 15$, possède un segment unicast dans le réseau MBMS si ses deux premiers bits $(b_0 b_1)^{path\_i}$ sont égaux à "01". Le chemin $path\_i$, $0 \leq path\_i \leq 15$, possède un segment multicast dans le réseau MBMS si ses deux premiers bits $(b_0 b_1)^{path\_i}$ sont égaux à "00". L'entité TMME21 choisit un chemin en fonction des paramètres suivants:

- La charge du segment $GGSN \rightarrow SGSN$ dans le réseau UMTS, notée $x_{load_{UMTS,GGSN}}^{unicast_{service\_name,med}}$, lorsque le médium *med* composant le service nommé *service_name* est transmis en unicast dans le réseau cœur du réseau UMTS;
- La charge du segment $GGSN \rightarrow SGSN$ dans le réseau MBMS, notée $x_{load_{MBMS,GGSN}}^{unicast_{service\_name,med}}$, lorsque le médium *med* composant le service nommé *service_name* est transmis en unicast dans le réseau cœur du réseau MBMS;
- La charge du segment $GGSN \rightarrow SGSN$ dans le réseau MBMS, notée $x_{load_{MBMS,GGSN}}^{multicast_{service\_name,med}}$, lorsque le médium *med* composant le service nommé *service_name* est transmis en multicast dans le réseau cœur du réseau MBMS.

Le calcul des charges $x_{load_{UMTS,GGSN}}^{unicast_{service\_name,med}}$, $x_{load_{MBMS,GGSN}}^{unicast_{service\_name,med}}$, et $x_{load_{MBMS,GGSN}}^{multicast_{service\_name,med}}$ se fait avec les notations suivantes:

- $x_{load_{UMTS,GGSN}}^{unicast}$: charge du segment $GGSN \rightarrow SGSN$ dans le réseau UMTS avant la transmission du médium *med* du service nommé *service_name*;
- $x_{load_{MBMS,GGSN}}^{unicast}$: charge unicast du segment $GGSN \rightarrow SGSN$ dans le réseau MBMS avant la transmission du médium *med* du service nommé *service_name*;
- $x_{load_{MBMS,GGSN}}^{multicast}$: charge multicast du segment $GGSN \rightarrow SGSN$ dans le réseau MBMS avant la transmission du médium *med* du service nommé *service_name*;
- N^{sgsn} : nombre moyen de SGSNs desservis par un GGSN;

118

- p_{active}^{sgsn} : probabilité qu'un SGSN soit dans l'état "actif". Un SGSN est dans l'état "actif" si au moins un tunnel $GTP - U_{(SGSN \rightarrow RNC)}$ est établi vers un RNC pour transmettre des paquets IP Multicast;
- k_{active}^{sgsn} : nombre de SGSNs dans l'état "actif";
- $p_{service}^{sgsn}$: probabilité qu'un SGSN dans l'état "actif" demande un service;
- $P_{k_{active}^{sgsn}}^{k_{sgsn}, service\_name}$: probabilité que, parmi k_{active}^{sgsn} SGSN dans l'état "actif", k_{sgsn} SGSN demandent un service nommé $service\_name$;
- $rate_{UMTS,GGSN,i}^{med}$: débit, calculé sur le segment $GGSN \rightarrow SGSN$ du réseau UMTS, nécessaire pour transmettre le médium med composant le service $service\_name$ vers le $i^{ième}$ terminal. Il est égal au nombre de bits par unité de temps des paquets "IP/UDP/GTP − $U_{(GGSN \rightarrow SGSN)}$/IP/UDP/RTP/Médium" du médium med émis en unicast par le Broadcast Multicast Service Center vers le $i^{ième}$ terminal;
- $rate_{MBMS,GGSN}^{med}$: débit, calculé sur le segment $GGSN \rightarrow SGSN$ du réseau MBMS, nécessaire pour transmettre le médium med composant le service $service\_name$ vers un SGSN du réseau MBMS. Il est égal au nombre de bits par unité de temps des paquets "IP/UDP/GTP − $U_{(GGSN \rightarrow SGSN)}$/IP/UDP/RTP/Médium" du médium med émis en multicast par le Broadcast Multicast Service Center vers les terminaux.

La charge $x_{load_{UMTS,GGSN}}^{unicast_{service\_name,med}}$ est calculée conformément à l'équation E4.10:

$$x_{load_{UMTS,GGSN}}^{unicast_{service\_name,med}} - x_{load_{UMTS,GGSN}}^{unicast}$$
$$= \sum_{k_{active}=1}^{k_{active}=N_{bmsc}^{term}} \sum_{k_{term}=1}^{k_{term}=k_{active}} P_{k_{active}^{term}}^{k_{term}, service\_name} \cdot \left(\sum_{i=1}^{i=k_{term}} rate_{UMTS,GGSN,i}^{med} \right)$$
$$(E4.10)$$

La charge $x_{load_{MBMS,GGSN}}^{unicast_{service\_name,med}}$ est calculée conformément à l'équation E4.11:

$$x_{load_{MBMS,GGSN}}^{unicast_{service\_name,med}} - x_{load_{MBMS,GGSN}}^{unicast}$$
$$= \sum_{k_{active}^{sgsn}=1}^{k_{active}^{sgsn}=N^{sgsn}} \sum_{k_{sgsn}=1}^{k_{sgsn}=k_{active}^{sgsn}} P_{k_{active}^{sgsn}}^{k_{sgsn}, service\_name} \cdot \left(k_{sgsn} \cdot rate_{MBMS,GGSN}^{med} \right)$$
$$(E4.11)$$

La charge $x_{load_{MBMS,GGSN}}^{multicast_{service\_name,med}}$ est calculée conformément à l'équation E4.12:

$$x_{load_{MBMS,GGSN}}^{multicast_{service\_name,med}} - x_{load_{MBMS,GGSN}}^{multicast}$$
$$= \sum_{k_{active}^{sgsn}=1}^{k_{active}^{sgsn}=N^{sgsn}} \sum_{k_{sgsn}=1}^{k_{sgsn}=k_{active}^{sgsn}} P_{k_{active}^{sgsn}}^{k_{sgsn}, service\_name} \cdot \left(rate_{MBMS,GGSN}^{med} \right) \quad (E4.12)$$

Lorsque k_{active}^{sgsn} SGSN sont dans l'état "actif", la probabilité que, parmi les SGSN dans l'état "actif", k_{sgsn} SGSN demandent un service est calculée conformément à l'équation E4.13:

$$P_{k_{active}^{sgsn}}^{k_{sgsn},service} = C_{k_{active}^{sgsn}}^{k_{sgsn}} \left(p_{service}^{sgsn}\right)^{k_{sgsn}} \cdot \left(1 - p_{service}^{sgsn}\right)^{k_{active}^{sgsn} - k_{sgsn}}$$

$$* \, C_{N^{sgsn}}^{k_{active}^{sgsn}} \left(p_{active}^{sgsn}\right)^{k_{active}^{sgsn}} \cdot \left(1 - p_{active}^{sgsn}\right)^{N^{sgsn} - k_{active}^{sgsn}} \tag{E4.13}$$

Pour chaque médium *med* composant le service nommé *service_name*, les paramètres S_x caractérisant les besoins de l'entité TMME21 sont les suivants:

- $S_{load_{UMTS,GGSN}}^{unicast}$ caractérise la charge maximale que peut supporter le segment $GGSN \to SGSN$ du réseau UMTS lors du transport unicast des flux IP Unicast;
- $S_{load_{MBMS,GGSN}}^{unicast}$ caractérise la charge maximale que peut supporter le segment $GGSN \to SGSN$ du réseau MBMS lors du transport unicast des flux IP Multicast;
- $S_{load_{MBMS,GGSN}}^{multicast}$ caractérise la charge maximale que peut supporter le segment $GGSN \to SGSN$ du réseau MBMS lors du transport multicast des flux IP Multicast.

L'entité TMME21 calcule son indice de satisfaction lorsque le médium *med* est transmis sur le chemin *path_i* conformément à l'équation E4.14.

$$Score_{TMME_{2;1}}^{med}[path_i]$$

$$= (b_0 . b_1)^{path_i} . g_{\frac{1}{S_{load_{UMTS,GGSN}}^{unicast}}} \left(\frac{1}{x_{load_{UMTS,GGSN}}^{unicast_{service\_name,med}}} \right)$$

$$+ \left((1 - b_0).(b_1)\right)^{path_i} . g_{\frac{1}{S_{load_{MBMS,GGSN}}^{unicast}}} \left(\frac{1}{x_{load_{MBMS,GGSN}}^{unicast_{service\_name,med}}} \right)$$

$$+ \left((1 - b_0).(1 - b_1)\right)^{path_i} . g_{\frac{1}{S_{load_{MBMS,GGSN}}^{multicast}}} \left(\frac{1}{x_{load_{MBMS,GGSN}}^{multicast_{service\_name,med}}} \right) \tag{E4.14}$$

Pour chaque médium *med* composant le service nommé *service_name*, l'entité TMME21 intègre l'indice de satisfaction pondéré du premier niveau dans son indice de satisfaction en calculant son indice de satisfaction intégré du chemin *path_i*, $0 \leq path\_i \leq 15$, conformément à l'équation E4.15.

$$IScore_{TMME_{2;1}}^{med}[path_i] = \frac{w_{level_1} . WScore_{TMME_{1;1}}^{med}[path_i] + w_{TMME_{2;1}} . Score_{TMME_{2;1}}^{med}[path_i]}{w_{level_1} + w_{TMME_{2;1}}} \tag{E4.15}$$

Pour chaque médium *med* composant le service nommé *service_name*, la décision locale de l'entité TMME21 se fait en classant les neuf chemins en fonction de leur indice de satisfaction intégré conformément à l'équation E4.16.

$$DL_{TMME_{2;1}}^{med} = sort_{0 \leq i \leq 15}\left(IScore_{TMME_{2;1}}^{med}[path\_i]\right) \tag{E4.16}$$

Pour chaque médium *med* composant le service nommé *service_name*, la décision locale de l'entité TMME22 consiste à choisir un chemin parmi les chemins physiquement possibles (Figure 4.6). L'entité TMME22 peut choisir entre un segment unicast dans le réseau UMTS, un segment unicast dans le réseau MBMS, ou un segment multicast dans le réseau MBMS. Le chemin *path_i*, $0 \leq path\_i \leq 15$, possède un segment unicast dans le réseau UMTS si ses trois premiers bits $(b_0 b_1 b_2)^{path\_i}$ sont égaux à "111". Le chemin *path_i*, $0 \leq path\_i \leq 15$, possède un segment unicast dans le réseau MBMS si ses trois premiers bits $(b_0 b_1 b_2)^{path\_i}$ sont égaux à "011" ou à "001". Le chemin *path_i*, $0 \leq path\_i \leq 15$, possède un segment multicast dans le réseau MBMS si ses trois premiers bits $(b_0 b_1 b_2)^{path\_i}$ sont égaux à "010" ou à "000". L'entité TMME22 choisit un chemin en fonction des paramètres suivants:

- La charge du segment $SGSN \rightarrow RNC$ dans le réseau UMTS, notée $x_{load_{UMTS,SGSN}}^{unicast_{service\_name,med}}$, lorsque le médium *med* composant le service nommé *service_name* est transmis en unicast dans le réseau cœur du réseau UMTS;
- La charge du segment $SGSN \rightarrow RNC$ dans le réseau MBMS, notée $x_{load_{MBMS,SGSN}}^{unicast_{service\_name,med}}$, lorsque le médium *med* composant le service nommé *service_name* est transmis en unicast dans le réseau cœur du réseau MBMS;
- La charge du segment $SGSN \rightarrow RNC$ dans le réseau MBMS, notée $x_{load_{MBMS,SGSN}}^{multicast_{service\_name,med}}$, lorsque le médium *med* composant le service nommé *service_name* est transmis en multicast dans le réseau cœur du réseau MBMS.

Le calcul des charges $x_{load_{UMTS,SGSN}}^{unicast_{service\_name,med}}$, $x_{load_{MBMS,SGSN}}^{unicast_{service\_name,med}}$, et $x_{load_{MBMS,SGSN}}^{multicast_{service\_name,med}}$ se fait avec les notations suivantes:

- $x_{load_{UMTS,SGSN}}^{unicast}$: charge du segment $SGSN \rightarrow RNC$ dans le réseau UMTS avant la transmission du médium *med* du service nommé *service_name*;
- $x_{load_{MBMS,SGSN}}^{unicast}$: charge unicast du segment $SGSN \rightarrow RNC$ dans le réseau MBMS avant la transmission du médium *med* du service nommé *service_name*;
- $x_{load_{MBMS,SGSN}}^{multicast}$: charge multicast du segment $SGSN \rightarrow RNC$ dans le réseau MBMS avant la transmission du médium *med* du service nommé *service_name*;
- N_{sgsn}^{term} : nombre moyen de terminaux desservis par un SGSN;
- N^{rnc} : nombre moyen de RNCs desservis par un SGSN;
- p_{active}^{rnc} : probabilité qu'un RNC soit dans l'état "actif". Un RNC est dans l'état "actif" si au moins un canal est établi vers une cellule radio pour transmettre des paquets IP Multicast;
- k_{active}^{rnc} : nombre de RNC dans l'état "actif";
- $p_{service}^{rnc}$: probabilité qu'un RNC dans l'état "actif" demande un service;
- $P_{k_{active}^{rnc}}^{k_{rnc}service\_name}$: probabilité que, parmi k_{active}^{rnc} RNC dans l'état "actif", k_{rnc} RNC demandent un service nommé *service_name*;
- $rate_{UMTS,SGSN,i}^{med}$: débit, calculé sur le segment $SGSN \rightarrow RNC$ du réseau UMTS, nécessaire pour transmettre le médium *med* vers le $i^{ième}$ terminal. Il est égal au nombre de bits par unité de temps des paquets "IP/UDP/GTP $-$ U$_{(SGSN \rightarrow RNC)}$/IP/UDP/RTP/Médium" du médium *med* émis en unicast par le Broadcast Multicast Service Center vers le $i^{ième}$ terminal;
- $rate_{MBMS,SGSN}^{med}$: débit, calculé sur le segment $SGSN \rightarrow RNC$ du réseau MBMS, nécessaire pour transmettre le médium *med* vers un RNC du réseau MBMS. Il est égal au nombre de bits par unité de temps des paquets "IP/UDP/GTP $-$ U$_{(SGSN \rightarrow RNC)}$/IP/UDP/RTP/Médium" du médium *med* émis en multicast par le Broadcast Multicast Service Center vers les terminaux.

La charge $x^{unicast_{service\_name,med}}_{load_{UMTS,SGSN}}$ est calculée conformément à l'équation E4.17:

$$x^{unicast_{service\_name,med}}_{load_{UMTS,SGSN}} - x^{unicast}_{load_{UMTS,SGSN}}$$
$$= \sum_{k_{active}=1}^{k_{active}=N^{term}_{sgsn}} \sum_{k_{term}=1}^{k_{term}=k_{active}} P^{k_{term},service\_name}_{k^{term}_{active}} \cdot \left(\sum_{i=1}^{i=k_{term}} rate^{med}_{UMTS,SGSN,i} \right)$$

(E4.17)

La charge $x^{unicast_{service\_name,med}}_{load_{MBMS,SGSN}}$ est calculée conformément à l'équation E4.18:

$$x^{unicast_{service\_name,med}}_{load_{MBMS,SGSN}} - x^{unicast}_{load_{MBMS,SGSN}}$$
$$= \sum_{k^{rnc}_{active}=1}^{k^{rnc}_{active}=N^{rnc}} \sum_{k_{rnc}=1}^{k_{rnc}=k^{rnc}_{active}} P^{k_{rnc},service\_name}_{k^{rnc}_{active}} \cdot \left(k_{rnc} \cdot rate^{med}_{MBMS,SGSN} \right)$$

(E4.18)

La charge $x^{multicast_{service\_name,med}}_{load_{MBMS,SGSN}}$ est calculée conformément à l'équation E4.19:

$$x^{multicast_{service\_name,med}}_{load_{MBMS,SGSN}} - x^{multicast}_{load_{MBMS,SGSN}}$$
$$= \sum_{k^{rnc}_{active}=1}^{k^{rnc}_{active}=N^{rnc}} \sum_{k_{rnc}=1}^{k_{rnc}=k^{rnc}_{active}} P^{k_{rnc},service\_name}_{k^{rnc}_{active}} \cdot \left(rate^{med}_{MBMS,SGSN} \right)$$

(E4.19)

Lorsque k^{rnc}_{active} RNC sont dans l'état "actif", la probabilité que, parmi les RNC dans l'état "actif", k_{rnc} RNC demandent un service est calculée conformément à l'équation E4.20:

$$P^{k_{rnc},service}_{k^{rnc}_{active}} = C^{k_{rnc}}_{k^{rnc}_{active}} (p^{rnc}_{service})^{k_{rnc}} \cdot (1 - p^{rnc}_{service})^{k^{rnc}_{active}-k_{rnc}}$$
$$* C^{k^{rnc}_{active}}_{N^{rnc}} (p^{rnc}_{active})^{k^{rnc}_{active}} \cdot (1 - p^{rnc}_{active})^{N^{rnc}-k^{rnc}_{active}}$$

(E4.20)

Pour chaque médium med composant le service nommé $service\_name$, les paramètres S_x caractérisant les besoins de l'entité TMME22 sont les suivants:

- $S^{unicast}_{load_{UMTS,SGSN}}$ caractérise la charge maximale que peut supporter le segment $SGSN \to RNC$ du réseau UMTS lors du transport unicast des flux IP Unicast;
- $S^{unicast}_{load_{MBMS,SGSN}}$ caractérise la charge maximale que peut supporter le segment $SGSN \to RNC$ du réseau MBMS lors du transport unicast des flux IP Multicast;
- $S^{multicast}_{load_{MBMS,SGSN}}$ caractérise la charge maximale que peut supporter le segment $SGSN \to RNC$ du réseau MBMS lors du transport multicast des flux IP Multicast.

L'entité TMME22 calcule son indice de satisfaction lorsque le médium med est transmis sur le chemin $path\_i$ conformément à l'équation E4.21.

122

$$Score^{med}_{TMME_{2;2}}[path_i]$$

$$= (b_0.b_1.b_2)^{path_i}.g_{\frac{1}{S^{unicast}_{load_{UMTS,SGSN}}}}\left(x_{\frac{1}{load_{UMTS,SGSN}}}^{unicast_{service\_name,med}}\right)$$

$$+ ((1-b_0).(b_2))^{path_i}.g_{\frac{1}{S^{unicast}_{load_{MBMS,SGSN}}}}\left(x_{\frac{1}{load_{MBMS,SGSN}}}^{unicast_{service\_name,med}}\right)$$

$$+ ((1-b_0).(1-b_2))^{path_i}.g_{\frac{1}{S^{multicast}_{load_{MBMS,SGSN}}}}\left(x_{\frac{1}{load_{MBMS,SGSN}}}^{multicast_{service\_name,med}}\right) \quad \text{(E4.21)}$$

Pour chaque médium *med* composant le service nommé *service_name*, l'entité TMME22 intègre l'indice de satisfaction pondéré du premier niveau dans son indice de satisfaction en calculant son indice de satisfaction intégré du chemin *path_i*, $0 \le path\_i \le 15$, conformément à l'équation E4.22.

$$IScore^{med}_{TMME_{2;2}}[path_i] = \frac{w_{level_1}.WScore^{med}_{TMME_{1;1}}[path_i] + w_{TMME_{2;2}}.Score^{med}_{TMME_{2;2}}[path_i]}{w_{level_1} + w_{TMME_{2;2}}} \quad \text{(E4.22)}$$

Pour chaque médium *med* composant le service nommé *service_name*, la décision locale de l'entité TMME22 se fait en classant les neuf chemins en fonction de leur indice de satisfaction intégré conformément à l'équation E4.23.

$$DL^{med}_{TMME_{2;2}} = sort_{0 \le i \le 15}\left(IScore^{med}_{TMME_{2;2}}[path\_i]\right) \quad \text{(E4.23)}$$

4.2.3.6 CALCUL DE LA DECISION LOCALE DU RADIO NETWORK CONTROLLER

Dans un réseau Multimedia Broadcast Multicast Service, chaque cellule radio possède un mode de transmission point à point et un mode de transmission point à multipoint. Le mode de transmission point à point met en œuvre un canal appelé Dedicated Channel (3GPP TS 25.427, 2011), tandis que le mode de transmission point à multipoint met en œuvre un canal appelé Forward Access Channel (3GPP TS 25.346, 2011). Les mécanismes de contrôle de puissance sont essentiels dans les réseaux radio Wideband Code Division Multiple Access pour minimiser les interférences intra-cellulaires et inter-cellulaires. Ils diffèrent dans ces deux canaux.

Le canal Dedicated Channel (DCH) possède deux mécanismes de contrôle, appelés outer-loop et inner-loop (3GPP TS 25.214, 2011). Le rôle du mécanisme outer-loop est de calculer le rapport Signal-to-Interference (SIR) pour atteindre un Block Error Ratio (BLER) caractérisant une qualité de transmission. Dans le sens de transmission ascendant, c'est le Controlling RNC qui calcule le SIR en fonction des conditions de propagation radio, tandis que dans le sens descendant, c'est le terminal qui calcule le SIR. La fréquence de calcul est comprise entre dix et cent fois par seconde. Lorsqu'un SIR a été calculé, un mécanisme inner-loop de type closed-loop ajuste la puissance d'émission avec une fréquence maximale de mille cinq cents fois par seconde. Dans le sens de transmission ascendant, la Station de Base transmet au terminal une commande Transmit Power Control pour lui demander d'ajuster sa puissance d'émission, tandis que dans le sens de transmission descendant, c'est le terminal qui transmet une commande Transmit Power Control à la Station de Base.

Le canal Forward Access Channel (FACH) possède, comme le canal Dedicated Channel, deux mécanismes de contrôle, outer-loop et inner-loop. Mais le mécanisme inner-loop est de type open-loop et ne permet pas d'ajuster la puissance d'émission de la Station de Base. Le Controlling RNC alloue au canal Forward Access Channel une fraction constante de la puissance totale qu'il alloue à la cellule.

La puissance totale allouée à une cellule radio est un paramètre qui intervient lors de la construction d'un réseau et permet de calculer son rayon en appliquant un modèle de propagation tel que le modèle Okumura Hata (PEREZ-ROMERO, 2005). La fraction allouée est fonction du SIR à atteindre, de la couverture radio à atteindre (ALEXIOU, 2007), et doit prendre en considération le fait que la mobilité d'un terminal est de type Break-before-Make, c'est-à-dire que, lors d'une mobilité, le terminal doit couper sa connexion avec sa Station de Base puis établir une nouvelle connexion avec la nouvelle Station de Base. La couverture radio d'un canal FACH d'une cellule doit alors être supérieure à son rayon. Autrement dit, la probabilité de ne pas atteindre un terminal situé au-delà du rayon de sa cellule doit être strictement inférieure à "1".

Pour chaque médium med composant le service nommé $service\_name$, la décision locale de l'entité TMME23 consiste à choisir un chemin parmi les chemins physiquement possibles (Figure 4.6). L'entité TMME23 peut choisir entre un segment point à point dans une cellule radio du réseau UMTS, un segment point à point dans une cellule radio du réseau MBMS, ou un segment point à multipoint dans une cellule radio du réseau MBMS. Le chemin $path\_i$, $0 \leq path\_i \leq 15$, possède un segment point à point dans une cellule radio du réseau UMTS si ses quatre bits $(b_0 b_1 b_2 b_3)^{path\_i}$ sont égaux à "1111". Le chemin $path\_i$, $0 \leq path\_i \leq 15$, possède un segment point à point dans une cellule radio du réseau MBMS si ses quatre bits $(b_0 b_1 b_2 b_3)^{path\_i}$ sont égaux à "0111", "0101", "0011", "0001". Le chemin $path\_i$, $0 \leq path\_i \leq 15$, possède un segment point à multipoint dans une cellule radio du réseau MBMS si ses quatre bits $(b_0 b_1 b_2 b_3)^{path\_i}$ sont égaux à "0110", "0100", "0010", "0000". L'entité TMME23 choisit un chemin point à point ou un chemin point à multipoint en fonction des paramètres suivants:

- La puissance d'émission de la Station de Base de la cellule $cell$ du réseau UMTS consommée par les canaux DCH transportant les paquets IP Unicast émis par la couche Packet Data Convergence Protocol (3GPP TS 25.323, 2011) du Radio Network Controller gérant la cellule $cell$ lorsque le médium med est transmis dans cette cellule. Le nombre de canaux DCH transportant les paquets IP Unicast est noté N_{dch} et la puissance d'émission consommée par ces canaux est notée $x_{power_{N_{dch}}}^{cell,umts}$;

- La puissance d'émission de la Station de Base de la cellule $cell$ du réseau MBMS consommée par les canaux DCH transportant les paquets IP Multicast émis par la couche Packet Data Convergence Protocol du Radio Network Controller gérant la cellule $cell$ lorsque le médium med est transmis dans cette cellule. La puissance d'émission consommée par ces canaux est notée $x_{power_{N_{dch}}}^{cell,mbms}$;

- La puissance d'émission de la Station de Base de la cellule $cell$ du réseau MBMS consommée par le canal FACH transportant les paquets IP Multicast émis par la couche Packet Data Convergence Protocol du Radio Network Controller gérant la cellule $cell$ lorsque le médium med est transmis dans cette cellule. La puissance d'émission consommée par ce canal est notée $x_{power_{fach}}^{cell,mbms}$.

Pérez-Romero et al (PEREZ-ROMERO, 2005) ont calculé la puissance d'émission consommée par les canaux DCH. Elle dépend du nombre d'utilisateurs dans la cellule, de leur distance par rapport à la Station de Base, des conditions de propagation dans la cellule, et du débit du service demandé par les utilisateurs.

Le calcul des puissances $x_{power_{N_{dch}}}^{cell,umts}$, $x_{power_{N_{dch}}}^{cell,mbms}$, et $x_{power_{fach}}^{cell,mbms}$ se fait avec les notations suivantes:

- $Power^{cell}$: puissance d'émission totale allouée par un Controlling Radio Network Controller à une cellule $cell$;
- $Power_{ctrl}^{cell}$: puissance d'émission allouée aux canaux de contrôle de la cellule $cell$;
- p_{fach}^{cell} : fraction de la puissance d'émission totale d'une cellule $cell$ allouée au canal FACH;

- $\eta_{downlink}^{cell,umts}$: facteur de charge dans le sens de transmission descendant de la cellule *cell* du réseau UMTS;
- $\eta_{downlink}^{cell,mbms}$: facteur de charge dans le sens de transmission descendant de la cellule *cell* du réseau MBMS;
- $rate_{chip}$: débit chip (3.84 Mchip/s);
- P_{noise} : puissance du bruit de fond;
- $intercell_k$: interférence inter-cellulaires observée par le terminal recevant le canal DCH numéro k de la cellule *cell*;
- $pathloss_k$: atténuation d'un signal transmis par le canal DCH numéro k de la cellule *cell*;
- ρ_o : facteur d'orthogonalité, $0 \le \rho_o \le 1$;
- $rate_k^{cell,umts}$: débit du canal DCH numéro k de la cellule *cell* du réseau UMTS. Il est égal au nombre de bits par unité de temps des paquets "PDCP/IP/UDP/RTP/Médium" émis par la couche Packet Data Convergence Protocol du Radio Network Controller;
- $rate_k^{cell,mbms}$: débit du canal DCH numéro k de la cellule *cell* du réseau MBMS. Il est égal au nombre de bits par unité de temps des paquets "PDCP/IP/UDP/RTP/Médium" émis par la couche Packet Data Convergence Protocol du Radio Network Controller;
- $\left(\frac{E_b}{N_0}\right)_k$: densité d'énergie par bit divisée par la densité spectrale de bruit du canal DCH numéro k de la cellule *cell*.

La puissance d'émission $x_{power_{N_{dch}}}^{cell,umts}$ est calculée conformément aux équations E4.24 et E4.24bis:

$$x_{power_{N_{dch}}}^{cell,umts} = \frac{Power_{ctrl}^{cell} + \frac{P_{noise}}{rate_{chip}} \cdot \left(\sum_{k=1}^{k=N_{dch}} (pathloss_k) \cdot \left(\frac{E_b}{N_0}\right)_k \cdot \left(rate_k^{cell,umts}\right) \right)}{1 - \eta_{downlink}^{cell,umts}} \quad \text{(E4.24)}$$

$$\eta_{downlink}^{cell,umts} = \sum_{k=1}^{k=N_{dch}} \frac{(intercell_k + \rho_o) \cdot \left(\frac{E_b}{N_0}\right)_k \cdot \left(rate_k^{cell,umts}\right)}{rate_{chip}} \quad \text{(E4.24bis)}$$

La puissance d'émission $x_{power_{N_{dch}}}^{cell,mbms}$ est calculée conformément aux équations E4.25 et E4.25bis:

$$x_{power_{N_{dch}}}^{cell,mbms} = \frac{Power_{ctrl}^{cell} + \frac{P_{noise}}{rate_{chip}} \cdot \left(\sum_{k=1}^{k=N_{dch}} (pathloss_k) \cdot \left(\frac{E_b}{N_0}\right)_k \cdot \left(rate_k^{cell,mbms}\right) \right)}{1 - \eta_{downlink}^{cell,mbms}} \quad \text{(E4.25)}$$

$$\eta_{downlink}^{cell,mbms} = \sum_{k=1}^{k=N_{dch}} \frac{(intercell_k + \rho_o) \cdot \left(\frac{E_b}{N_0}\right)_k \cdot \left(rate_k^{cell,mbms}\right)}{rate_{chip}} \quad \text{(E4.25bis)}$$

L'interférence inter-cellulaires observée par un terminal est fonction du type de cellule, à savoir microcell ou macrocell. Les cellules de type microcell, déployées dans les villes, génèrent moins d'interférences inter-cellulaires que les cellules de type macrocell déployées dans les campagnes.

L'interférence inter-cellulaires observée par un terminal est aussi fonction de sa position dans la cellule et de la puissance d'émission des cellules autour de lui. En notant $N_{neighbor}$ le nombre de cellules autour du terminal recevant le canal DCH numéro k, $x_{power}^{cell,j}$ la puissance d'émission de la cellule numéro j, et $pathloss_{j \to k}$ l'atténuation d'un signal émis par la cellule numéro j, l'interférence inter-cellulaires est calculée conformément à l'équation E4.26:

$$intercell_k = \sum_{j=1}^{j=N_{neighbor}} \frac{x_{power}^{cell,j}}{pathloss_{j \to k}} \qquad (E4.26)$$

La valeur de l'interférence inter-cellulaires, $intercell_k$, n'est pas transmise au Controlling RNC contrairement à la valeur de l'atténuation d'un signal, $pathloss_k$,. Quant à la valeur du facteur d'orthogonalité, ρ_o, elle dépend des conditions de propagation dans la cellule. Une analyse (RUMMLER, 2009) de l'impact du facteur d'orthogonalité sur la probabilité de ne pas atteindre un terminal situé au-delà du rayon de sa cellule en fonction de la puissance allouée au canal FACH a montré que la probabilité augmente lorsque le facteur d'orthogonalité augmente.

La puissance d'émission $x_{power_{fach}}^{cell,mbms}$ est calculée conformément à l'équation E4.27:

$$x_{power_{fach}}^{cell,mbms} = p_{fach}^{cell}.Power^{cell} \qquad (E4.27)$$

Pour chaque médium med, les paramètres S_x caractérisant les besoins de l'entité TMME23 sont les suivants:

- $S_{power_{dch}}^{cell}$: il est égal à la puissance d'émission maximale allouée aux canaux DCH de la cellule $cell$;
- $S_{power_{fach}}^{cell}$: il est égal à la puissance d'émission allouée au canal FACH de la cellule $cell$.

L'entité TMME23 calcule son indice de satisfaction lorsque le médium med est transmis sur le chemin $path\_i$ conformément à l'équation E4.28.

$$Score_{TMME_{2;3}}^{med}[path_i]$$

$$= (b_0.b_1.b_2.b_3)^{path\_i}.g_{\frac{1}{S_{power_{dch}}^{cell}}}\left(\frac{1}{x_{power_{N_{dch}}}^{cell,umts}}\right)$$

$$+ \left((1-b_0).(b_3)\right)^{path\_i}.g_{\frac{1}{S_{power_{dch}}^{cell}}}\left(\frac{1}{x_{power_{N_{dch}}}^{cell,mbms}}\right)$$

$$+ \left((1-b_0).(1-b_3)\right)^{path\_i}.g_{\frac{1}{S_{power_{fach}}^{cell}}}\left(\frac{1}{x_{power_{fach}}^{cell,mbms}}\right) \qquad (E4.28)$$

Pour chaque médium med, l'entité TMME23 intègre l'indice de satisfaction pondéré du premier niveau dans son indice de satisfaction en calculant son indice de satisfaction intégré du chemin $path\_i$, $0 \le path\_i \le 15$, conformément à l'équation E4.29.

$$IScore_{TMME_{2;3}}^{med}[path_i] = \frac{w_{level_1}.WScore_{TMME_{1;1}}^{med}[path_i] + w_{TMME_{2;3}}.Score_{TMME_{2;3}}^{med}[path_i]}{w_{level_1} + w_{TMME_{2;3}}} \qquad (E4.29)$$

Pour chaque médium *med*, la décision locale de l'entité TMME23 se fait en classant les neuf chemins en fonction de leur indice de satisfaction intégré conformément à l'équation E4.30.

$$DL^{med}_{TMME_{2;3}} = sort_{0 \leq i \leq 15}\left(IScore^{med}_{TMME_{2;3}}[path\_i]\right) \tag{E4.30}$$

4.2.3.7 CALCUL DE LA DECISION FINALE PAR LE DEUXIEME NIVEAU DE LA HIERARCHIE DE PRISE DE DECISIONS

Pour chaque médium *med* composant le service nommé *service_name*, l'entité TMME21, responsable de la prise de la décision finale, calcule l'indice de satisfaction pondéré du chemin *path_i*, $0 \leq path\_i \leq 15$, conformément à l'équation E4.31.

$$WScore^{med}_{TMME_{2;1}}[path_i]$$
$$= \frac{w_{TMME_{2;1}}.IScore^{med}_{TMME_{2;1}}[path_i] + w_{TMME_{2;2}}.IScore^{med}_{TMME_{2;2}}[path_i] + w_{TMME_{2;3}}.IScore^{med}_{TMME_{2;3}}[path_i]}{w_{TMME_{2;1}} + w_{TMME_{2;2}} + w_{TMME_{2;3}}}$$
$$\tag{E4.31}$$

Pour chaque médium *med*, la décision finale prise par l'entité TMME21 se fait en classant les neuf chemins en fonction de leur indice de satisfaction pondéré conformément à l'équation E4.32.

$$DF^{med}_{level\_2} = DP^{med}_{level\_2} = sort_{0 \leq i \leq 15}\left(WScore^{med}_{TMME_{2;1}}[path\_i]\right) \tag{E4.32}$$

4.2.3.8 MODELISATION DU CHOIX D'UN CHEMIN PAR LES ACTEURS PARTICIPANTS AU PROCESSUS DE PRISE DE DECISIONS

Pour conclure notre analyse du processus de choix du mode de transmission, nous présentons une modélisation réalisée avec Matlab™. Nous avons modélisé deux cas (Table 4.4). Dans le premier cas, les segments unicast des chemins sont chargés et les segments multicast des chemins sont peu chargés; dans le deuxième cas, les segments unicast sont peu chargés et les segments multicast sont chargés.

Acteur	Premier cas		Deuxième cas	
BM-SC	$x^{unicast}_{load_{RFS}} = 0,9 * S^{unicast}_{load_{RFS}}$ kbps		$x^{unicast}_{load_{RFS}} = 0,1 * S^{unicast}_{load_{RFS}}$ kbps	
	$x^{multicast}_{load_{RFS}} = 0,1 * S^{multicast}_{load_{RFS}}$ kbps		$x^{multicast}_{load_{RFS}} = 0,9 * S^{multicast}_{load_{RFS}}$ kbps	
TERMINAL	Chemin n° 15 (UMTS)	$x^{med}_{bandwidth_{path_i}} = 800$ kbps $x^{med}_{delay_{path_i}} = 150$ ms $x^{med}_{error_{path_i}} = 10^{-2}$	Chemin n° 15 (UMTS)	$x^{med}_{bandwidth_{path_i}} = 1200$ kbps $x^{med}_{delay_{path_i}} = 50$ ms $x^{med}_{error_{path_i}} = 10^{-3}$
	Chemin n° 0 à 7 (MBMS)	$x^{med}_{bandwidth_{path_i}} = 384$ kbps $x^{med}_{delay_{path_i}} = 200$ ms $x^{med}_{error_{path_i}} = 10^{-2}$	Chemin n° 0 à 7 (MBMS)	$x^{med}_{bandwidth_{path_i}} = 10$ kbps $x^{med}_{delay_{path_i}} = 300$ ms $x^{med}_{error_{path_i}} = 10^{-1}$
GGSN	$x^{unicast}_{load_{UMTS.GGSN}} = 0,9 * S^{unicast}_{load_{UMTS.GGSN}}$ kbps		$x^{unicast}_{load_{UMTS.GGSN}} = 0,1 * S^{unicast}_{load_{UMTS.GGSN}}$ kbps	
	$x^{unicast}_{load_{MBMS.GGSN}} = 0,5 * S^{unicast}_{load_{MBMS.GGSN}}$ kbps		$x^{unicast}_{load_{MBMS.GGSN}} = 0,5 * S^{unicast}_{load_{MBMS.GGSN}}$ kbps	
	$x^{multicast}_{load_{MBMS.GGSN}} = 0,1 * S^{multicast}_{load_{MBMS.GGSN}}$ kbps		$x^{multicast}_{load_{MBMS.GGSN}} = 0,9 * S^{multicast}_{load_{MBMS.GGSN}}$ kbps	
SGSN	$x^{unicast}_{load_{UMTS.SGSN}} = 0,9 * S^{unicast}_{load_{UMTS.SGSN}}$ kbps		$x^{unicast}_{load_{UMTS.SGSN}} = 0,1 * S^{unicast}_{load_{UMTS.SGSN}}$ kbps	
	$x^{unicast}_{load_{MBMS.SGSN}} = 0,5 * S^{unicast}_{load_{MBMS.SGSN}}$ kbps		$x^{unicast}_{load_{MBMS.SGSN}} = 0,5 * S^{unicast}_{load_{MBMS.SGSN}}$ kbps	
	$x^{multicast}_{load_{MBMS.SGSN}} = 0,1 * S^{multicast}_{load_{MBMS.SGSN}}$ kbps		$x^{multicast}_{load_{MBMS.SGSN}} = 0,9 * S^{multicast}_{load_{MBMS.SGSN}}$ kbps	
RNC	$N_{dch} = 15$		$N_{dch} = 5$	

Table 4.4: Valeurs des paramètres dans les deux cas modélisés

Décision locale du Broadcast Multicast Service Center: les valeurs numériques associées à la décision du Broadcast Multicast Service Center sont présentées Table 4.5.

Acteur	Paramètre	Valeur
Broadcast Multicast Service Center	$codec_{bit\_rate}$	64 kbps
	$codec_{frame\_rate}$	15 trames/s
	$S_{reliability_{med}}$	3 (fiabilité moyenne)
	$S_{transmission\_cost_{med}}$	3
	$S_{load_{RFS}}^{unicast}$	1000*69 kbps
	$S_{load_{RFS}}^{multicast}$	5*69 kbps
	N_{bmsc}^{term}	6000
	p_{active}^{term}	0.1
	$p_{service}^{term}$	0.438
	$rate_{RFS,i}^{med}$	69 kbps

Table 4.5: Valeurs numériques associées à la décision locale du Broadcast Multicast Service Center

La décision locale du Broadcast Multicast Service Center est modélisée Figure 4.9. Dans le premier cas, il choisit le chemin n° 5 ou le chemin n° 3. Sa décision est cohérente avec le fait que le segment unicast entre le BM-SC et le GGSN est chargé. Les chemins choisis ont le même niveau de fiabilité ($x_{reliability_{path\_i}} = 5$) et le choix est cohérent avec le niveau de fiabilité de transmission demandé par le BM-SC ($S_{reliability_{med}} = 3$). Dans le deuxième cas, il choisit le chemin n° 15. Sa décision est cohérente avec le fait que le segment multicast entre le BM-SC et le GGSN est chargé.

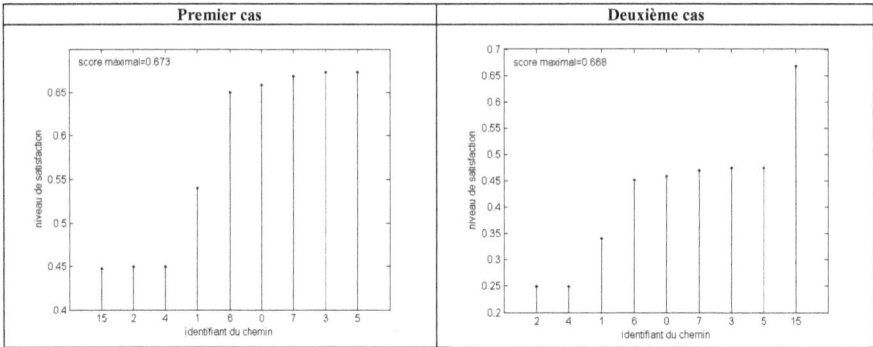

Figure 4.9: Décision locale du Broadcast Multicast Service Center

Décision locale du terminal: les valeurs numériques associées à la décision du terminal sont présentées Table 4.6.

Acteur	Paramètre		Valeur
Terminal	$S_{bandwidth_{med}}$		69 kbps
	$S_{delay_{med}}$		300 ms
	$S_{error_{med}}$		10^{-1}
	$S_{total\_cost_{service}}$		$(1 + 2.3 * 10^{-5} * 69 * 600)$ euros
	Chemin n° 15 (UMTS)	$x^{med}_{bandwidth_{path\_i}}$	[800,1200] kbps
		$x^{med}_{delay_{path\_i}}$	[50,150] ms
		$x^{med}_{error_{path\_i}}$	$[10^{-3}, 10^{-2}]$
		$x^{med}_{total\_cost_{path\_i}}$	$\left(1 + 2.3 * 10^{-5} * x^{med}_{bandwidth_{path\_i}} * 600\right)$ euros
	Chemin n° 0 à 7 (MBMS)	$x^{med}_{bandwidth_{path\_i}}$	[10,384] kbps
		$x^{med}_{delay_{path\_i}}$	[200,300] ms
		$x^{med}_{error_{path\_i}}$	$[10^{-2}, 10^{-1}]$
		$x^{med}_{total\_cost_{path\_i}}$	$\left(1 + 2.3 * 10^{-5} * x^{med}_{bandwidth_{path\_i}} * 600\right)$ euros

Table 4.6: Valeurs numériques associées à la décision locale du terminal

La décision locale du terminal est modélisée Figure 4.10. Dans le premier cas, il choisit un chemin dans le réseau MBMS en fonction du coût financier de transmission du chemin $x^{med}_{total\_cost_{path\_i}}$. En effet, les trois paramètres ($x^{med}_{bandwidth_{path\_i}}$, $x^{med}_{delay_{path\_i}}$, $x^{med}_{error_{path\_i}}$) n'ont pas d'incidence sur le choix du terminal puisqu'ils sont supérieurs aux trois paramètres ($S_{bandwidth_{med}}$, $S_{delay_{med}}$, $S_{error_{med}}$), c'est-à-dire qu'ils sont supérieurs aux contraintes du terminal. Dans le deuxième cas, il choisit le chemin n° 15 car c'est le seul chemin qui possède une bande passante suffisante pour transmettre le médium ($x^{med}_{bandwidth_{path\_i}} = 1200\ kbps$).

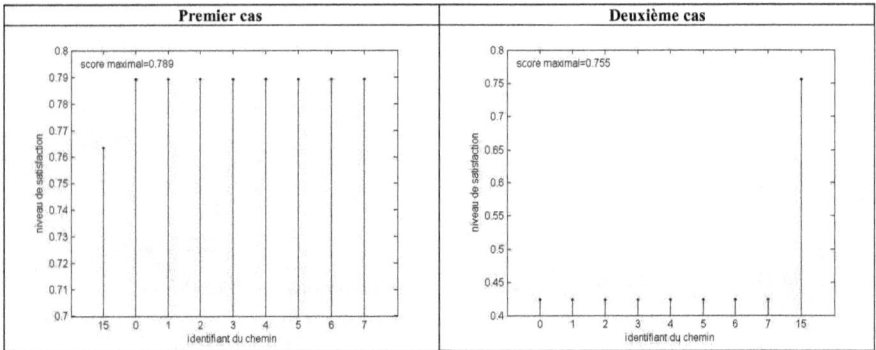

Figure 4.10: Décision locale du terminal

Décision locale du Gateway GPRS Support Node: les valeurs numériques associées à la décision du Gateway GPRS Support Node sont présentées Table 4.7.

Acteur	Paramètre	Valeur
Gateway GPRS Support Node	$S_{load_{UMTS,GGSN}}^{unicast}$	1000*74 kbps
	$S_{load_{MBMS,GGSN}}^{unicast}$	10*74 kbps
	$S_{load_{MBMS,GGSN}}^{multicast}$	5*74 kbps
	N^{sgsn}	5
	N_{bmsc}^{term}	6000
	p_{active}^{sgsn}	1
	$p_{service}^{sgsn}$	1
	$rate_{UMTS,GGSN,i}^{med}$	74 kbps
	$rate_{MBMS,GGSN}^{med}$	74 kbps

Table 4.7: Valeurs numériques associées à la décision locale du Gateway GPRS Support Node

La décision locale du Gateway GPRS Support Node est modélisée Figure 4.11. Dans le premier cas, il choisit le chemin n° 3, ou n° 2, 1, 0. Sa décision est cohérente avec le fait que les segments unicast entre le GGSN et le SGSN des réseaux UMTS et MBMS sont chargés. Dans le deuxième cas, il choisit le chemin n° 15. Sa décision est cohérente avec le fait que les segments unicast et multicast du réseau MBMS sont chargés.

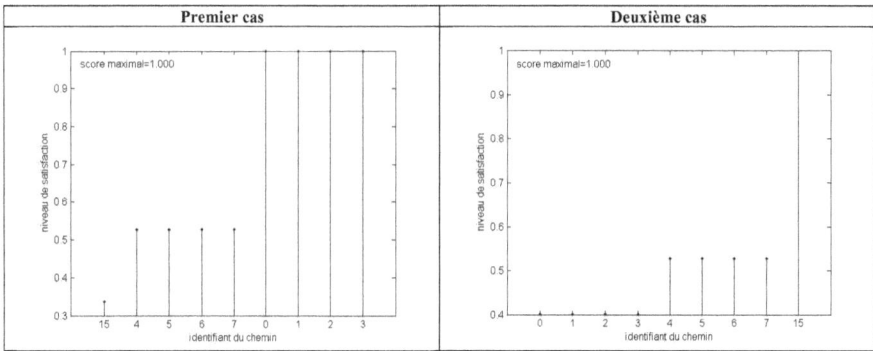

Figure 4.11: Décision locale du Gateway GPRS Support Node

Décision locale du Serving GPRS Support Node: les valeurs numériques associées à la décision du Serving GPRS Support Node sont présentées Table 4.8.

Acteur	Paramètre	Valeur
Serving GPRS Support Node	$S^{unicast}_{load_{UMTS,SGSN}}$	300*74 kbps
	$S^{unicast}_{load_{MBMS,SGSN}}$	10*74 kbps
	$S^{multicast}_{load_{MBMS,SGSN}}$	5*74 kbps
	N^{rnc}	5
	N^{term}_{sgsn}	1200
	P^{rnc}_{active}	1
	$P^{rnc}_{service}$	1
	$rate^{med}_{UMTS,SGSN,i}$	74 kbps
	$rate^{med}_{MBMS,SGSN}$	74 kbps

Table 4.8: Valeurs numériques associées à la décision locale du Serving GPRS Support Node

La décision locale du Serving GPRS Support Node est modélisée Figure 4.12. Dans le premier cas, il choisit le chemin n° 5, ou n° 4, 1, 0. Sa décision est cohérente avec le fait que les segments unicast entre le SGSN et le RNC des réseaux UMTS et MBMS sont chargés. Dans le deuxième cas, il choisit le chemin n° 15. Sa décision est cohérente avec le fait que les segments unicast et multicast du réseau MBMS sont chargés.

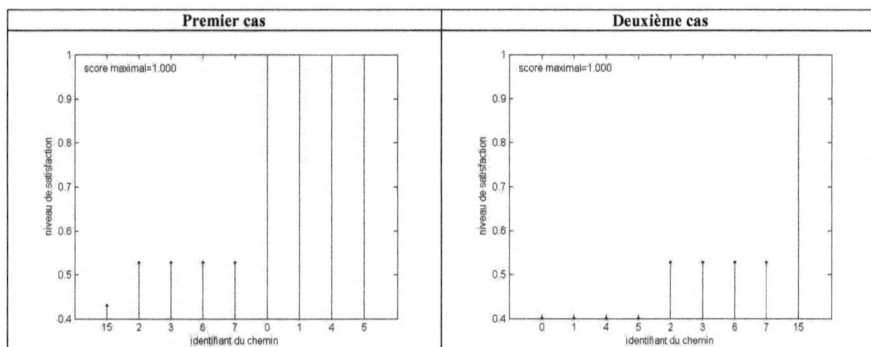

Figure 4.12: Décision locale du Serving GPRS Support Node

Décision locale du Radio Network Controller: les valeurs numériques associées à la décision du Radio Network Controller sont présentées Table 4.9.

Acteur	Paramètre	Valeur
Radio Network Controller	$Power^{cell}$	2 W
	$S_{power_{dch}}^{cell}$	0.4 W
	$S_{power_{fach}}^{cell}$	0.4 W
	$Power_{ctrl}^{cell}$	-10 dB
	p_{fach}^{cell}	18 %
	$rate_{chip}$	3.84 Mchip/s
	P_{noise}	-133.2 dB
	$intercell_k$	0.6
	$pathloss_k$	114 dB
	ρ_0	0.1
	$rate_k^{cell,umts}$	69 kbps
	$rate_k^{cell,mbms}$	69 kbps
	$(\frac{E_b}{N_0})_k$	6 dB

Table 4.9: Valeurs numériques associées à la décision locale du Radio Network Controller

La décision locale du Radio Network Controller est modélisée Figure 4.13. Elle est en cohérence avec le nombre de canaux DCH dans la cellule, puisqu'il choisit les segments radio point à multipoint dans le premier cas, et les segments radio point à point dans le deuxième cas.

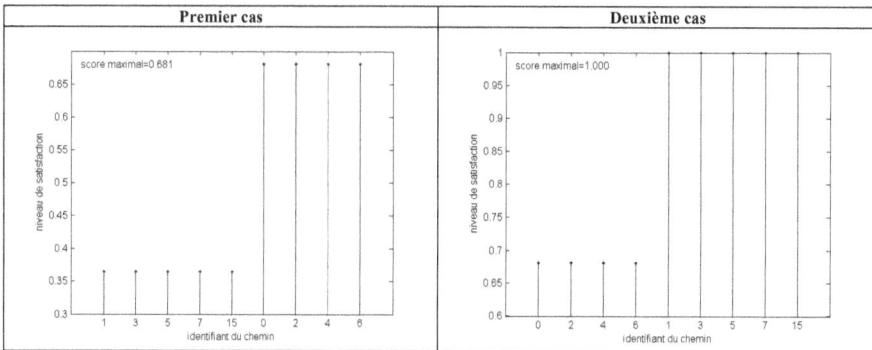

Figure 4.13: Décision locale du Radio Network Controller

Décision partielle du premier niveau: les valeurs numériques associées à la décision partielle du premier niveau sont présentées Table 4.10.

Acteur	Paramètre	Valeur
Premier niveau de la hiérarchie	$w_{TMME_{1;1}}$	0.5
	$w_{TMME_{1;2}}$	0.5

Table 4.10: Valeurs numériques associées à la décision partielle du premier niveau

La décision partielle du premier niveau est modélisée Figure 4.14. Dans le premier cas, il choisit le chemin n° 3 ou n° 5. Sa décision est cohérente puisque ces deux chemins sont choisis par le BM-SC et par le terminal. Dans le deuxième cas, il choisit le chemin n° 15. Sa décision est cohérente puisque ce chemin est choisi par le BM-SC et par le terminal.

Premier cas	Deuxième cas

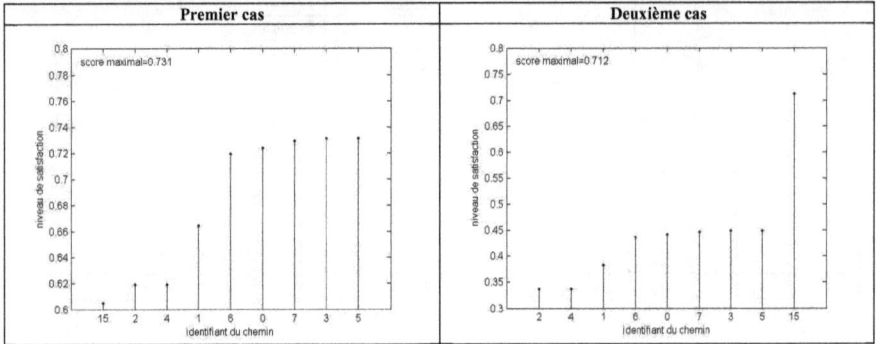

Figure 4.14: Décision partielle du premier niveau

Décision finale du deuxième niveau: les valeurs numériques associées à la décision finale du deuxième niveau sont présentées Table 4.11.

Acteur	Paramètre	Valeur
Deuxième niveau de la hiérarchie	w_{level_1}	0.3
	$w_{TMME_{2;1}}$	0.7
	$w_{TMME_{2;2}}$	0.7
	$w_{TMME_{2;3}}$	0.7

Table 4.11: Valeurs numériques associées à la décision finale du deuxième niveau

La décision finale du deuxième niveau est modélisée Figure 4.15. Dans le premier cas, il choisit le chemin n° 0. Dans le deuxième cas, il choisit le chemin n° 15. Ces deux choix reflètent la charge dans les réseaux UMTS et MBMS. Autrement dit, ils sont le reflet du poids important attribué à l'opérateur gérant les réseaux UMTS/MBMS ($w_{TMME_{2;1}} = w_{TMME_{2;2}} = w_{TMME_{2;3}} = 0.7$).

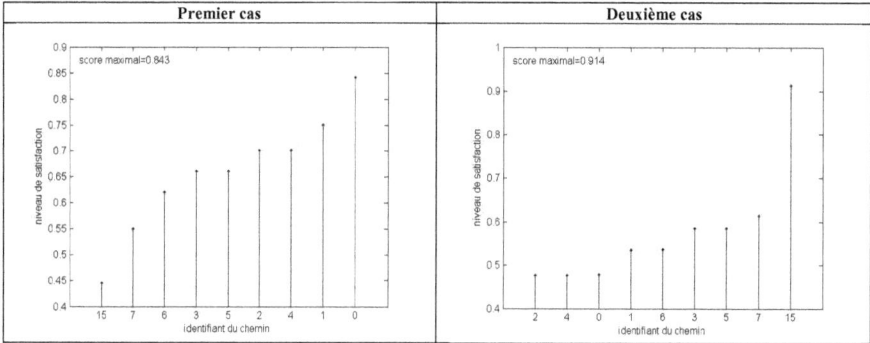

Premier cas	Deuxième cas

Figure 4.15: Décision finale du deuxième niveau

4.2.4 ANALYSE DE LA REPARTITION DES PARAMETRES NECESSAIRES AU PROCESSUS DE CHOIX DU MODE DE TRANSMISSION ENTRE LES ENTITES TMME

Dans cette section, nous analysons la répartition entre les entités TMME des paramètres nécessaires au processus de choix du mode de transmission. Ces paramètres se trouvent dans les modules Information Gathering des cinq entités TMME participant au processus de choix du mode de transmission, à savoir l'entité TMME définie dans le Broadcast Multicast Service Center, l'entité TMME définie dans le Gateway GPRS Support Node, l'entité TMME définie dans un Serving GPRS Support Node, l'entité TMME définie dans un Radio Network Controller, et l'entité TMME définie dans un terminal. La Table 4.12 présente ces paramètres et les entités TMME possédant ces paramètres.

Définition du paramètre	Identifiant du paramètre	Entité TMME détenant le paramètre
Identifiant d'un service à fournir	$service\_name$	$TMME_{1;2}$
Mesure de la probabilité qu'un utilisateur demande un service	$p_{service}^{term}$	(Broadcast Multicast Service Center)
Identifiant d'un médium composant un service à fournir	med	
Classe de service demandée (conversational, streaming, interactive, background) pour un médium composant un service à fournir	$CoS_{med}^{service\_provider}$	
Fiabilité minimale demandée pour transmettre un médium composant un service à fournir	$S_{reliability_{med}}$	
Coût financier maximal demandé pour transmettre un médium	$S_{transmission\_cost_{med}}$	
Identifiant d'un chemin possible entre un fournisseur d'un service et un terminal pour une classe de service	$path\_i$	$TMME_{2;1}$ (Gateway GPRS Support Node) $TMME_{2;2}$
Classe de service (streaming, background) attribuée à un médium composant un service à fournir	$CoS_{med}^{network\_operator}$	(Serving GPRS Support Node) $TMME_{2;3}$ (Radio Network Controller)
Mesure de la fiabilité d'un chemin possible entre un fournisseur d'un service et un terminal pour une classe de service	$x_{reliability_{path\_i}}$	
Mesure du coût financier d'un chemin possible entre un fournisseur d'un service et un terminal pour une classe de service	$x_{transmission\_cost_{path\_i}}$	
Charge maximale que peut supporter le réseau du fournisseur de services lors du transport des flux IP Unicast pour une classe de service	$s_{load_{RFS}}^{unicast}$	
Charge maximale que peut supporter le réseau du fournisseur de services lors du transport des flux IP Multicast pour une classe de service	$s_{load_{RFS}}^{multicast}$	

Définition du paramètre	Identifiant du paramètre	Entité TMME détenant le paramètre
Charge maximale que peut supporter le réseau cœur UMTS lors du transport unicast des flux IP Unicast pour une classe de service	$S^{unicast}_{load_{UMTS,GGSN}}$ $S^{unicast}_{load_{UMTS,SGSN}}$	$TMME_{2;1}$ (Gateway GPRS Support Node) $TMME_{2;2}$ (Serving GPRS Support Node)
Charge maximale que peut supporter le réseau cœur MBMS lors du transport unicast des flux IP Multicast pour une classe de service	$S^{unicast}_{load_{MBMS,GGSN}}$ $S^{unicast}_{load_{MBMS,SGSN}}$	$TMME_{2;3}$ (Radio Network Controller)
Charge maximale que peut supporter le réseau cœur MBMS lors du transport multicast des flux IP Multicast pour une classe de service	$S^{multicast}_{load_{MBMS,GGSN}}$ $S^{multicast}_{load_{MBMS,SGSN}}$	
Puissance d'émission maximale allouée aux canaux DCH d'une cellule radio	$S^{cell}_{power_{dch}}$	
Puissance d'émission maximale allouée au canal FACH d'une cellule radio	$S^{cell}_{power_{fach}}$	
Mesure de la qualité de transmission de chaque chemin possible entre un fournisseur d'un service et un utilisateur pour chaque classe de service	$x^{med}_{bandwidth_{path\_i}}$ $x^{med}_{delay_{path\_i}}$ $x^{med}_{error_{path\_i}}$	
Mesure, effectuée dans le réseau du fournisseur de services, de la charge lors de la transmission unicast d'un médium composant un service à fournir	$x^{unicast_{service\_name,med}}_{load_{RFS}}$	
Mesure, effectuée dans le réseau du fournisseur de services, de la charge lors de la transmission multicast d'un médium composant un service à fournir	$x^{multicast_{service\_name,med}}_{load_{RFS}}$	
Mesure, effectuée dans le réseau cœur UMTS, de la charge lors de la transmission unicast d'un médium composant un service à fournir	$x^{unicast_{service\_name,med}}_{load_{UMTS,GGSN}}$ $x^{unicast_{service\_name,med}}_{load_{UMTS,SGSN}}$	
Mesure, effectuée dans le réseau cœur MBMS, de la charge lors de la transmission unicast d'un médium composant un service à fournir	$x^{unicast_{service\_name,med}}_{load_{MBMS,GGSN}}$ $x^{unicast_{service\_name,med}}_{load_{MBMS,SGSN}}$	
Mesure, effectuée dans le réseau cœur MBMS, de la charge lors de la transmission multicast d'un médium composant un service à fournir	$x^{multicast_{service\_name,med}}_{load_{MBMS,GGSN}}$ $x^{multicast_{service\_name,med}}_{load_{MBMS,SGSN}}$	
Mesure de la puissance d'émission consommée par les canaux DCH d'une cellule UMTS pour transmettre des paquets IP Unicast	$x^{cell,umts}_{power_{N_{dch}}}$	

Définition du paramètre	Identifiant du paramètre	Entité TMME détenant le paramètre
Mesure de la puissance d'émission consommée par les canaux DCH d'une cellule MBMS pour transmettre des paquets IP Multicast	$x_{power_{N_{dch}}}^{cell,mbms}$	$TMME_{2;1}$ (Gateway GPRS Support Node) $TMME_{2;2}$ (Serving GPRS Support Node)
Mesure de la puissance d'émission consommée par le canal FACH d'une cellule MBMS pour transmettre des paquets IP Multicast	$x_{power_{fach}}^{cell,mbms}$	$TMME_{2;3}$ (Radio Network Controller)
Identifiant d'un utilisateur	$user_{id}$	$TMME_{1;1}$ (Terminal)
Identifiant d'un terminal d'un utilisateur	$terminal_{id}^{user_{id}}$	
Qualité de transmission minimale demandée pour un médium composant un service	$S_{bandwidth_{med}}$ $S_{delay_{med}}$ $S_{error_{med}}$	
Coût financier maximal d'achat d'un service obtenu en additionnant le coût financier de vente du service et le coût financier de transmission du service	$S_{total\_cost_{service}}$	

Table 4.12: Paramètres nécessaires au processus de choix du mode de transmission et entités TMME possédant ces paramètres

L'analyse de la répartition entre les entités TMME des paramètres nécessaires au processus de choix du mode de transmission montre que, dans notre scénario, la décision prise par le terminal, représenté par l'entité $TMME_{1;1}$, et la décision prise par le fournisseur du service, représenté par l'entité $TMME_{1;2}$, dépendent de plusieurs paramètres fournis par l'opérateur gérant les réseaux. En effet, en se référant aux équations E4.1 et E4.6, nous constatons que le calcul de l'indice de satisfaction de ces deux entités TMME nécessite des paramètres fournis par l'opérateur gérant les réseaux. La Figure 4.16 illustre le rôle central occupé, dans notre scénario, par l'opérateur gérant les réseaux dans la prise de la décision locale du fournisseur du service et de l'utilisateur du service.

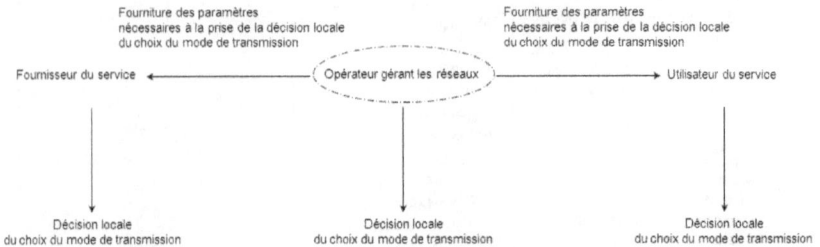

Figure 4.16: Mise en évidence du rôle central occupé par l'opérateur gérant les réseaux dans notre scénario

Lorsque le protocole Hierarchical and Distributed Transmission Mode a choisi, pour chaque médium *med* composant le service nommé *service_name*, un mode de transmission pour chaque segment composant tous les chemins possibles entre le Broadcast Multicast Service Center et les réseaux radio présents autour d'un terminal, il transmet un évènement au protocole Hierarchical and Distributed Handover pour lui demander de choisir un réseau radio parmi un ensemble de réseaux radio qu'il lui fournit. Cet ensemble de N réseaux radio est un sous-ensemble des réseaux radio présents autour du terminal. Lorsque N est différent de un, Suciu *et al* (SUCIU, 2009) ont analysé le processus de choix d'un réseau radio. Lorsque le protocole Hierarchical and Distributed Handover a choisi un réseau radio, il transmet un évènement au protocole Hierarchical and Distributed Transmission Mode pour lui indiquer son choix.

4.4 CONCLUSION

Dans cette section, nous avons présenté une analyse des processus de choix du mode de transmission et de choix du réseau radio dans une architecture composée d'un réseau Universal Mobile Telecommunications System et d'un réseau Multimedia Broadcast Multicast Service. Notre analyse repose sur un scénario dans lequel l'opérateur gérant les réseaux a un rôle prépondérant vis-à-vis des fournisseurs de services et des Internautes. Cette prédominance du rôle de l'opérateur gérant les réseaux est obtenue en le positionnant au deuxième niveau de la hiérarchie de prise de décisions, les fournisseurs de services et les Internautes étant positionnés au premier niveau de la hiérarchie. En outre, il a un rôle central dans la fourniture des paramètres permettant aux fournisseurs de services et aux Internautes de prendre une décision locale quant au choix du mode de transmission. Ce scénario modélise le comportement des opérateurs gérant des architectures définies par le 3GPP dans lesquelles le choix du mode de transmission et le choix du réseau radio est effectué par l'opérateur. Un autre scénario possible consisterait à attribuer le rôle prépondérant aux fournisseurs de services, c'est-à-dire à les positionner au deuxième niveau de la hiérarchie de prise de décisions, l'opérateur gérant les réseaux étant positionné au premier niveau de la hiérarchie. Ce scénario modélise le comportement des équipementiers tels qu'Apple™ ou Samsung™. Par exemple, les smartphones d'Apple™ se connectent à un réseau Wi-Fi qu'ils choisissent. Récemment, Apple™ a annoncé que ses smartphones pourraient aussi accéder à certains services en se connectant à un réseau 3GPP (APPLE, 2012). L'objectif assigné à un scénario nous permet donc de définir l'organisation de la hiérarchie de prise de décisions. La Table 4.13 synthétise l'organisation d'une hiérarchie de prise de décisions en fonction de l'objectif assigné au scénario à mettre en œuvre.

Objectif assigné à un scénario	Acteur participant au processus de choix du réseau d'accès et du mode de transmission	Position de l'acteur dans la hiérarchie de prise de décisions
Modélisation du comportement des opérateurs gérant des architectures définies par le 3GPP	Opérateurs gérant les réseaux	Deuxième niveau
	Internaute	Premier niveau
	Fournisseurs de services	Premier niveau
Modélisation du comportement des équipementiers tels qu'Apple™ ou Samsung™	Opérateurs gérant les réseaux	Premier niveau
	Internaute	Deuxième niveau
	Fournisseurs de services	Deuxième niveau

Table 4.13: Organisation d'une hiérarchie de prise de décisions en fonction de l'objectif assigné à un scénario à mettre en œuvre

L'analyse des processus de choix du mode de transmission et de choix du réseau radio que nous avons présentée nécessite la collecte d'informations disséminées dans les réseaux et dans l'environnement des Internautes. Pour compléter nos travaux, un projet visant à définir une architecture de collecte d'informations est à définir. Elle devra s'interfacer avec les protocoles Hierarchical and Distributed

Handover et Hierarchical and Distributed Transmission Mode pour leur fournir les informations nécessaires aux prises de décisions.

CINQUIEME CHAPITRE

BILAN DE LA THÈSE

5. Bilan de la these

Pour conclure le travail réalisé pendant la thèse, nous résumons, dans la première section de ce chapitre, notre démarche, les travaux effectués et les résultats obtenus. Puis, dans la deuxième section, nous présentons les brevets déposés à l'Institut National de la Propriété Intellectuelle et les articles rédigés.

5.1 Synthese de notre demarche, des travaux effectues et des resultats obtenus

Le déploiement généralisé des réseaux radio hétérogènes (Wi-Fi, WiMAX, UMTS, …), le succès des smartphones et des tablettes, et la mise en œuvre des réseaux sociaux, créent des nouveaux comportements chez les Internautes. Chaque Internaute devient potentiellement une source émettrice d'informations à destination de la communauté à laquelle il appartient. Les sources d'informations étant liées aux Internautes, elles ne sont plus statiques et peu nombreuses mais deviennent mobiles et nombreuses. Les architectures IP Multicast ne sont pas adaptées à ces nouveaux comportements. Quatre adaptations nous paraissent indispensables. La première adaptation consiste à transmettre les flux multicast sur Internet pour connecter les îlots multicast entre eux. La deuxième adaptation consiste à créer des arbres bidirectionnels pour que chaque Internaute puisse émettre et recevoir des informations. La troisième adaptation consiste à créer des arbres capables de prendre en compte la mobilité des Internautes. La quatrième adaptation consiste à prendre en compte le contexte des Internautes.

Dans la première partie de notre thèse, nous avons analysé les travaux existants visant à adapter les architectures multicast aux nouveaux comportements des Internautes. Notre grille d'analyse de ces travaux est fondée sur les quatre adaptations qui nous paraissent indispensables à réaliser. Le nombre de travaux dédiés à la prise en compte de ces quatre adaptations diffère de l'une à l'autre. La Table 5.1 permet d'avoir un aperçu sur l'état d'avancement des travaux visant à prendre en compte les nouveaux comportements des Internautes dans les architectures multicast.

Adaptation à prendre en compte	Travaux mis en œuvre pour adapter les architectures multicast aux nouveaux comportements des Internautes
Définir des architectures multicast sur Internet	De nombreux travaux explorent ce domaine
Définir des architectures multicast bidirectionnelles	Quelques travaux commencent à explorer ce domaine
Définir des architectures multicast prenant en compte la mobilité des Internautes	Des travaux prennent en compte la mobilité des Internautes dans les îlots multicast et quelques travaux commencent à explorer la mobilité des Internautes sur Internet
Définir des architectures multicast prenant en compte le contexte des Internautes	Quelques travaux commencent à explorer ce domaine

Table 5.1: Etat d'avancement des travaux visant à prendre en compte les nouveaux comportements des Internautes dans les architectures multicast

Une architecture globale intégrant les quatre adaptations à prendre en considération nous paraît indispensable à définir et à implémenter. Un projet européen pourrait, à notre avis, accueillir la définition et l'implémentation de cette architecture globale.

Mais le déploiement des architectures capables de prendre en considération les nouveaux comportements des Internautes peut impacter la qualité du service reçu ou émis par un Internaute en raison des mécanismes de Qualité de Service différents mis en œuvre dans une transmission unicast et dans une transmission multicast. Par exemple, un réseau Universal Mobile Telecommunications System, qui transmet les paquets IP Unicast, possède quatre classes de service, à savoir la classe "Conversational", la classe "Streaming", la classe "Interactive", et la classe "Background". Tandis qu'un réseau Multimedia Broadcast Multicast Service, qui transmet les paquets IP Multicast, ne possède que deux classes de service, à savoir la classe "Streaming" et la classe "Background". En outre, comme les Internautes sont mobiles, la qualité du service qu'ils reçoivent ou émettent dépend aussi des réseaux radio auxquels ils se connectent en raison des différences de débits entre les réseaux radio, des différences entre les mécanismes de Qualité de Service mis en œuvre dans les réseaux radio, et des différences entre les mécanismes de Sécurité mis en œuvre dans les réseaux radio. Par exemple, lorsque le terminal d'un Internaute effectue une mobilité d'un réseau UMTS vers un réseau Wi-Fi, la qualité du service reçu par l'Internaute peut être dégradée si le réseau Wi-Fi cible n'implémente pas un mécanisme de Qualité de Service ou s'il n'existe pas une corrélation entre le mécanisme de Qualité de Service mis en œuvre sur le réseau UMTS et le mécanisme de Qualité de Service mis en œuvre sur le réseau Wi-Fi. Au cours d'une mobilité, le choix du réseau radio cible est donc important pour maintenir constante la Qualité de Service du service reçu ou émis par un Internaute.

Pour résumer, le déploiement de réseaux radio hétérogènes et le déploiement de nouvelles architectures multicast peuvent impacter la qualité des services reçus ou émis par les Internautes.

Les Internautes peuvent-ils accepter les variations de la qualité des services qu'ils reçoivent ou émettent au cours d'une mobilité ou lorsque le mode de transmission varie ? Nous pensons qu'ils accepteront ces variations s'ils ont la possibilité de choisir le réseau radio cible au cours d'une mobilité et le mode de transmission, unicast versus multicast. Mais, lors du choix d'un réseau cible ou lors du choix du mode de transmission, les objectifs des Internautes peuvent être opposés aux objectifs des opérateurs gérant les réseaux. Par exemple, au cours d'une mobilité, un Internaute peut choisir un réseau Wi-Fi transmettant les flux IP en mode unicast en raison de la gratuité des transmissions des données sur ce réseau, tandis que l'opérateur gérant ce réseau ne voudra pas que l'Internaute se connecte sur son réseau en raison de la surcharge de celui-ci. Comme une divergence de point de vue peut apparaître entre les opérateurs gérant les réseaux et les Internautes utilisant ces réseaux, il est nécessaire de définir un processus leur permettant de faire converger leur point de vue.

Dans la seconde partie de notre thèse, nous avons montré tout d'abord que le processus mis en œuvre pour gérer la mobilité entre des réseaux radio hétérogènes dans les architectures définies par le 3GPP n'est pas complètement défini et ne permet pas aux Internautes et aux fournisseurs de services de participer au processus de sélection du réseau cible au cours d'une mobilité. C'est l'opérateur gérant ces architectures, appelées architectures inter-accès, qui choisit le réseau radio cible. Ensuite, nous avons montré que, dans l'architecture Multimedia Broadcast Multicast Service et dans l'architecture définie par le projet européen C-Cast, les Internautes et les fournisseurs de services ne participent pas au processus de sélection du mode de transmission, unicast versus multicast. C'est encore l'opérateur gérant ces architectures qui choisit le mode de transmission. La Table 5.2 synthétise les résultats de notre analyse.

Architecture analysée	Processus de sélection analysé	
	Choix du réseau radio lors d'une mobilité	Choix du mode de transmission unicast versus multicast
Architectures inter-accès définies par le 3GPP	Le processus de sélection d'un réseau radio au cours d'une mobilité est un processus centralisé sous le contrôle de l'opérateur gérant l'architecture	
Architecture multicast définie par le 3GPP		Le processus de sélection d'un mode de transmission, unicast versus multicast, est un processus centralisé sous le contrôle de l'opérateur gérant l'architecture
Architecture définie par le projet C-Cast	Le processus de sélection d'un réseau radio au cours d'une mobilité est un processus centralisé sous le contrôle de l'opérateur gérant l'architecture	Le processus de sélection d'un mode de transmission, unicast versus multicast, est un processus centralisé sous le contrôle de l'opérateur gérant l'architecture

Table 5.2: Synthèse des analyses des processus de sélection d'un réseau radio et d'un mode de transmission

Après avoir montré que les Internautes et les fournisseurs de services ne participent pas au processus de sélection d'un réseau radio et au processus de sélection d'un mode de transmission, nous avons proposé un processus, mettant en œuvre le protocole Hierarchical and Distributed Handover et le protocole Hierarchical and Distributed Transmission Mode, dans lequel les Internautes, les opérateurs et les fournisseurs de services participent au choix d'un réseau radio et d'un mode de transmission.

Pour que les Internautes et les fournisseurs de services puissent exprimer leur avis quant au choix d'un réseau radio et d'un mode de transmission, nous proposons de mettre en œuvre le protocole Hierarchical and Distributed Handover et le protocole Hierarchical and Distributed Transmission Mode dans les architectures définies par le 3GPP et dans les architectures multicast context-aware telles que l'architecture définie par le projet européen C-Cast. Un projet visant à modifier les architectures définies par le 3GPP et les nouvelles architectures multicast context-aware nous paraît donc indispensable à définir. Ce projet pourrait, à notre avis, être piloté par un opérateur de télécommunications.

Après avoir présenté, dans la deuxième partie de notre thèse, le processus visant à prendre en considération l'avis des Internautes et des fournisseurs de services lors du choix d'un réseau radio et lors du choix d'un mode de transmission, nous avons, dans la troisième partie de la thèse, présenté une analyse de la façon dont peut se fait le choix d'un réseau radio et le choix d'un mode de transmission. Notre analyse repose sur l'élaboration d'un scénario dans lequel un terminal peut se connecter à un réseau Universal Mobile Telecommunications System ou à un réseau Multimedia Broadcast Multicast Service.

Dans notre scénario, l'opérateur gérant les réseaux a un rôle prépondérant vis-à-vis des fournisseurs de services et des Internautes. Cette prédominance du rôle de l'opérateur gérant les réseaux a été obtenue en le positionnant au deuxième niveau de la hiérarchie de prise de décisions, les fournisseurs de services et les Internautes étant positionnés au premier niveau de la hiérarchie. Ce scénario nous a permis de modéliser le comportement des opérateurs gérant des architectures définies par le 3GPP dans lesquelles le choix du réseau d'accès et le choix du mode de transmission sont effectués par l'opérateur. Un second scénario, que nous n'avons pas étudié, aurait consisté à attribuer le rôle prépondérant aux fournisseurs de services, c'est-à-dire à les positionner au deuxième niveau de la hiérarchie de prise de décisions, l'opérateur gérant les réseaux étant positionné au premier niveau de la hiérarchie. Ce scénario nous permettrait de modéliser le comportement des équipementiers tels qu'Apple™ ou Samsung™. L'objectif assigné à un scénario nous a permis de définir l'organisation de la hiérarchie de prise de décisions. La Table 5.3 synthétise l'organisation d'une hiérarchie de prise de décisions en fonction de l'objectif assigné au scénario à mettre en œuvre.

Objectif assigné à un scénario	Acteur participant au processus de choix du réseau d'accès et du mode de transmission	Position de l'acteur dans la hiérarchie de prise de décisions
Modélisation du comportement des opérateurs gérant des architectures définies par le 3GPP	Opérateurs gérant les réseaux	Deuxième niveau
	Internaute	Premier niveau
	Fournisseurs de services	Premier niveau
Modélisation du comportement des équipementiers tels qu'Apple™ ou Samsung™	Opérateurs gérant les réseaux	Premier niveau
	Internaute	Deuxième niveau
	Fournisseurs de services	Deuxième niveau

Table 5.3: Organisation d'une hiérarchie de prise de décisions en fonction de l'objectif assigné à un scénario à mettre en œuvre

L'analyse des processus de choix du mode de transmission et de choix du réseau radio que nous avons présentée nécessite la collecte d'informations disséminées dans les réseaux et dans l'environnement des Internautes. Pour compléter nos travaux, un projet visant à définir une architecture de collecte d'informations est à définir. Elle devra s'interfacer avec les protocoles Hierarchical and Distributed Handover et Hierarchical and Distributed Transmission Mode pour leur fournir les informations nécessaires aux prises de décisions.

Au cours de la thèse, quatre brevets ont été définis. Trois brevets ont été déposés à l'Institut National de la Propriété Intellectuelle, le quatrième brevet étant en cours de dépose. La Table 5.4 présente les quatre brevets.

Intitulé du brevet	Auteurs	Numéro d'enregistrement à l'Institut National de la Propriété Intellectuelle	Date d'enregistrement à l'Institut National de la Propriété Intellectuelle
Méthode de négociation d'une partition d'un groupe de flux transmis en multicast ou en broadcast	Joel Penhoat, Karine Guillouard, Servane Bonjour	08013	15/02/2011
Modification des sous groupes broadcast ou multicast pour diminuer la consommation des ressources des réseaux	Joel Penhoat, Karine Guillouard, Servane Bonjour	08014	15/02/2011
Définition et mise en œuvre dans une architecture PSS/e-MBMS d'une méthode context-aware pour le choix du mode de transmission	Joel Penhoat, Mamadou Diallo, Karine Guillouard	08258	09/08/2011
Définition d'une méthode distribuée et hiérarchisée de sélection d'un réseau radio et d'un mode de transmission	Joel Penhoat, Karine Guillouard, Lucian Suciu	En cours de dépose	En cours de dépose

Table 5.4: Brevets déposés à l'Institut National de la Propriété Intellectuelle

Au cours de la thèse, six articles ont été rédigés. Parmi ces six articles, quatre articles ont été acceptés pour publication. La Table 5.5 présente les quatre publications.

Intitulé de la publication	Auteurs	Publication	Année de publication
Definition and Analysis of a Fixed Mobile Convergent architecture for Enterprise VoIP Services	Joel Penhoat, Olivier Le Grand, Mikael Salaun, Tayeb Lemlouma	Mobile Computing and Multimedia Communications	2009
A Proposal for Enhancing the Mobility Management in the Future 3GPP Architectures	Joel Penhoat, Karine Guillouard, Servane Bonjour, Pierrick Seité	Mobile Computing and Multimedia Communications	2011
Definition of a Context-aware Broadcasting Method	J. Penhoat, K. Guillouard, S. Bonjour, T. Lemlouma	14th International Symposium on Wireless Personal Multimedia Communications	2011
Analysis of the Implementation of Utility Functions to Define an Optimal Partition of a Multicast group	J. Penhoat, K. Guillouard, T. Lemlouma, M. Salaun	10th International Conference on Networks	2011
Proposal of a Hierarchical and Distributed Method for Selecting a Radio Network and a Transmission Mode	Joel Penhoat, Karine Guillouard, Jianshu Zhang, Nathalie Omnès, Mikael Salaun, Tayeb Lemlouma	En cours de dépose Mobile Computing and Multimedia Communications	2012

Table 5.5: Publications rédigées au cours de la thèse

GLOSSAIRE

AAA: Authentication Authorization Accounting

A-GW: Access Gateway

ALM: Application Layer Multicast

ANDSF: Access Network Discovery and Selection Function

BGMP: Border Gateway Multicast Protocol

BIDIR-SAM: Scalable Adaptive Multicast on Bidirectional Shared Tree

BLER: Block Error Ratio

BM-SC: Broadcast Multicast Service Center

BSC: Base Station Controller

CAMEL: Customised Applications for Mobile network Enhanced Logic

CBT: Core-Based Tree

CMS: Context Management System

CoA: Care-of Address

CtPD: Content Processing and Delivery

DCH: Dedicated CHannel

DHT: Distributed Hash Table

DNS: Domain Name Server

DSMIPv6: Dual Stack Mobile IPv6

DVMRP: Distance Vector Multicast Routing Protocol

EPC: Evolved Packet Core

ePDG: evolved Packet Data Gateway

FACH: Forward Access Channel

FLUTE: File Delivery over Unidirectional Transport

GAN: Generic Access Network

GANC: Generic Access Node Controller

GBA: Generic Bootstrapping Architecture

GERAN: GSM EDGE Radio Access Network

GGSN: Gateway GPRS Support Node

GID: Group Identifier

GME: Group Management Enabler

GPRS: General Packet Radio Service

GTP: GPRS Tunnelling Protocol

HA: Home Agent

HDHO: Hierarchical and Distributed Handover

HDHOD: HDHO Decision

HDHOE: HDHO Execution

HDHOI: HDHO Initiation

HDHOR: HDHO REPOSITORY

HoA: HOME ADDRESS

HTTP: HYPERTEXT TRANSFER PROTOCOL

IETF: INTERNET ENGINEERING TASK FORCE

IMS: IP MULTIMEDIA SUBSYSTEM

IMS SC: IP MULTIMEDIA SUBSYSTEM SERVICE CONTINUITY

IPMS: IP MOBILITY MANAGEMENT SELECTION

IPT: IP TRANSPORT

I-WLAN: WIRELESS LOCAL AREA NETWORK INTERWORKING

LMA: LOCAL MOBILITY ANCHOR

MAG: MOBILE ACCESS GATEWAY

MBMS: MULTIMEDIA BROADCAST MULTICAST SERVICE

MBR: MULTICAST BORDER ROUTER

MCCH: MBMS CONTROL CHANNEL

MICH: MBMS NOTIFICATION INDICATOR CHANNEL

MIGP: MULTICAST INTERIOR GATEWAY PROTOCOL

MME: MOBILITY MANAGEMENT ENTITY

MOSPF: MULTICAST OPEN SHORTEST PATH FIRST

MSC: MOBILE SWITCHING CENTRE

MSCH: MBMS Scheduling Channel

MTCH: MBMS Traffic Channel

MTO: Multiparty Transport Overlay

NME: Network Management Enabler

NUM: Network Use Management

OSPF: Open Shortest Path First

PDCP: Packet Data Convergence Protocol

PDG: Packet Data Gateway

PDN: Packet Data Network

P-GW: PDN Gateway

PHT: Prefix Hash Tree

PIM-DM: Protocol Independent Multicast-Dense Mode

PIM-SM: Protocol Independent Multicast-Sparse Mode

PMIPv6: Proxy Mobile IPv6

PTMR: Policy Tree Multicast Routing Protocol

P2P: Peer-to-Peer

QoR: Quality of Route

QoS: Quality of Service

QoSMIC: Quality of Service-sensitive Multicast Routing Protocol

RFC: REQUEST FOR COMMENT

RIP: ROUTING INFORMATION PROTOCOL

RNC: RADIO NETWORK CONTROLLER

RPF: REVERSE PATH FORWARDING

RTP: REAL-TIME TRANSPORT PROTOCOL

RVP: RENDEZVOUS POINT

SAMRG: SCALABLE ADAPTIVE MULTICAST RESEARCH GROUP

SCC AS: SERVICE CENTRALIZATION AND CONTINUITY APPLICATION SERVER

S-CSCF: SERVING-CALL SESSION CONTROL FUNCTION

SEGW: SECURITY GATEWAY

SGSN: SERVING GPRS SUPPORT NODE

S-GW: SERVING GATEWAY

SIP: SESSION INITIATION PROTOCOL

SIR: SIGNAL-TO-INTERFERENCE RATIO

SME: SESSION MANAGEMENT ENABLER

SPT: SOURCE SHORTEST PATH TREE

SUM: SESSION USE MANAGEMENT

TMME: TRANSMISSION MODE MANAGEMENT ENTITY

TTL: TIME TO LIVE

3GPP: 3rd Generation Partnership Project

UMTS: Universal Mobile Telecommunications System

UTRAN: Universal Terrestrial Radio Access Network

VCC: Voice Call Continuity

VCC AS: Voice Call Continuity Application Server

WLAN: Wireless Local Area Network

YAM: Yet Another Multicast

REFERENCES

[ABDOLLAHPOURI 2010] Abdollahpouri, A., & Wolfinger, B. E. (2010). Decision Support for the Usage of Multicast versus Unicast in Broadband TV Networks. 6th Advanced International Conference on Telecommunications, 341-346.

[ADAMIC 2002] Adamic, L. A., & Huberman, B. A. (2002). Zipf's law and the Internet. Glottometrics, 3, 143-150.

[AFZAL 2006] Afzal, J., Stockhammer, T., Gasiba, T., & Xu, W. (2006). Video Streaming over MBMS: A System Design Approach. Journal of Multimedia, 1(5), 25-35.

[AGUIAR 2008] Aguiar, R., & Gomes, D. (2008). Quasi-omniscient Networks: Scenarios on Context Capturing and New Services Through Wireless Sensor Networks. Wireless Personal Communications, 45, 497-509.

[AGUILAR 1984] Aguilar, L. (1984). Datagram Routing for Internet Multicasting. Proceedings of SIGCOMM 84, ACM Press, New York, NY, USA, 58-63.

[ALEXIOU 2007] Alexiou, A., Bouras, C., Kokkinos, V., & Rekkas, E. (2007). MBMS Power Planning in Macro and Micro Cell Environments. 12th IEEE Symposium on Computers and Communications, 33-38.

[ANAND 2002] Anand, P. (2002). Foundations of Rational Choice under Risk (3rd edition). Oxford, England: Oxford University Press.

[ANTONIOU 2010] Antoniou, J., Pinto, F. C., Simoes, J., & Pitsillides, A. (2010). Supporting Context-Aware Multiparty Sessions in Heterogeneous Mobile Networks. Mobile Networks and Applications, 15(6), 831-844.

[APPLE 2012] Apple™. (2012). FaceTime [WWW page]. URL http://www.apple.com/fr/ios/ios6/#facetime?cid=mc-features-fr-g-fai-mobilefacetime.

[BALDAUF 2007] Baldauf, M., Dustdar, S., & Rosenberg, F. (2007). A Survey on Context-Aware Systems. International Journal of Ad Hoc and Ubiquitous Computing, 2(4), 263-277.

[BALLARDIE 1993] Ballardie, T., Francis, P., & Crowcroft, J. (1993). Core Based Trees (CBT) An architecture for Scalable Inter-Domain Multicast Routing. ACM SIGCOMM Computer Communication Review, 23(4), 85-95.

[BANERJEE 2002] Banerjee, S., Bhattacharjee, B., & Kommareddy, C. (2002). Scalable Application Layer Multicast. Proceedings of the 2002 conference on Applications, technologies, architectures, and protocols for computer communications, 32(4), 205-217.

[BANERJEE 2006] Banerjee, S., Kommareddy, C., Kar, K., Bhattacharjee, B., & Khuller, S. (2006). OMNI: An Efficient Overlay Multicast Infrastructure for Real-time Applications. The International Journal of Computer and Telecommunications Networking - Overlay distribution structures and their applications, 50(6), 826-841.

[BUMGARDNER 2012] Bumgardner, G., & Morin, T. (2012). IETF Internet draft: draft-ietf-mboned-auto-multicast-12 Automatic Multicast Tunneling.

[CAMARILLO 2008] Camarillo, G., & Garcia-Martin, M. A. (2008). The 3G IP Multimedia Subsystem (IMS): Merging the Internet and the Cellular Worlds (3rd edition). Chippenham, England: John Wiley & Sons, Ltd.

[CARLBERG 1997] Carlberg, K., & Crowcroft, J. (1997). Building Shared Trees Using a One-to-Many Joining Mechanism. ACM SIGCOMM Computer Communication Review, 27(1), 5-11.

[CARON 2007] Caron, E., Desprez, F., Petit, F., & Tedeschi, C. (2007).Snap-stabilizing Prefix Tree for Peer-to-peer Systems. Ecole Normale Supérieure de Lyon, Research Report N° 2007-39.

[CASTRO 2002] Castro, M., Druschel, P., Kermarrec, A-M., & Rowstron, A. (2002). Scribe: A Large-Scale and Decentralized Application-Level Multicast Infrastructure. IEEE Journal on Selected Areas in Communications, 20(8), 1489-1499.

[CASTRO 2003] Castro, M., Druschel, P., Hu, Y. C., & Rowstron, A. (2003). Topology-Aware Routing in Structured Peer-to-Peer Overlay Networks. Lecture Notes in Computer Science, 2584, 103-107.

[CCAST 2009] Mota, T. (2009). Provide an End-to-End Context-aware Communication Framework. C-Cast [WWW page]. URL http://www.ict-ccast.eu/.

151

[CCAST 2009a] Mota, T. (2009). Deliverable D13 Specification of Context Detection and Context-aware Multiparty Transport. C-Cast [WWW page]. URL http://www.ict-ccast.eu/.

[CHA 2008] Cha, M., Rodriguez, P., Crowcroft, J., Moon, S., & Amatriain, X. (2008). Watching Television Over an IP Network. Proceedings of the 8th ACM SIGCOMM conference on Internet measurement.

[CHAWATHE 2000] Chawathe, Y., McCanne, S., & Brewer, E. A. (2000). RMX: Reliable multicast for heterogeneous networks. Proceedings of 2000 IEEE Conference on Computer Communication, 795-804.

[CHAWATHE 2003] Chawathe, Y. (2003). Scattercast: An Adaptable Broadcast Distribution Framework. ACM/Springer Multimedia Systems Journal, Special Issue on Multimedia Distribution, 9(1), 104-118.

[CHU 2002] Chu, Y-H., Rao, S. G., Seshan, S., & Zhang, H. (2002). A Case for End System Multicast. IEEE Journal on Selected Areas in Communications, 20(8), 1456-1471.

[CISCO 2012] Cisco™. (2012). Cisco Visual Networking Index: Global Mobile Data Traffic Forecast Update, 2011–2016. Cisco [WWW page]. URL http://www.cisco.com/en/US/solutions/collateral/ns341/ns525/ns537/ns705/ns827/white_paper_c11-520862.html.

[CMOBILE 2006] Dinis, M. (2006). Advanced MBMS For the Future Mobile World. C-MOBILE [WWW page]. URL http://c-mobile.ptinovacao.pt/.

[CORMEN 2001] Cormen, T. H., Leiserson, C. E., Rivest, R. L, & Stein, C. (2001). Introduction to Algorithms (2nd edition). Cambridge, MA, USA: Massachusetts Institute of Technology Press.

[DALAL 1978] Dalal, Y. K., & Metcalfe, R. M. (1978). Reverse Path Forwarding of Broadcast Packets. Communications of the ACM, 21(12), 1040-1048.

[DEERING 1991] Deering, S. (1991). Multicast Routing in a Datagram Internetwork. PhD thesis, Stanford University, Palo Alto, California, USA.

[DESHPANDE 2001] Deshpande, H., Bawa, M., & Garcia-Molina, H. (2001). Streaming Live Media over a Peer-to-peer Network. Stanford InfoLab Publication Server [WWW page]. URL http://ilpubs.stanford.edu:8090/501/.

[DEY 2000] Dey, A. K., & Abowd, G. D. (2000). Towards a better understanding of context and context-awareness. Proceedings of the Workshop on the What, Who, Where, When and How of Context-awareness, ACM Press, New York, NY, USA.

[DIMATTEO 2011] Dimatteo, S., Hui, P., Han, B., & Li, V. O. K. (2011). Cellular Traffic Offloading through WiFi Networks. 8th International Conference on Mobile Ad-Hoc and Sensor Systems, 192-201.

[DIOT 2000] Diot, C., Levine, B. N., Lyles, B., Kassem, H., & Balensiefen, D. (2000). Deployment Issues for the IP Multicast Service and Architecture. IEEE Network Magazine, 14(1), 78-88.

[DOUGLAS 1992] Douglas, R. J. (1992). NP-completeness and degree restricted spanning trees. Discrete Mathematics, 105(1-3), 41-47.

[ERICKSSON 1994] Ericksson, H. (1994). MBONE: The Multicast backbone. ACM Communications, 37(8), 54-60.

[EUBANKS 2006] Eubanks, M. (2006). Multicast [WWW page]. URL http://multicasttech.com/status/.

[FALOUTSOS 1998] Faloutsos, M., Banerjea, A., & Pankaj, R. (1998). QoSMIC: Quality of Service sensitive Multicast Internet protoCol. Proceedings of the ACM SIGCOMM '98 conference on Applications, technologies, architectures, and protocols for computer communication, 28(4), 144-153.

[FRANCIS 2000] Francis, P. (2000). Yoid: Extending the Internet Multicast Architecture. Unrefereed report. Yoid [WWW page]. URL http://www.icir.org/yoid/docs/index.html.

[GARCIA 1993] Garcia-Lunes-Aceves, J. J. (1993). Loop-Free Routing Using Diffusing computations. IEEE/ACM Transaction on Networking, 1(1), 130-141.

[GARYFALOS 2005] Garyfalos, A., & Almeroth, K. C. (2005). A Flexible Overlay Architecture for Mobile IPv6 Multicast. IEEE Journal on Selected Areas in Communications, 23(11), 2194-2205.

[GNUTELLA 2002] Klingberg, T., & Manfredi, R. (2002). RFC-Gnutella [WWW page]. URL http://rfc-gnutella.sourceforge.net.

[GOLDBERG 1994] Goldberg, D. (1994). Algorithmes génétiques, exploration, optimisation et apprentissage automatique. France: Addison–Wesley.

[HAMCAST 2011] Hybrid Adaptive Mobile Multicast. (2011). HAMcast [WWW page]. URL http://www.realmv6.org/hamcast.html.

[HELDER 2002] Helder, D., & Jamin, S. (2002). End-host multicast communication using switch-trees protocols. Proceedings of the 2nd IEEE/ACM International Symposium on Cluster Computing and the Grid.

[HODEL 1998] Hodel, H. (1998). Policy Tree Multicast Routing: An Extension to Sparse Mode Source Tree Delivery. ACM SIGCOMM Computer Communication Review, 28 (2), 78-97.

[HOLBROOK 1999] Holbrook, H. W., & Cheriton, D. R. (1999). IP Multicast Channels: Express Support for Large-scale Single-source Applications. Proceedings of ACM Special Interest Group on Data Communication, 65-78.

[HOSSEINI 2004] Hosseini, M., & Georganas, N. D. (2004). End System Multicast Protocol for Collaborative Virtual Environments. Journal PRESENCE: Teleoperators and Virtual Environments, MIT Press, 13(3), 263-278.

[HOSSEINI 2007] Hosseini, M., Tanvir Ahmed, D., Shirmohammadi, S., & Georganas, N. D. (2007). A Survey of Application-Layer Multicast Protocols. IEEE Communications Surveys & Tutorials, 9(3), 58-74.

[JANNOTTI 2000] Jannotti, J., Gifford, D. K., Johnson, K. L., Kaashoek, M. F., & O'Toole Jr, J. W. (2000). Overcast: Reliable Multicasting with an Overlay Network. Fourth Symposium on Operating Systems Design and Implementation, 197-212.

[JEON 2011] Jeon, S. (2011). IETF Internet draft: draft-sijeon-mext-dmm-mc-00.txt Multicast services support for distributed mobility architecture.

[KALI 2011] Kali, A., Yven, G., Morin, T., Geslin, F., & Goutard, C. (2011). Alternative Solutions to Unicast in Case of a Live Stream Delivery. Rapport interne Orange Labs.

[KELLIL 2005] Kellil, M., Romdhani, I., Lach, H-Y., Bouabdallah, A., & Bettahar, H. (2005). Multicast Receiver and Sender Access Control and Its Applicability to Mobile IP Environments: A Survey. IEEE Communications Surveys & Tutorials, 7(2), 46-70.

[KOVACSHAZI 2007] Kovacshazi, Z., & Vida, R. (2007). Host Identity Specific Multicast. Proceedings of the 3rd International Conference on Networking and Services.

[KUMAR 1998] Kumar, S., Radoslavov, P., Thaler, D., Alaettinoğlu, C., Estrin, D., & Handley, M. (1998). The MASC/BGMP architecture for inter-domain multicast routing. ACM SIGCOMM Computer Communication Review 28(4), 93-104.

[KWON 2002] Kwon, M., & Fahmy, S. (2002). Topology-Aware Overlay Networks for Group Communications. Proceedings of the 12th international workshop on Network and operating systems support for digital audio and video, 127-136.

[LAO 2005] Lao, L., Cui, J-H., Gerla, M., & Maggiorini, D. (2005). A Comparative Study of Multicast Protocols: Top, Bottom, or In the Middle. Proceedings of the 8th IEEE Global Internet Symposium.

[LATASTE 2008] Lataste, S., & Tossou, B. (2008). From Network Layer Mobility to IMS Service Continuity. 12th International Conference on Intelligence in service delivery Networks.

[LEHTONEN 2002] Lehtonen, R., & Harju, J. (2002). Controlled Multicast Framework. 27th Annual IEEE Conference on Local Computer Networks, 565-571.

[LESCUYER 2008] Lescuyer, P., & Lucidarme, T. (2008). Evolved Packet System (EPS) The LTE and SAE Evolution of 3G UMTS. Chichester, England: John Wiley & Sons, Ltd.

[LIEBEHERR 2002] Liebeherr, J., Nahas, M., & Si, W. (2002). Application-Layer Multicasting With Delaunay Triangulation Overlays. IEEE Journal on Selected Areas in Communications, 20(8), 1472-1488.

[LIM 2011] Lim, H., & Lee, N. (2011). Survey and Proposal on Binary Search Algorithms for Longest Prefix Match. IEEE Communications Surveys & Tutorials.

[LIN 1998] Lin, H-C., & Lai, S-C. (1998). Core placement for the core based tree multicast routing architecture. Global Telecommunications Conference The Bridge to Global Integration, 2, 1049-1053.

[LUA 2004] Lua, E. K., Crowcroft, J., Pias, M., Sharma, R., & Lim, S. (2004). A Survey and Comparison of Peer-to-Peer Overlay Network Schemes. IEEE Communications Surveys & Tutorials.

[MATHY 2001] Mathy, L., Canonico, R., & Hutchison, D. (2001). An Overlay Tree Building Control Protocol. Lecture Notes in Computer Science, 2233, 76-87.

[MCCANNE 1996] McCanne, S., Jacobson, V., & Vetterli, M. (1996). Receiver-driven Layered Multicast. Proceedings of the Conference on Applications, technologies, architectures, and protocols for computer communications, 26(4), 117-130.

[NAKHJIRI 2005] Nakhjiri, M., & Nakhjiri, M. (2005). AAA and Network Security for Mobile Access. Chichester, West Sussex, England: John Wiley & Sons Ltd.

[NAMBURI 2004] Namburi, P., Sarac, K., & Almeroth, K. C. (2004). SSM-Ping: A Ping Utility for Source Specific Multicast. International Conference on Communications, Internet, and Information Technology, 63-68.

[ONEILL 2002] O'Neill, A. (2002). IETF Internet draft: draft-oneill-mip-multicast-00.txt Mobility Management and IP Multicast.

[OMA 2007] Open Mobile Alliance. (2007). OMA-ERELD-DM-V1_2-20070209-A Enabler Release Definition for OMA Device Management.

[PADMANABHAN 2002] Padmanabhan, V. N., Wang, H. J., Chou, P. A., & Sripanidkulchai, K. (2002). Distributing Streaming Media Content Using Cooperative Networking. Proceedings of the 12th international workshop on Network and operating systems support for digital audio and video, 177-186.

[PANAYIDES 2008] Panayides, A., Christophorou, C., Antoniou, J., Pitsillides, A., & Vassiliou, V. (2008). Power Counting for Optimized Capacity in MBMS Enabled UTRAN. 13th IEEE Symposium on Computers and Communications, 368-373.

[PARSA 1995] Parsa, M., & Garcia-Luna-Aceves, J. J. (1995). Scalable Internet Multicast Routing. International Conference on Computer Communications and Networks 95, 162-166.

[PARSA 1997] Parsa, M., & Garcia-Luna-Aceves, J. J. (1997). A Protocol for Scalable Loop-Free Multicast Routing. IEEE Journal on Selected Areas in Communications, 15(3), 316-331.

[PENDARAKIS 2001] Pendarakis, D., Shi, S. Y., Verma, D., & Waldvogel, M. (2001). ALMI: An Application Level Multicast Infrastructure. Proceedings of the 3rd conference on USENIX Symposium on Internet Technologies and Systems.

[PENHOAT 2011] Penhoat, J., Guillouard, K., Lemlouma, T., & Salaun, M. (2011). Analysis of the Implementation of Utility Functions to Define an Optimal Partition of a Multicast Group. The Tenth International Conference on Network.

[PEREZ-ROMERO 2005] Pérez-Romero, J., Sallent, O., Agustí, R., & Díaz-Guerra, M. A. (2005). Radio Resource Management Strategies in UMTS. Chichester, West Sussex, England: John Wiley & Sons Ltd.

[PUSATERI 2003] Pusateri, T. (2003). IETF Internet draft: draft-ietf-idmr-dvmrp-v3-11 Distance Vector Multicast Routing Protocol.

[QIAO 2006] Qiao, Y., & Bustamante, F. E. (2006). Structured and Unstructured Overlays Under the Microscope: A Measurement-based view of Two P2P Systems That People Use. Proceedings of USENIX'06, 341-355.

[QIU 2009] Qiu, T., Ge, Z., Lee, S., Wang, J., Zhao, Q., & Xu, J. (2009). Modeling Channel Popularity Dynamics in a Large IPTV System. Proceedings of the 11th International Joint Conference on Measurement and Modeling of Computer Systems, 275-286.

[RAMABHADRAN 2004] Ramabhadran, S., Hellerstein, J. M., Ratnasamy, S., & Shenker, S. (2004). Prefix Hash Tree An Indexing Data Structure over Distributed Hash Tables.

[RAMALHO 2000] Ramalho, M. (2000). Intra- and Inter-Domain Multicast Routing Protocols: A Survey and Taxonomy. IEEE Communications Surveys & Tutorials, 3(1), 2-25.

[RAMPARANY 2006] Ramparany, F., Euzenat, J., Broens, T., Pierson, J., Bottaro, A., & Poortinga, R. (2006). Context Management and Semantic Modelling for Ambiant Intelligence. Proceedings of FRCSS'06.

[RATNASAMY 2001] Ratnasamy, S., Francis, P., Shenker, S., Karp, R., & Handley, M. (2001). A Scalable Content-Addressable Network. ACM SIGCOMM Computer Communication Review, 31(4), 161-172.

[RATNASAMY 2001a] Ratnasamy, S., Handley, M., Karp, R., & Shenker, S. (2001). Application-Level Multicast using Content-Addressable Networks. Proceedings of the Third International COST264 Workshop on Networked Group Communication, 14-29.

[RATNASAMY 2002] Ratnasamy, S., Stoica, I., & Shenker, S. (2002). Routing Algorithms for DHTs: Some Open Questions. Lecture Notes in Computer Science, 2429, 45-52.

[RFC 1058 1988] Hedrick, C. (1988). IETF Network Working Group: RFC 1058 Routing Information Protocol.

[RFC 1075 1988] Waitzman, D., Partridge, C., & Deering, S. (1988). IETF Network Working Group: RFC 1075 Distance Vector Multicast Routing Protocol.

[RFC 1102 1989] Clark, D. (1989). IETF Network Working Group: RFC 1102 Policy Routing in Internet Protocols.

[RFC 1112 1989] Deering, S. (1989). IETF Network Working Group: RFC 1112 Host Extensions for IP Multicasting.

[RFC 1584 1994] Moy, J. (1994). IETF Network Working Group: RFC 1584 Multicast Extensions to OSPF.

[RFC 2201 1997] Ballardie, T. (1997). IETF Network Working Group: RFC 2201 Core Based Trees (CBT) Multicast Routing Architecture.

[RFC 2236 1997] Fenner, W. (1997). IETF Network Working Group: RFC 2236 Internet Group Management Protocol, Version 2.

[RFC 2328 1998] Moy, J. (1998). IETF Network Working Group: RFC 2328 OSPF version 2.

[RFC 2475 1998] Blake, S., Black, D., Carlson, M., Davies, E., Wang, Z., & Weiss, W. (1998). IETF Network Working Group: RFC 2475 An Architecture for Differentiated Services.

[RFC 2616 1999] Fielding, R., Gettys, J., Mogul, J., Frystyk, H., Masinter, L., Leach, P., & Berners-Lee, T. (1999). IETF Network Working Group: RFC 2616 Hypertext Transfer Protocol -- HTTP/1.1.

[RFC 2710 1999] Deering, S., Fenner, W., & Haberman, B. (1999). IETF Network Working Group: RFC 2710 Multicast Listener Discovery (MLD) for IPv6.

[RFC 2909 2000] Radoslavov, P., Estrin, D., Govindan, R., Handley, M., Kumar, S., & Thaler, D. (2000). IETF Network Working Group: RFC 2909 The Multicast Address-Set Claim (MASC) Protocol.

[RFC 3077 2001] Duros, E., Dabbous, W., Izumiyama, H., & Zhang, Y. (2001). IETF Network Working Group: RFC 3077 A Link-Layer Tunneling Mechanism for Unidirectional Links.

[RFC 3261 2002] Rosenberg, J., Schulzrinne, H., Camarillo, G., Johnston, A., Peterson, J., Sparks, R., Handley, M., & Schooler, E. (2002). IETF Network Working Group: RFC 3261 SIP: Session Initiation Protocol.

[RFC 3550 2003] Schulzrinne, H., Casner, S., Frederick, R., & Jacobson, V. (2003). IETF Network Working Group: RFC 3550 RTP: A Transport Protocol for Real-Time Applications.

[RFC 3711 2004] Baugher, M., McGrew, D., Naslund, M., Carrara, E., & Norrman, K. (2004). IETF Network Working Group: RFC 3711 The Secure Real-time Transport Protocol (SRTP).

[RFC 3830 2004] Arkko, J., Carrara, E., Lindholm, F., Naslund, M., & Norrman, K. (2004). IETF Network Working Group: RFC 3830 MIKEY: Multimedia Internet KEYing.

[RFC 3913 2004] Thaler, D. (2004). IETF Network Working Group: RFC 3913 Border Gateway Multicast Protocol (BGMP): Protocol Specification.

[RFC 3926 2004] Paila, T., Luby, M., Lehtonen, R., Roca, V., & Walsh, R. (2004). IETF Network Working Group: RFC 3926 FLUTE - File Delivery over Unidirectional Transport.

[RFC 3973 2005] Adams, A., Nicholas, J., & Siadak, W. (2005). IETF Network Working Group: RFC 3973 Protocol Independent Multicast - Dense Mode (PIM-DM): Protocol Specification (Revised).

[RFC 4301 2005] Kent, S., & Seo, K. (2005). IETF Network Working Group: RFC 4301 Security Architecture for the Internet Protocol.

[RFC 4306 2005] Kaufman, C. (2005). IETF Network Working Group: RFC 4306 Internet Key Exchange (IKEv2) Protocol.

[RFC 4566 2006] Handley, M., Jacobson, V., & Perkins, C. (2006). IETF Network Working Group: RFC 4566 SDP: Session Description Protocol.

[RFC 4601 2006] Fenner, B., Handley, M., Holbrook, H., & Kouvelas, I. (2006). IETF Network Working Group: RFC 4601 Protocol Independent Multicast - Sparse Mode (PIM-SM): Protocol Specification (Revised).

[RFC 4604 2006] Holbrook, H., Cain, B., & Haberman, B. (2006). IETF Network Working Group: RFC 4604 Using Internet Group Management Protocol Version 3 (IGMPv3) and Multicast Listener Discovery Protocol Version 2 (MLDv2) for Source-Specific Multicast.

[RFC 4760 2007] Bates, T., Chandra, R., Katz, D., & Rekhter, Y. (2007). IETF Network Working Group: RFC 4760 Multiprotocol Extensions for BGP-4.

[RFC 5015 2007] Handley, M., Kouvelas, I., Speakman, T., & Vicisano, L. (2007). IETF Network Working Group: RFC 5015 Bidirectional Protocol Independent Multicast (BIDIR-PIM).

[RFC 5058 2007] Boivie, R., Feldman, N., Imai, Y., Livens, W., & Ooms, D. (2007). IETF Network Working Group: RFC 5058 Explicit Multicast (Xcast) Concepts and Options.

[RFC 5201 2008] Moskowitz, R., Nikander, P., Jokela, P., & Henderson, T. (2008). IETF Network Working Group: RFC 5201 Host Identity Protocol.

[RFC 5213 2008] Gundavelli, S., Leung, K., Devarapalli, V., Chowdhury, K., & Patil, B. (2008). IETF Network Working Group: RFC 5213 Proxy Mobile IPv6.

[RFC 5246 2008] Dierks, T., & Rescorla, E. (2008). IETF Network Working Group: RFC 5246 The Transport Layer Security (TLS) Protocol Version 1.2.

[RFC 5340 2008] Coltun, R., Ferguson, D., Moy, J., & Lindem, A. (2008). IETF Network Working Group: RFC 5340 OSPF for IPv6.

[RFC 5555 2009] Soliman, H. (2009). IETF Network Working Group: RFC 5555 Mobile IPv6 Support for Dual Stack Hosts and Routers.

[RFC 5757 2010] Schmidt, T., Wahlisch, M., & Fairhurst, G. (2010). IETF Network Working Group: RFC 5757 Multicast Mobility in Mobile IP Version 6 (MIPv6): Problem Statement and Brief Survey.

[RFC 5944 2010] Perkins, C. (2010). IETF Network Working Group: RFC 5944 IP Mobility Support for IPv4, Revised.

[RFC 6275 2011] Perkins, C, Johnson, D., & Arkko, J. (2011). IETF Network Working Group: RFC 6275 Mobility Support in IPv6.

[RFC 6301 2011] Zhu, Z., Wakikawa, R., & Zhang, L. (2011). IETF Network Working Group: RFC 6301 A Survey of Mobility Support in the Internet.

[RFC 6308 2011] Savola, P. (2011). IETF Network Working Group: RFC 6308 Overview of the Internet Multicast Addressing Architecture.

[RFC 6450 2011] Venaas, S. (2011). IETF Network Working Group: RFC 6450 Multicast Ping Protocol.

[ROCA 2001] Roca, V., & El-Sayed, A. (2001). A Host-Based Multicast (HBM) Solution for Group Communications. IEEE International Conference on Networking, 610-619.

[ROMDHANI 2004] Romdhani, I., Kellil, M., Lach, H-Y. Bouabdallah, A., & Bettahar, H. (2004). IP Mobile Multicast: Challenges and Solutions. IEEE Communications Surveys & Tutorials, 6(1), 18-41.

[ROWSTRON 2001] Rowstron, A., & Druschel, P. (2001). Pastry: Scalable, Decentralized Object Location, and Routing for Large-Scale Peer-to-Peer Systems. Proceedings of the IFIP/ACM International Conference on Distributed Systems Platforms Heidelberg.

[RUMMLER 2009] Rümmler, R., Gluhak, A., & Hamid Aghvami, A. (2009). Multicast in Third-Generation Mobile Networks. Chichester, West Sussex, England: John Wiley & Sons Ltd.

[SAMRG 2011] Scalable Adaptive Multicast Research Group. (2011). SAMRG [WWW page]. URL http://samrg.org/.

[SANTOS 2008] Santos, J., Gomes, D., Sargento, S., Aguiar, R. L., Baker, N., Zafar, M., & Ikram, A. (2008). Multicast/Broadcast Network Convergence in Next Generation Mobile Networks. Computer Networks, 52, 228-247.

[SCHNEEWEISS 2003] Schneeweiss, C. (2003). Distributed Decision Making in Supply Chain Management. International Journal of Production Economics, 84(1), 71-83.

[SCHWARZ 2007] Schwarz, H., Marpe, D., & Wiegand, T. (2007). Overview of the Scalable Video Coding Extension of the H.264/AVC Standard. IEEE Transactions on Circuits and Systems for Video Technology, 17(9).

[SHA1 1995] Federal Information Processing Standards Publication 180-1. (1995). Secure Hash Standard.

[SHI 2001] Shi, S. Y., Turner, J. S., & Waldvogel, M. (2001). Dimensioning Server Access Bandwidth and Multicast Routing in Overlay Networks. Proceedings of the 11th international workshop on Network and operating systems support for digital audio and video, 83-91.

[STOICA 2001] Stoica, I., Morris, R., Karger, D., Kaashoek, M. F., & Balakrishnan, H. (2001). Chord: A Scalable Peer-to-peer Lookup Service for Internet Applications. Proceedings of the International Conference on Applications, Technologies, Architectures, and Protocols for Computer Communications, 149-160.

[SUCIU 2006] Suciu, L., Bonjour, S., Guillouard, K., & Louin, P. (2006). A Hierarchical and Distributed Handover Management Approach for Heterogeneous Networking Environments. France Télécom Recherche & Développement, FT/DivR&D/RESA/BWA/06.002/LS.

[SUCIU 2007] Suciu, L., & Guillouard, K. (2007). A Hierarchical and Distribued Handover Management Approach for Heterogeneous Networking Environments. 3rd International Conference on Networking and Services.

[SUCIU 2009] Suciu, L., Benzaid, M., Bonjour, S., & Louin, P. (2009). Assessing the Handover Approaches for Heterogeneous Wireless Networks. 18th International Conference on Computer Communications and Networks.

[TAN 2006] Tan, S-W., Waters, G., & Crawford, J. (2006). A performance comparison of self-organising application layer multicast overlay construction techniques. Computer Communications, 29(12), 2322-2347.

[TANIUCHI 2009] Taniuchi, K., Ohba, Y., Fajardo, V., Das, S., Tauil, M., Cheng, Y-H., Dutta, A., Baker, D., Yajnik, M., & Famolari, D. (2009). IEEE 802.21: Media Independent Handover: Features, Applicability, and Realization. IEEE Communications Magazine, 112-120.

[TRAN 2003] Tran, D. A., Hua, K. A., & Do, T. (2003). ZIGZAG: An Efficient Peer-to-Peer Scheme for Media Streaming. Twenty-Second Annual Joint Conference of the IEEE Computer and Communications, 2, 1283-1292.

[VOGEL 2003] Vogel, J., Widmer, J., Farin, D., Mauve, M., & Effelsberg, W. (2003). Priority-Based Distribution Trees for Application-Level Multicast. Proceedings of the 2nd workshop on Network and system support for games, 148-157.

[WACHOWICZ 2010] Wachowicz, M. (2010). Movement-Aware Applications for Sustainable Mobility: Technologies and Approaches. Hershey, PA, USA: Information Science Reference.

[WAHLISCH 2007] Wahlisch, M., & Schmidt, T. C. (2007). Between Underlay and Overlay: On Deployable, Efficient, Mobility-agnostic Group Communication Services. Internet Research, 17(5), 519-534.

[WAHLISCH 2008] Wahlisch, M. (2008). Scalable Adaptive Group Communication on Bi-directional Shared Prefix Trees. Freie Universität Berlin, Technical Report B-08-14. BIDIR-SAM [WWW page]. URL http://www.inf.fu-berlin.de/publications/techreports/tr2008/B-08-14/index.html.

[WAHLISCH 2009] Wahlisch, M., Schmidt, T. C., & Wittenburg, G. (2009). Broadcasting in Prefix Space: P2P Data Dissemination with Predictable Performance. Fourth International Conference on Internet and Web Applications and Services, 74-83.

[WAHLISCH 2011] Wahlisch, M., Schmidt, T. C., & Wittenburg, G. (2011). On predictable large-scale data delivery in prefix-based virtualized content networks. Computer Networks, 55, 4086-4100.

[WINTER 1987] Winter, P. (1987). Steiner Problem in Networks: A Survey. Networks An International Journal, 17(2), 129-167.

[XIAO 2005] Xiao, Y., Leung, K. K., Pan, Y., & Du, X. (2005). Architecture, Mobility Management, and Quality of Service for Integrated 3G and WLAN Networks. Wiley Journal of Wireless Communications and Mobile Computing.

[XU 2003] Xu, Z., Tang, C., Banerjee, S., & Lee, S-Ju. (2003). RITA: Receiver Initiated Just-in-Time Tree Adaptation for Rich Media Distribution. Proceedings of the 13th international workshop on Network and operating systems support for digital audio and video, 50-59.

[ZAPPALA 2002] Zappala, D., Fabbri, A., & Lo, V. (2002). An Evaluation of Shared Multicast Trees with Multiple Cores. Journal of Telecommunications Systems, 19(3-4), 461-479.

[ZDARSKY 2004] Zdarsky, F.A., & Schmitt, J.B. (2004). Handover In Mobile Communication Networks: Who is In Control Anyway? Proceedings of the 30th EUROMICRO Conference, 205-212.

[ZHANG 2002] Zhang, B., Jamin, S., & Zhang, L. (2002). Host Multicast: A Framework for Delivering Multicast To End Users. The 21st Annual Joint Conference of the IEEE Computer and Communications Societies, 1366-1375.

[ZHANG 2003] Zhang, R., & Hu, Y. C. (2003). Borg: a Hybrid Protocol for Scalable Application-level Multicast in Peer-to-Peer Networks. Proceedings of the 13th international workshop on Network and operating systems support for digital audio and video, 172-179.

[ZHANG 2006] Zhang, B., Wang, W., Jamin, S., Massey, D., & Zhang, L. (2006). Universal IP Multicast Delivery. Computer Networks, 50(6), 781-806.

[ZHAO 2004] Zhao, B. Y., Huang, L., Stribling, J., Rhea, S. C., Joseph, A. D., & Kubiatowicz, J. D. (2004). Tapestry: A Resilient Global-scale Overlay for Service Deployment. IEEE Journal on Selected Areas in Communications, 22(1), 41-53.

[ZHONG 2005] Zhong, Y., Shirmohammadi, S., & El Saddik, A. (2005). Measurement of the Effectiveness of Application-Layer Multicasting. Proceedings of the IEEE Instrumentation and Measurement Technology Conference, 3, 2334-2339.

[ZHU 2004] Zhu, H., Li, M., Chlamtac, I., & Prabhakaran, B. (2004). A Survey of Quality of Service In IEEE 802.11 Networks. IEEE Wireless Communications, 6-14.

[ZHUANG 2001] Zhuang, S. Q., Zhao, B. Y., Joseph, A. D., Katz, R. H., & Kubiatowicz, J. D. (2001). Bayeux: An Architecture for Scalable and Fault-tolerant Wide-area Data Dissemination. Proceedings of the 11th international workshop on Network and operating systems support for digital audio and video, 11-20.

[3GPP TR 23.846 2002] 3GPP TR 23.846 V6.1.0. (2002). 3rd Generation Partnership Project; Technical Specification Group Services and System Aspects; Multimedia Broadcast/Multicast Service (MBMS); Architecture and functional description (Release 6).

[3GPP TR 25.905 2007] 3GPP TR 25.905 V.7.2.0. (2007). 3rd Generation Partnership Project; Technical Specification Group Radio Access Network; Improvement of the Multimedia Broadcast Multicast Service (MBMS) in UTRAN (Release 7).

[3GPP TR 25.922 2007] 3GPP TR 25.922 V.7.1.0. (2007). 3rd Generation Partnership Project; Technical Specification Group Radio Access Network; Radio resource management strategies (Release 7).

[3GPP TS 22.078 2009] 3GPP TS 22.078 V9.0.0. (2009). 3rd Generation Partnership Project; Technical Specification Group Services and System Aspects; Customised Applications for Mobile network Enhanced Logic (CAMEL) Service description Stage 1(Release 9).

[3GPP TS 23.107 2011] 3GPP TS 23.107 V10.2.0. (2011). 3rd Generation Partnership Project; Technical Specification Group Services and System Aspects; Quality of Service (QoS) concept and architecture (Release 10).

[3GPP TS 23.206 2007] 3GPP TS 23.206 V7.5.0. (2007). 3rd Generation Partnership Project; Technical Specification Group Services and System Aspects; Voice Call Continuity (VCC) between Circuit Switched (CS) and IP Multimedia Subsystem (IMS) Stage 2 (Release 7).

[3GPP TS 23.234 2011] 3GPP TS 23.234 V10.0.0. (2011). 3rd Generation Partnership Project; Technical Specification Group Services and System Aspects; 3GPP system to Wireless Local Area Network (WLAN) interworking; System description (Release 10).

[3GPP TS 23.237 2009] 3GPP TS 23.237 V8.6.0. (2009). 3rd Generation Partnership Project; Technical Specification Group Services and Architecture; IP Multimedia Subsystem (IMS) Service Continuity Stage 2 (Release 8).

[3GPP TS 23.246 2011] 3GPP TS 23.246 V11.0.0. (2011). 3rd Generation Partnership Project; Technical Specification Group Services and System Aspects; Multimedia Broadcast/Multicast Service (MBMS); Architecture and functional description (Release 11).

[3GPP TS 23.292 2009] 3GPP TS 23.292 V9.5.0 (2009). 3rd Generation Partnership Project; Technical Specification Group Services and System Aspects; IP Multimedia Subsystem (IMS) centralized services; Stage 2 (Release 9).

[3GPP TS 23.327 2012] 3GPP TS 23.327 V11.0.0. (2012). 3rd Generation Partnership Project; Technical Specification Group Services and System Aspects; Mobility between 3GPP-Wireless Local Area Network (WLAN) interworking and 3GPP systems (Release 11).

[3GPP TS 23.401 2012] 3GPP TS 23.401 V11.1.0. (2012). 3rd Generation Partnership Project; Technical Specification Group Services and System Aspects; General Packet Radio Service (GPRS) enhancements for Evolved Universal Terrestrial Radio Access Network (E-UTRAN) access (Release 11).

[3GPP TS 23.402 2012] 3GPP TS 23.402 V11.2.0. (2012). 3rd Generation Partnership Project; Technical Specification Group Services and System Aspects; Architecture enhancements for non-3GPP accesses (Release 11).

[3GPP TS 24.302 2012] 3GPP TS 24.302 V11.3.0. (2012). 3rd Generation Partnership Project; Technical Specification Group Core Network and Terminals; Access to the 3GPP Evolved Packet Core (EPC) via non-3GPP access networks; Stage 3 (Release 11).

[3GPP TS 25.211 2011] 3GPP TS 25.211 V11.0.0. (2011). 3rd Generation Partnership Project; Technical Specification Group Radio Access Network; Physical channels and mapping of transport channels onto physical channels (FDD) (Release 11).

[3GPP TS 25.214 2011] 3GPP TS 25.214 V11.0.0. (2011). 3rd Generation Partnership Project; Technical Specification Group Radio Access Network; Physical layer procedures (FDD) (Release 11).

[3GPP TS 25.301 2011] 3GPP TS 25.301 V10.0.0. (2011). 3rd Generation Partnership Project; Technical Specification Group Radio Access Network; Radio Interface Protocol Architecture (Release 10).

[3GPP TS 25.322 2011] 3GPP TS 25.322 V10.1.0. (2011). 3rd Generation Partnership Project; Technical Specification Group Radio Access Network; Radio Link Control (RLC) protocol specification (Release 10).

[3GPP TS 25.323 2011] 3GPP TS 25.323 V10.1.0. (2011). 3rd Generation Partnership Project; Technical Specification Group Radio Access Network; Packet Data Convergence Protocol (PDCP) specification (Release 10).

[3GPP TS 25.331 2012] 3GPP TS 25.331 V11.1.0. (2012). 3rd Generation Partnership Project; Technical Specification Group Radio Access Network; Radio Resource Control (RRC); Protocol specification (Release 11).

[3GPP TS 25.346 2011] 3GPP TS 25.346 V10.0.0. (2011). 3rd Generation Partnership Project; Technical Specification Group Radio Access Network; Introduction of the Multimedia Broadcast/Multicast Service (MBMS) in the Radio Access Network (RAN); Stage 2 (Release 10).

[3GPP TS 25.427 2011] 3GPP TS 25.427 V11.0.0. (2011). 3rd Generation Partnership Project; Technical Specification Group Radio Access Network; UTRAN Iub/Iur interface user plane protocol for DCH data streams (Release 11).

[3GPP TS 26.346 2012] 3GPP TS 26.346 V10.3.0. (2012). 3rd Generation Partnership Project; Technical Specification Group Services and System Aspects; Multimedia Broadcast/Multicast Service (MBMS); Protocols and codecs (Release 10).

[3GPP TS 32.273 2011] 3GPP TS 32.273 V10.0.0. (2011). 3rd Generation Partnership Project; Technical Specification Group Services and System Aspects; Telecommunication management; Charging management; Multimedia Broadcast and Multicast Service (MBMS) charging (Release 10).

[3GPP TS 32.299 2012] 3GPP TS 32.299 V11.3.0. (2012). 3rd Generation Partnership Project; Technical Specification Group Services and System Aspects; Telecommunication management; Charging management; Diameter charging applications (Release 11).

[3GPP TS 43.318 2011] 3GPP TS 43.318 V10.1.0. (2011). 3rd Generation Partnership Project; Technical Specification Group; GSM/EDGE Radio Access Network Generic Access Network (GAN) Stage 2 (Release 10).